Traveling Light
by Max Lucado

Published by arrangement with Thomas Nelson, a division of HarperCollins Christian Publishing, Inc. through rMaeng2, Seoul, Republic of Korea.

짐은 가볍게

시편 23편으로

인생 홀가분하게

여행하기

맥스 루케이도 지음 | 최종훈 옮김

MAX LUCADO

비아토르

| 일러두기 |

1. 본문에 인용한 성경 구절은 대한성서공회에서 펴낸 개역개정판을 기본으로 했으며, 다른 역본을 사용할 경우 별도 표기를 하였습니다.
2. 이 책은 《짐을 버리고 길을 묻다》(2002)와 《맥스 루케이도에게 배우는 자유함》(2014)이라는 제목으로 국내에 소개된 적이 있습니다.

성경에 묻혀 산 30년을 축하하며
사랑하는 친구 조이 폴과 함께
하나님의 말씀을 나누고 싶습니다.

차례

감사의 말

여기, 약소하게나마 정말 감사의 뜻을 전하고 싶은 분들이 있습니다.

리즈 하니와 카렌 힐, 이 책을 편집해 준 편집자들이자 도우미들이며 산파들입니다. 미안합니다. 제가 너무 투덜거렸죠?

스티브 그린과 셰릴 그린, 저의 대리인이자 친구들입니다. 출판 계약서를 꼼꼼히 읽어 주고 청구된 여러 가지 비용을 지출하고…. 두 분 덕에 세상 물정 모르는 저도 발 쭉 뻗고 잡니다.

그레그 프루엣, 성경 번역자이자 히브리어를 공부하는 학생입니다. 놀라운 통찰력을 주어서 고맙습니다.

유진 피터슨, 성경 번역자이자 저술가이자 많은 사람들의 영웅. 'Traveling Light'라는 제목을 쓰게 해 줘서 감사합니다. 그리고 마음을 나눠 줘서 더욱 고맙습니다.

스티브 홀리데이, 성경 공부 지침을 만들어 내는 데 그만큼 탁월한 사람이 또 있을까요?

W출판 그룹 친구들, 다시 한번 말하지만, 당신들은 정말 최고입니다.

로라 켄들과 캐롤 바틀리, 숨어 있는 영어 어휘를 찾아내는 '특별 수사관'이라고나 할까요? 글을 멋지게 다듬어 줘서 얼마나 고마운지 모릅니다.

제너, 안드레, 사라, 귀여운 내 딸들, 내 속에서 어떻게 너희들처럼 예쁜 아이들이 나왔는지.

데날린, 20년 동안 고락을 함께해 준 아내. 당신이 태어나기 전에 살던 사람들은 도대체 어디서 시를 쓸 영감을 얻었을까?

여러분, 이 책을 읽는 독자 여러분. 이 책의 진정한 저자는 내가 아닙니다. 그분이 여러분에게 무언가 말씀하실 것입니다.

그리고 무엇보다도 예수님. 주님이 기다리고 계시다가 대신 짊어져 주시므로, 오직 그것 때문에 우리는 무거운 짐을 벗어 버릴 수 있습니다. 모든 영광은 주님의 것입니다.

Traveling Light

1장

삶의 짐, 그 무겁고 부담스러운

가벼운 차림으로 여행을 다녀 본 적이 없습니다. 물론 그렇게 해 보려고는 했었습니다. 부디 믿어 주면 좋겠습니다. 분명 그렇게 해 보려고 했었습니다. 하지만, 세 손가락을 허공에 쳐들고 "준비!"라는 구호를 외치던 보이스카우트 시절부터 줄곧 만반의 준비를 갖추는 자세가 몸에 밴 걸 어떡하겠습니까?

준비하는 삶은 그렇게 시작됐습니다. 바르 미츠바*bar mitzvah*• 를 준비하고, 가면 무도회를 준비했습니다. 낙하산을 타고 적군의 방어선 뒤쪽에 뛰어내릴 준비를 하고, 크리켓 시합에 나갈 준비를 했습니다. 우연히 달라이 라마와 같은 비행기를 타게 됐다면, 그리하여 티베트에 와서 식사라도 함께하자는 초대를 받았다면, 당연히 눈밭에서 신을 수 있는 신발부터 챙겼을 것입니다. 유비有備면 무환無患이라고 하지 않던가요?

짐 없이 가볍게 여행 다니는 방법을 나는 모릅니다.

사실 여행에 대해서 모르는 게 어디 한두 가지겠습니까?

• 사내아이가 13세에 이르면 치르는 유대교의 성년식.

> 오리 수렵 허용 기간 내 수요일 출발하고 15일 이내에 귀환하는 경우 50퍼센트 할인. 단, 선거 기간은 해당 없음.

반값짜리 할인 항공권에 적혀 있는 이 제한 규정이 무슨 뜻인지 나는 모릅니다. 어째서 블랙박스를 만들 때 쓰이는 것과 똑같은 금속으로 항공기를 제작하지 않는지 알지 못합니다. 기내 화장실에 들어갔다가 접이식 문짝에 팔이나 다리가 걸리지 않고 빠져나오는 방법도 모릅니다. 그리고 리우Rio의 택시 기사, 내가 미국인이라는 걸 알아차리고 자기 사촌이 미국에 사는데 혹시 모르냐고 묻던 그 젊은 친구에게 무슨 말을 해 줘야 하는지 정말 모르겠습니다.

여행에 대해서 내가 모르고 있는 사실은 무척 많습니다.

어째서 여행객들은 무슨 줄인지 확인해 보지도 않고 무작정 긴 줄에 붙어 서려고 하는지 나는 모릅니다. 기껏 휴가를 내놓고 내내 잠만 자는 이들이 많은데, 왜 의사들은 휴가를 불면증 치료제로 활용하지 않는지 알 수가 없습니다. 얼마나 여행을 더 다녀야 '발음조차 불가능한 이름을 가진 기이한 음식'을 주문하지 않는 법을 익히게 될지 모르겠습니다.

그래놀라나 소다, 비옷을 빼놓고 집을 나서는 방법을 모르겠습니다. 손전등과 소형 발전기, GPS도 없이 어떻게 돌아다닐 수 있는지 모릅니다. 비엔나 소시지를 가득 담은 아이스박스 없이 여행하는 법을 나는 모릅니다. 누군가로부터 식구들끼리 식사나 한 끼 하자고 초대를 받았다고 생각해 봅시다. 사소한 선물 하나 준비하지 않고 달랑 맨입으로 찾아간다면 실례가 되지 않을까요?

여행 용품 전문 회사치고 내 신용카드 번호를 모르는 곳은 거의 없을 겁니다. 무게가 머그 컵 하나 정도에 불과한 다리미, 스포츠 클럽 코치용 호루라기 크기의 헤어드라이어, 소형 텐트를 펼치는 데 쓰는 스위스제 군용 칼, 충격을 주면 팽팽하게 부풀어 오르는 바지 한 벌(언젠가는 이 옷을 입고 비행기를 탔다가 아내가 다리를 툭 건드리는 바람에 좌석에서 빠져나오느라 무진 고생을 해야 했습니다.) 따위가 모두 내 애장품들입니다.

짐 없이 가볍게 여행 다니는 법을 나는 모릅니다. 하지만 이제는 배울 필요가 있습니다. 아이가 더 생기면 항공사에서 그 녀석 몫으로 가방 두 개를 추가로 부칠 수 있게 해 줄 테고, 비행기 안에도 두 개는 더 들고 탈 수 있겠지만, 아내는 더 이상 자녀를 갖지 않겠다고 입버릇처럼 말합니다.

그러니 짐 없이 가볍게 여행하는 법을 배울 수밖에 없습니다.

그까짓 걸 왜 못 배우는가 싶습니까? "마음 편하게 먹어요. 그렇게 짐을 잔뜩 짊어지고서야 어디 여행인들 즐겁겠소? 무엇 때문에 그놈의 짐 꾸러미들을 팽개쳐 버리지 못하는 거요?"라는 얘기를 해 줘야겠다고 생각하고 있을지도 모르겠습니다. 하지만 나도 여러분을 향하여 똑같은 질문을 던지고 싶습니다. "손가방 하나만 꾸려서 가볍게 떠날 줄 아십니까?"

모르긴 하지만, 십중팔구 오늘 아침에도 승강이를 했을걸요? 방문을 나가는 순간부터 대문에 이르는 사이에 가방 몇 개를 집어 들고는 여객 터미널의 화물 운반용 컨베이어에 올려놓았을 겁니다. 그런 기억이 없다고요? 무의식중에 한 행동이어서 기억을 못하는 거겠죠? 여객 터미널에 간 적이 없다고요? 공항의 여객 터미

널 얘기가 아닙니다. 나는 마음속에 있는 화물 운반용 컨베이어를 말하는 겁니다. 가죽으로 만든 가방 얘기가 아니라 마음의 짐으로 만든 가방 얘깁니다.

죄로 만드는 여행 가방. 불만 보따리. 한쪽 어깨엔 권태의 더플백을 메고 다른 쪽엔 슬픔 가방을 걸쳤습니다. 등에도 의심의 배낭과 외로움의 침낭, 두려움의 트렁크 따위를 둘러멨습니다. 순식간에 공항에서 화물을 운반하는 인부보다 더 많은 짐을 짊어지게 된 것입니다. 그러니 하루를 마감할 무렵이면 파김치 신세를 면할 수가 없습니다.

하나님께서는 여러분이 내게 해 주고 싶어 하는 그 얘기를 여러분에게 들려주고 싶어 하십니다. "너희는 벗어 버려야 할 짐들을 잔뜩 지고 가고 있구나. 짊어진 쓰레기 꾸러미들을 당장 내려놓거라."

주님은 우리를 부르고 계십니다. "수고하며 무거운 짐을 진 사람은 모두 내게로 오너라. 내가 너희를 쉬게 하겠다"(마 11:28, 새번역).

하나님께 부탁드리기만 하면, 그분은 우리 짐을 가볍게 덜어 내주실 것입니다. 하지만 어떻게 하나님께 도움을 청한단 말입니까? 지금부터 그 방법을 알려 줄 옛 친구를 불러내려고 합니다. 바로 시편 23편입니다.

> 여호와는 나의 목자시니
> 내게 부족함이 없으리로다.
> 그가 나를 푸른 풀밭에 누이시며
> 쉴 만한 물가로 인도하시는도다.

내 영혼을 소생시키시고
자기 이름을 위하여
의의 길로 인도하시는도다.

내가 사망의 음침한 골짜기로 다닐지라도
해를 두려워하지 않을 것은
주께서 나와 함께하심이라.
주의 지팡이와 막대기가 나를 안위하시나이다.

주께서 내 원수의 목전에서 내게 상을 차려 주시고
기름을 내 머리에 부으셨으니
내 잔이 넘치나이다.

내 평생에 선하심과 인자하심이
반드시 나를 따르리니
내가 여호와의 집에 영원히 살리로다.

이보다 더 사랑받는 말씀이 있을까요? 시편 23편은 액자에 고이 넣어 병실 한 구석에 걸어 놓는 말씀이기도 하고, 죄수들이 감방 벽을 후벼 파서 새겨 놓는 구절이기도 합니다. 젊은이들이 연애편지에 쉽게 이용하는 말씀인 동시에 죽음을 앞두고 신음처럼 읊조리는 고백일 수도 있습니다. 이 몇 줄의 글에서 뱃사람들은 쉴 만한 포구를 찾고, 겁에 질린 아이는 아버지를 만나고, 외로운 싸움을 벌이던 이는 친구를 얻습니다.

시편 23편은 깊이 사랑받는 만큼 널리 알려진 말씀이기도 합니다. 누구라도 한두 번쯤은 이 말씀을 들어 봤을 겁니다. 수많은 노래의 소재가 됐으며 허다한 언어로 번역됐고 헤아릴 수 없이 많은 사람들의 마음에 자리 잡은 구절, 그것이 바로 시편 23편입니다.

우리의 마음 역시 그 '헤아릴 수 없이 많은 사람들의 마음' 가운데 하나입니다. 이 말씀을 읽으면서 어떤 '끌림'을 받습니까? 시편 23편의 구절들이 어디로 이끌어 갑니까? 난로가? 침대 곁? 아니면 무덤가?

나는 시편 23편 말씀에 의지하지 않고는 한 주도 지탱하지 못합니다. 목회자들에게 이 말씀은 명의名醫의 특효약과도 같습니다. 얼마 전, 나는 사랑하는 친구의 마음에 이 약, 시편 23편을 발라 주었습니다.

"의사가 그러는데, 며칠 못 넘길 거래"라는 연락을 받고 달려가서 친구의 얼굴을 마주하는 순간, 상태가 얼마나 심각한지 단박에 알 수 있었습니다. 창백한 얼굴. 입술은 바짝 말라붙고 갈라져 있었습니다. 헝겊이 살과 살 사이에 간신히 걸쳐 있는 낡은 우산처럼, 친구는 뼈와 가죽만 남은 꼴이었습니다. 암세포는 친구에게서 많은 것을 빼앗아 갔습니다. 입맛도, 기력도, 살 힘도 다 떨어졌습니다. 하지만 제아무리 무서운 암이라도 믿음만큼은 어쩌지 못했습니다.

침대 곁에 의자를 끌어다 놓고 앉아서 친구의 손을 꼭 잡고 소곤소곤 들려주었습니다. "여호와는 나의 목자시니 내게 부족함이 없으리로다." 마치 말씀을 고대하고 있었다는 듯, 친구는 고개를 돌려 나를 바라보았습니다.

“그가 나를 푸른 풀밭에 누이시며 쉴 만한 물가로 인도하시는도다. 내 영혼을 소생시키시고 자기 이름을 위하여 의의 길로 인도하시는도다.”

이어서 4절 말씀을 암송하려는데 문득 이 친구가 이제는 내가 들려주는 말씀을 못 들을지도 모른다는 불안감이 생겼습니다. 이번에는 친구의 귓가에 입을 바짝 대고 계속했습니다. “내가 사망의 음침한 골짜기로 다닐지라도 해를 두려워하지 않을 것은 주께서 나와 함께하심이라. 주의 지팡이와 막대기가 나를 안위하시나이다.”

친구는 눈을 뜨지 않았습니다. 눈꺼풀이 가늘게 떨렸을 뿐입니다. 그리고 아무 말도 없이 내 손을 꼭 움켜쥐었습니다. 순간, 친구가 ‘죽음의 공포’라는 무거운 짐을 내려놓도록 주께서 도우셨다는 확신이 들었습니다.

지금 어떤 짐을 지고 있습니까? 하나님께서 다윗의 시편을 통하여 짐을 가볍게 해 주실 것이라고 믿습니까? 가볍게 길을 떠난다는 것은 곧 어쩌다 보니 지게 된 무거운 짐들을 하나님께 맡겨 버린다는 뜻입니다.

왜 짐을 내려놓지 못합니까? 사랑하는 사람들을 위하여 가볍게 길을 나서 보십시오. 힘에 부치게 짊어진 짐이 여러 가지 관계에 어떤 영향을 미치는지 생각해 본 적이 있습니까? 얼마 전에, 우리 교회에서는 이 문제를 드라마 형식으로 다뤘었습니다. 결혼식을 재연하면서 신랑신부의 생각을 들어 볼 수 있게 만든 드라마였습니다. 먼저 신랑이 짐을 잔뜩 메고 비틀거리며 입장했습니다. 몸의 마디마디마다 짐 꾸러미들이 매달려 덜렁거렸습니다. 짐에는 저마다 죄책감, 분노, 교만, 불신 따위의 이름이 붙어 있었습니다. 온통 그런 짐들이었습니다. 신랑이 단상에 오르는 순간 청중들은 신랑의 생각을 방백傍白으로 들었습니다. "드디어 내 모든 짐을 맡아 줄 여자를 얻게 됐구나. 강하고, 안정되고, 그리고…."

신랑의 생각이 계속 흘러나오는 동안 이번엔 신부가 입장하기 시작했습니다. 신부는 화사한 웨딩드레스를 입고 있었지만, 신랑과 마찬가지로 온갖 짐 보따리를 잔뜩 진 채였습니다. 커다란 트렁크를 끌고, 어깨에는 묵직한 가방을 멨으며, 손에도 화장품 가방과 종이 가방들을 가득 들었습니다. 생각할 수 있는 모든 종류의 가방에 온갖 잡다한 꼬리표들이 붙어 있었습니다. 신부 역시 편견, 외로움, 실망 등 저만의 짐들을 가지고 있었던 것입니다. 그렇다면 신부가 바라는 것은 무엇이었을까요? 신부의 생각을 들어 봅시다. "잠시 후면 마침내 한 남자를 얻게 되는구나. 더 이상 카운슬러도 필요 없고, 집단 상담도 필요 없다. 잘 가거라. 실망과 걱정거리들아. 너희들과 다시 볼 일은 없을 것 같구나. 신랑이 날 꽉 잡아 줄 테니까 말이야."

마침내 신랑과 신부는 짐 더미에 파묻힌 채 단상에 서게 됩니다. 결혼식이 진행되는 동안에는 환하게 웃을 수 있겠지만, 서로 입맞춤을 나누는 순서가 되면 더 이상 미소 짓지 못하게 될 것입니다. 손에 짐을 잔뜩 들고서 어떻게 상대방을 안아 줄 수 있겠습니까?

사랑하는 사람을 위해서 짐을 내려놓는 법을 배우십시오.

그뿐만 아니라 우리가 섬기는 하나님을 위해서도 짐을 줄여야 합니다. 알다시피 하나님께서는 우리를 들어 쓰고 싶어 하십니다.

하지만 우리가 탈진 상태라면 어떻게 사용하실 수 있겠습니까?

어제 오후, 조깅하러 나갈 준비를 하는데 이 진리가 사무치도록 마음을 파고들었습니다. 동네를 한 바퀴 뛰고 돌아올 생각을 하면서도 나는 무슨 옷을 입고 나갈지 망설이고 있었습니다. 햇살은 따듯했지만 바람이 차가웠습니다. 아직까지는 쾌청한 날씨였지만, 비가 올 거라는 일기 예보가 있었습니다. '재킷을 입을까? 아냐, 헐렁한 스웨터를 입는 게 낫겠지?' 결국 보이스카우트의 구호, "준비!"가 최후의 승자가 됐습니다. 헐렁한 스웨터를 걸치고 그 위에 재킷을 덧입었던 것입니다.

그런데, 이번엔 워크맨이 문제였습니다. 어떤 카세트테이프를 들고 나가야 할지 결정을 내릴 수가 없었습니다. '설교 테이프를 가지고 갈까? 아니면 음악을 들을까?' 다들 짐작했겠지만, 나는 설교 테이프와 음악 테이프를 모두 집어 들었습니다. 그리고 아이들이 손대지 못하도록 휴대폰도 가져가기로 했습니다. 혹시 자동차를 잃어버릴지도 모르니까 차 열쇠도 주머니에 넣었습니다. 웃옷 주머니에는 목마를 때 음료수를 살 돈을 챙겼습니다.

준비를 끝낸 내 모습은 조깅하러 나가는 사람이라기보다 짐 끄는 노새에 가까웠습니다. 이러고서 달리기를 시작했지만 1킬로미터도 못 가서 재킷을 벗어 덤불에 감춰 둘 수밖에 없었습니다. 고작 재킷 하나에 불과하더라도 그것 때문에 달리는 속도는 현저히 떨어졌습니다.

조깅에서 얻은 이 교훈은 신앙에도 그대로 적용됩니다. 하나님께서는 주의 백성들이 마음껏 실력을 발휘할 수 있도록 대단한 달리기 코스를 마련해 두셨습니다. 하나님의 돌보심 가운데서 우리는 평생 가 보지 못한 곳을 다니고 꿈에도 생각지 못했던 방식으로 그분을 섬기게 됩니다.

그러나 먼저 온갖 잡동사니 짐 꾸러미들을 내려놓아야 합니다. 죄책감의 짐을 잔뜩 지고 있다면 어떻게 은혜를 나눠 줄 수 있겠습니까? 스스로 낙심하고 있는데 어떻게 남을 위로할 수 있겠습니까? 양팔 가득 자기 짐을 들고 있다면 어떻게 이웃의 짐을 나눠 질 수 있겠습니까?

사랑하는 이를 위하여 짐을 내려놓으십시오.

하나님을 위하여 가벼운 차림으로 나서십시오.

무엇보다도 스스로 즐겁게 살기 위하여 짐 꾸러미들을 던져 버리십시오.

우리가 질 수 있는 무게는 한도가 있습니다. 하나님께서는 짐을 내려놓고 주께 맡기라고 하십니다. 주님은 수화물 보관소의 주인입니다. 다섯 살짜리 꼬마가 온 가족의 짐이 들어 있는 커다란 여행 가방을 컨베이어벨트에서 끌어내리려고 버둥거리는 모습을 아빠가 봤다면 뭐라고 할 것 같습니까? 아마 하나님과 똑같은 얘기를 할 것입니다.

"얘야, 그냥 둬라. 아빠가 할게."

하나님의 제안을 받아들이려면 무슨 말을 해야 할까요? 그저 짐을 내려놓으면, 또는 조금이라도 가벼운 짐을 골라 들었으면 그걸로 됐습니다.

어쩌다 보니 과도하게 많은 짐을 지고 다니는 내 습관 얘기를 너무 장황하게 늘어놓은 것 같습니다(내가 어디를 가든지 눈길에서 신을 털신을 꾸려 들고 나서는 건 아닙니다). 하지만 하나님의 약속은 간단명

료합니다. "여러분의 걱정을 모두 하나님께 맡기십시오. 하나님께서는 여러분을 돌보고 계십니다"(벧전 5:7, 새번역).

더 깊은 나들이,
말씀을 거쳐 삶 속으로

본문 속으로 떠나는 여행

1. "가죽으로 만든 가방 얘기가 아니라 마음의 짐으로 만든 가방 얘깁니다. 죄로 만든 여행 가방. 불만 보따리. 한쪽 어깨엔 권태의 더플백을 메고 다른 쪽엔 슬픔이란 가방을 걸쳤습니다. 등에도 의심의 배낭과 외로움의 침낭, 두려움의 트렁크 따위를 둘러멨습니다. 순식간에 공항에서 화물을 운반하는 인부보다 더 많은 짐을 짊어지게 된 것입니다. 그러니 하루를 마감할 무렵이면 파김치 신세를 면할 수가 없습니다."
   - ▶ 여기서 열거된 짐 가운데 지금 자신에게 가장 문제가 되고 있는 것은 무엇인지 찾아보고, 그 이유를 적어 보십시오.
   - ▶ 깜빡 잊고 짐을 집에 두고 나온 경험이 있습니까? 어떤 느낌이 들었습니까?

2. "하나님께서는 말씀하십니다. '너희는 벗어 버려야 할 짐들을 잔뜩 지고 가고 있구나. 짊어진 쓰레기 꾸러미들을 당장 내려놓거라.'"
   - ▶ 왜 원치 않는 짐을 짊어지고 다니게 됩니까?

▶ 필요 없는 짐을 내려놓지 못하게 만드는 요인은 무엇입니까?

3. "가볍게 길을 떠나는 것은 곧 어쩌다 보니 지게 된 무거운 짐들을 하나님께 맡겨 버린다는 뜻입니다."

▶ 하나님께 짐을 맡긴다는 것은 어떤 의미입니까? 어떻게 짐을 하나님께 맡길 수 있습니까?

▶ 다른 사람들은 이런 짐들을 어떻게 처리하고 있는지 기억나는 대로 적어 봅시다.

말씀 속으로 떠나는 여행

1. 시편 23편을 읽으십시오.

▶ 시편 23편을 읽으면 어떤 그림이 마음에 떠오릅니까?

▶ 시편 23편의 내용과 관련된 특별한 기억이 있습니까?

▶ 시편 23편 전체에서 어느 부분이 가장 감동을 줍니까? 그 이유는 무엇입니까?

2. 마태복음 11장 28-30절을 읽으십시오.

> 수고하고 무거운 짐 진 자들아 다 내게로 오라. 내가 너희를 쉬게 하리라. 나는 마음이 온유하고 겸손하니 나의 멍에를 메고 내게 배우라. 그리하면 너희 마음이 쉼을 얻으리니 이는 내 멍에는 쉽고 내 짐은 가벼움이라 하시니라.

▶ 예수님께서 어떤 사람들을 향해 이 말씀을 하셨습니까? 자신도 거기에 포함된다고 생각합니까?

- ▶ 주님은 부르심에 응답한 사람들에게 어떤 약속을 주셨습니까?
- ▶ 예수님의 초대를 받아들이겠습니까, 거부하겠습니까? 그 까닭을 적어 보십시오.

3. 베드로전서 5장 7절을 읽으십시오.

> 너희 염려를 다 주께 맡기라. 이는 그가 너희를 돌보심이라.

- ▶ 본문은 어떻게 행동해야 한다고 말합니까?(이 말씀에 순종하려면 어떻게 해야 합니까?)
- ▶ 베드로는 이 말씀에 순종해야 할 이유를 어떻게 설명하고 있습니까?
- ▶ 이 말씀에 순종한다면 어떤 유익을 얻을 수 있습니까?

삶 속으로 떠나는 여행

1. 하루에 적어도 30분 정도를 기도 시간으로 떼어 놓고, 어떤 짐을 내려놓아야 할지 하나님께 물어보십시오. 펜과 종이를 준비했다가 주님이 알려 주시는 짐 꾸러미들을 기록하십시오. 그렇게 정리된 목록을 가까운 친구들에게 보여 주고, 하나님께서 그 짐들을 내려놓을 수 있는 길을 알려 주시도록 함께 기도해 달라고 부탁하십시오.

2. 아끼고 사랑하는 이들이 쓸데없는 짐을 지고 있지는 않습니까?

어떤 방법으로 그들이 짊어진 불필요한 짐들을 내려놓을 수 있도록 도울 수 있습니까?

Traveling Light

2장

삶의 중심 잡기

왜소한 잡신들,
그러나 한없이 무거운 짐

여호와는…

시편 23:1

독수리와의 거리는 2미터도 안 됩니다. 녀석은 날개를 활짝 펼친 채 나뭇가지를 단단히 붙들고 있습니다. 머리는 하얀 깃털에 덮였고, 금빛 부리 양쪽에선 새카만 두 눈이 날 쏘아봅니다.

얼마나 가까운지 손만 뻗으면 만질 수 있습니다. 단번에 덮치고도 남을 만한 거리입니다. 그저 오른팔을 구부렸다가 쭉 내밀기만 해도 녀석의 정수리를 움켜쥘 수 있을 겁니다.

하지만 나는 녀석을 잡지 않습니다. 아예 손을 내밀어 볼 생각도 하지 않습니다. 왜 그런지 궁금하십니까? 겁이 나서일까요?

천만의 말씀입니다. 지난 2년 동안 독수리는 그 자리에 꼼짝 않고 앉아 있었습니다. 상자를 뜯고 녀석을 처음 만난 순간에는 깊은 인상을 받았었습니다. 한동안은 선반 위에 올려놓고 황홀하게 쳐다보기도 했습니다. 그러나 인조 독수리는 잠시 동안 눈을 즐겁게 해 주었을 뿐 곧 익숙한 장식물 가운데 하나로 잊혀져 갔습니다.

다윗은 우리가 하나님에 대해서도 똑같은 실수를 저지르지 않을까 걱정했습니다. 그래서 두려운 마음으로 파피루스를 펼치고 펜을 들어 "인간이 스스로 만들어 낸 신들을 멀리하라"는 당부를 적어 나갔습니다. 시편 23편은 첫 단어에서부터 왜소한 잡신雜神들의 짐에서 우리를 해방시키려는 의도를 담고 있습니다.

다윗이 언제 그런 얘기를 했느냐고 묻고 싶은 이가 있을지도 모르겠습니다. 그러나 다윗이 푸른 풀밭을 이야기한다 해도 그가 말하려는 것은 쉼이 아닙니다. 사망의 음침한 골짜기를 노래할지라도 이 시편은 사망에 부치는 송가頌歌가 아닙니다. 그렇다면 도대체 무엇 때문에 다윗은 시편 23편을 썼을까요? 그는 하나님에 대한 신뢰를 구축하고 싶어서, 하나님이 어떤 분인지 보여 줄 요량으로 이 시편을 썼던 것입니다.

시편 23편에서 다윗은 첫 단어 '여호와(야훼)'를 설명하기 위해 15개의 어휘를 동원하고 있습니다.[1] 첩첩이 쌓인 쓸데없는 짐 꾸러미들의 한복판에 서서, 시편 기자는 가장 무거운 꾸러미부터 덜어 내기 시작합니다. 바로 '사람들이 제멋대로 빚어 낸 가짜 하나님'이 그것입니다. 겉은 그럴듯해 보이지만 할 수 있는 일이라곤 거의 없는 신. 사람들은 하나님의 모습을 요술 램프 속의 요정이나 인자한 할아버지, 바쁜 아버지 따위로 바꿔 놓기 일쑤입니다.

요술 램프 속의 요정. 편리하고 가려운 데를 척척 긁어 주는 신입니다. 차를 몰고 나가면 주차할 공간을 찾아 주고, 데이트를 주선해 줍니다. 축구 경기를 하면 슛이 들어가게 해 줄 수도 있고 노골이 되게 만들어 주기도 합니다. 램프를 문질러서 요정을 불러내기만 하면 만사형통입니다. 할 일을 다 마친 뒤에는 다시 램프 속으로 들어가 버리니 편리하기가 이를 데 없습니다.

인자한 할아버지. 한없이 인자하고, 비할 데 없이 지혜롭고, 말할 수 없이 친절합니다. 하지만 너무, 너무, 너무, 늙어 버린 신입니다. 깨어 있기만 하면 정말 대단한 능력을 발휘할 테지만, 정작 필요할 때면 십중팔구 낮잠에 빠져 있습니다.

바쁜 아버지. 월요일 아침에 출근해서 토요일 저녁에 돌아오는 신입니다. 언제나 장거리 여행과 사업 관련 모임에 묻혀 삽니다. 하지만 주일이 돌아오면 말쑥하게 차려 입고 신령한 모습으로 나타납니다. 물론 월요일에는 우리를 버려두고 다시 떠나겠죠. 우리가 어떻게 되든 신경 쓰지 않습니다.

하나님을 요술 램프 속의 요정이나 인자한 할아버지, 바쁜 아버지로 여겼던 적은 없습니까? 그렇게 생각해 본 적이 있는 사람이라면 그런 관점이 어떤 문제를 일으키는지도 잘 알 것입니다. 하나님이 분주한 아버지 같은 신이라면 우리의 문제를 들어 줄 시간이 없을 게 분명합니다. 인자한 할아버지 같은 존재라면 너무 허약해서 우리 짐을 대신 들어 줄 수 없습니다. 요술 램프 속의 요정이라면 우리가 하나님보다 더 위대한 존재가 되는 셈입니다. 우리가 시키는 대로, 가라면 가고 오라면 오는 꼴이니 말입니다.

요술 램프 속의 요정이든, 인자한 할아버지든, 분주한 아버지든, 모두들 겉으로는 그럴듯해 보이지만 할 수 있는 일이라곤 거의 없는 신입니다.

문득, 얼마 전에 산 서류 가방 생각이 납니다. 마음 같아서는 가방 가게 점원을 탓하고 싶지만 그럴 수는 없습니다. 가방을 사기로 한 것은 내 결정이었습니다. 물론 점원이 부추긴 건 사실입니다. 하지만 손가방을 새로 살 필요는 없었습니다. 기왕에 가지고 있는 가방도 아직 쓸 만했습니다. 긁히고 상처가 나긴 했지만 여전히 말쌍했습니다. 지퍼의 페인트가 닳아 떨어지고 모서리가 낡아 해어졌어도 가방 자체는 괜찮았습니다.

하지만 대학생 또래쯤 됐을 가죽 제품 가게 판매원의 말을 그대로 옮기자면, 이건 정말 '정말 끝내주는' 가방이라는 겁니다. 모서리마다 구리로 테를 씌웠으며, 부드러운 스페인 원산 가죽을 썼고, 무엇보다도 손잡이 근처엔 이탈리아풍 브랜드 네임이 찍혀 있어서 여러 유명 인사들이 즐겨 찾는 가방이라는 것입니다.

점원은 넋이 쏙 빠질 만큼 가방에 대한 온갖 얘기를 들려준 다음 상품을 내 손에 쥐어 줬습니다. 나는 점원이 제공한 정보와 가방을 모두 구입했습니다.

가게를 나온 뒤로 지금까지 그 가방을 들고 다닌 건 고작해야 두어 번 정도입니다. 무슨 생각으로 가방을 샀던 것일까요? 더구나 새 가방엔 물건을 많이 담을 수가 없습니다. 헌 가방은 구리로 모서리를 감싸지는 않았지만, 고래 뱃속처럼 엄청나게 많은 물건을 담을 수 있었습니다.

새 가방은 날씬하고 단단해 보이는데다가 입을 꼭 다물고 있어서 마치 유행의 첨단을 달리는 패션모델을 연상시킵니다. 하지만 책 한 권에 신문 한 부밖에 들어가지 않는 가방. 손잡이에 적힌 이탈리아풍 브랜드 이름이 언뜻 '바보라모'로 보였던 건 내 착각이었을까요?

가방은 정말 멋있어 보였지만 아무짝에도 쓸모가 없었습니다.

혹시 우리가 원하는 하나님이 이 가방 같은 존재는 아닙니까? 그런 하나님을 마음에 모시고 살고 있는 건 아닙니까? 다윗은 절대 아니라고 말합니다.

"하나님이 어떤 분인지 정말 알고 싶습니까? 그렇다면 이걸 읽어 보십시오."

그리고 다윗은 '야훼'란 이름을 내놓습니다.

"야훼는 나의 목자시니."

유대인이 아닌 우리들의 귀에는 다소 생경하게 들릴지 모르겠지만, '야훼'란 다윗에겐 더할 나위 없이 선명하게 다가오는 이름이었습니다. 그러기에 당시 하나님을 통칭하던 엘 샤다이(*EL Shaddai*, 전능하신 하나님)라든가, 엘 엘리온(*EL Elyon*, 지극히 높으신 하나님), 엘 올람(*EL Olam*, 영원하신 하나님) 따위의 호칭을 다 제쳐 두고 야훼란 이름을 선택했던 것입니다.

왜 하필이면 야훼입니까? 야훼는 하나님의 이름이기 때문입니다. 누군가 나를 부를 때, 설교가라고 할 수도 있고 작가나 얼치기 골퍼라고도 얘기할 수 있을 겁니다. 다들 나를 정확하게 표현한 말이기는 하지만, 그 어느 것도 내 이름은 아닙니다. 다른 사람을 부를 때 아무개 아빠, 아무개 엄마, 의사 선생, 학생 따위로 부를 수 있습니다. 모두가 상대를 묘사하는 용어들이지만, 그렇다고 해도 그게 상대의 이름은 아닙니다. 내 이름을 부르고 싶다면, '맥스'라고 해야 합니다.

상대의 이름을 부를 작정이라면, 가능한 한 정확한 성명을 찾아 호칭하는 게 당연합니다. 하나님을 이름으로 호칭하고 싶으면 '야훼'라고 해야 합니다.

하나님께서는 우리에게 이름을 알려 주셨습니다. 그만큼 우리와 친밀한 관계를 갖고 싶으셨던 것입니다.

하나님의 이름을 처음으로 배워 알았던 이는 모세였습니다. 가시덤불에서 환한 빛이 나오는 장면을 목격하고 삶에 급격한 변화가 일어나기 시작하던 당시, 모세는 여든 살의 늙은 목자로서 양떼를 돌보던 처지였습니다. 다윗이 태어나기 약 700년 전 일입니다. 하나님께서는 모세에게 애굽으로 돌아가서 노예 생활을 하고 있는 히브리 민족을 구해 내라고 말씀하셨습니다. 모세는 자러 갈 시간을 미루는 아이처럼 사양에 사양을 거듭했지만, 하나님께서는 핑계를 하나하나 깨트려 버리셨습니다. 더 이상 할 말이 없어진 모세는 마지막으로 주님께 물었습니다.

"내가 이스라엘 자손에게 가서 이르기를 너희 조상의 하나님이 나를 너희에게 보내셨다 하면 그들이 내게 묻기를 그의 이름이 무엇이냐 하리니 내가 무엇이라고 그들에게 말하리이까?"

하나님의 대답은 이랬습니다.

"나는 스스로 있는 자니라. 너는 이스라엘 자손에게 이같이 이르기를 스스로 있는 자가 나를 너희에게 보내셨다 하라"(출 3:14).

훗날 하나님께서는 모세에게 이 사실을 다시 한번 상기시키셨습니다.

"나는 야훼이니라. 내가 아브라함과 이삭과 야곱에게 전능의 하나님*El Shaddai*으로 나타났으나 나의 이름을 야훼로는 그들에게 알리지 아니하였고"(출 6:2-3).

이스라엘 백성들은 하나님의 이름이 너무 거룩해서 차마 인간의 입에 올릴 수 없다고 생각했습니다. 그래서 '야훼'라는 이름을 부를 일이 있을 때마다 '주님'을 뜻하는 '아도나이*Adonai*'라는 말로 대신했습니다. 하나님의 이름을 기록해야 할 일이 생기면 먼저 목욕을 했으며, 글을 쓴 뒤에는 펜을 분질러 버렸습니다.[2]

하나님께서는 '야훼'가 무슨 뜻인지 정확하게 알려 주지 않으셨습니다. 모세 역시 한 번도 그 뜻을 묻지 않았습니다. 아마 학자들 가운데는 '야훼가 무슨 뜻인지 모세가 하나님께 물어보았더라면 얼마나 좋았을까'라고 생각하는 이가 많을지도 모릅니다. 이 분야를 연구하는 학자들 사이에 이를 두고 논쟁이 계속되어 왔기 때문입니다.

'스스로 있는 자'라는 이름은 '~이 되다'를 뜻하는 히브리어 동사 '*havah*'와 발음이 놀랄 만큼 비슷합니다. 야훼*Yahweh*는 현재 시제(나는 ~이다)와 사역 시제(~이게 하다)가 조합된 명칭일지도 모릅니다. 그런 가정에 따른다면 야훼라는 이름은 '나는 존재한다'와 '존재하게 하다'라는 의미를 갖는 호칭으로 보입니다. 하나님은 항상 존재하는 분이며 동시에 존재하게 하는 분입니다.

이것이 왜 중요한지 아십니까? 우리에겐 위대한 하나님이 필요하기 때문입니다. 하나님이 항상 존재하는 분이면 곧 변함이 없는 분이라는 뜻이기도 합니다.

생각해 봅시다. "나는 ~이다"라고만 말하는 사람을 본 적이 있습니까? 나는 한 번도 보지 못했습니다. '나는'과 '이다' 사이에는 언제나 무슨 말인가를 덧붙이게 마련입니다. 나는 행복하다, 나는 슬프다, 나는 강하다, 나는 맥스 루케이도다. … 그러나 하나님께서는 단호하게 "나는 ~이다"라고만 말씀하고 아무 말도 덧붙이지 않으셨습니다.

우리는 묻고 싶어 합니다. "하나님, 당신은 어떤 분입니까?"

하나님의 대답은 이것입니다. "나는 ~이다."

하나님께는 설명하는 말이 필요 없습니다. 영원히 변치 않는 분이기 때문입니다. 하나님은 그냥 하나님일 뿐입니다. 과거부터 현재까지 항상 존재하는 분입니다. 시편 기자는 하나님의 불변성을 "주는 여상하시고"(시 102:27)라고 노래했습니다. "주님은 스스로 있는 존재입니다. 당신은 영원히 변치 않습니다"라고 고백하고 있는 것입니다.[3] 야훼는 변함이 없는 하나님입니다.

그분은 또한 자존自存하는 하나님입니다.

야훼는 창조하는 하나님일 뿐 피조被造된 신이 아닙니다. 무언가를 만드실 뿐 만들어지는 하나님이 아닙니다. 모든 현상의 근원일 뿐 현상에서 비롯된 결과물이 아닙니다. 그런 까닭에 시편 기자는 선언합니다. "산이 생기기 전, 땅과 세계도 주께서 조성하시기 전 곧 영원부터 영원까지 주는 하나님이시니이다"(시 90:2).

하나님 야훼는 변함없는 분이며, 자존하는 분이며, 제한받지 않는 분입니다.

인간은 지배를 받는 존재입니다. 날씨에 따라 어떤 옷을 입을지가 결정됩니다. 가고자 하는 곳의 지형이 여행 방법을 좌우합니다. 중력은 인간이 낼 수 있는 속도를 지배하고 건강은 체력을 결정합니다. 이런 힘들에 도전해서 눈곱만큼 변화시킬 수 있을지는 모르지만 아예 없애 버린다는 건 생각조차 할 수 없습니다.

우리의 목자 되신 하나님은 날씨에 개의치 않으십니다. 그분이 날씨를 만드셨기 때문입니다. 중력에 지배되지 않으십니다. 중력을 지으신 이가 그분이기 때문입니다. 건강에 좌우되지 않으십니다. 그분은 육체가 아니기 때문입니다.

예수님께서는 요한복음 4장 24절에서 이렇게 말씀하셨습니다. "하나님은 영이시니." 육체가 아니므로 육체에 제한받으실 일이 없습니다. 캄보디아에 계시면서 동시에 미국에서 활동하실 수 있는 것입니다.

다윗은 "내가 주의 영을 떠나 어디로 가며 주의 앞에서 어디로 피하리이까"라고 자문自問하고 "내가 하늘에 올라갈지라도 거기 계시며 스올에 내 자리를 펼지라도 거기 계시니이다"(시 139:7-8)라고 자답自答합니다.

변함없으심. 자존하심. 제한받지 않으심. 이것들은 하나님의 여러 성품 가운데 일부에 지나지 않지만, 이만하면 우리 아버지의 면면을 충분히 짐작하고 남음이 있지 않습니까? 이런 목자가 필요치 않습니까? 변함없는 목자를 주인으로 삼지 않겠습니까?

《성의*The Robe*》를 비롯해서 여러 소설 작품을 쓴 로이드 더글러스는 젊은 시절 하숙집에서 생활하며 대학을 다녔습니다. 하숙집 1층에는 이제 늙어서 휠체어가 없이는 한 발자국도 움직이지 못하는 전직 음악 교수가 살고 있었습니다. 더글러스는 매일 아침 교수가 사는 방문을 열고 똑같은 질문을 던지곤 했습니다. "뭐 좀 좋은 소식 없어요?" 노인은 구부러진 포크를 집어 들고 휠체어를 두드려 가며 화답했습니다. "가온 다middle C•야! 어제도 가온 다였고, 내일도 그렇겠지. 천 년이 지난다 해도 여전할 거야. 위층 테너 가수는 반음 떨어진 음정으로 노래를 하고, 방구석에 있는 피아노는 조율을 안 해서 음이 다 망가졌지만, 피아노 없이도 알 수 있다고. 난 가온 다야."[4]

우리에게도 '가온 다'가 필요합니다. 삶이란 얼마나 자주 변하

• 다음자리표라고도 한다. 표의 중심이 가온 '다'가 된다.

는지! 관계가 변하고 건강이 변하고 날씨가 변합니다. 그러나 지난 밤 온 세계를 다스리셨던 야훼는 오늘 세상을 다스리는 야훼 바로 그분이십니다. 똑같은 원칙, 똑같은 계획, 똑같은 느낌, 똑같은 사랑. 하나님은 결코 변하지 않으십니다. 돌멩이 하나를 던져 넣는다 해서 태평양 파도의 리듬이 바뀌지 않는 것처럼, 인간이 하나님을 바꿀 수는 없습니다.

하나님은 모든 인생의 '가온 다'입니다. 변화하는 세계의 정지된 중심입니다. 언제나 확고하게 서 있는 중심이 필요하다고 생각하지 않습니까? 언제나 한결같은 목자가 필요하지 않습니까?

모든 사람에게는 또한 자존하는 목자가 필요합니다. 누구도 야훼의 코에 생기를 불어넣은 적이 없습니다. 그분에게 생명을 준 아버지는 존재하지 않습니다. 아무도 야훼를 낳지 않았습니다. 야훼는 피조물이 아닙니다. 야훼를 존재하게 만드는 행위란 있을 수 없습니다.

어떠한 행위로도 하나님을 만들어 낼 수 없으므로, 당연히 어떠한 행위로도 야훼를 밀어낼 수 없습니다. 야훼 하나님께서 지진을 두려워하실 것 같습니까? 폭풍이 몰아친들 무서워 떠시겠습니까? 천부당만부당한 얘깁니다. 야훼께서는 폭풍 가운데서도 주무셨고, 한마디 말씀으로 바람을 잔잔케 하셨습니다. 암이라도 야훼를 곤경에 빠트릴 수 없으며 무덤이라도 하나님의 마음을 어지럽힐 수 없습니다. 야훼 하나님은 암이나 무덤 이전부터 세상에 존재하셨습니다. 암이나 무덤이 다 사라진 뒤에도 야훼는 여전히 존재하실 것입니다.

야훼는 제한받지 않으시는 하나님입니다. 유능한 상담 전문가가 도와주면 폭풍 속에서도 편안한 마음을 가질 수 있을지 모릅니다. 그러나 정말 필요한 것은 폭풍을 잠잠케 하실 수 있는 하나님입니다.

세상을 떠나는 순간 친구들이 손을 꼭 잡아 줄 수 있겠지만, 진정으로 우리에게 필요한 분은 무덤의 권세를 짓밟아 이기신 야훼 하나님입니다. 삶의 의미에 대해 토론을 벌이는 일은 철학자들도 얼마든지 할 수 있습니다. 그러나 우리에게 있어야 할 분은 인생의 의미를 선포하신 주님, 바로 그분입니다.

우리에겐 야훼 하나님이 필요합니다.

도로시가 만난 마법사 따위는 필요 없습니다. 《오즈의 마법사》에서 도로시가 천신만고 끝에 찾아낸 게 무엇이었는지 기억하시죠? 도로시와 삼총사가 노란 벽돌 길을 따라가서 마침내 알아낸 것이라곤 '마법사는 아무것도 할 줄 모르는 겁쟁이'라는 사실 하나뿐이었습니다. 연기와 거울들, 양철 북으로 만들어 내는 천둥소리가 고작이었습니다. 여러분도 그런 유의 하나님이 필요하십니까?

선반 위의 하나님, 상자 속의 하나님, 병 속의 하나님… 무엇하러 이렇게 시시하고 왜소한 하나님을 부담스럽게 짊어지고 다니십니까? 지구가 속한 은하계만 해도 1,000억 개의 별들을 풀어놓으셨고 우주에 그런 은하계를 1,000억 개나 만들어 두신 하나님, 우리에겐 그런 하나님이 필요합니다. 각각 만 개의 연결 고리를 가진 750-1,000억 개의 신경세포를 두어 줌 만들어 살 속에 넣으시고 두개골로 잘 감싼 뒤에 그걸 뇌라고 부르신 하나님이 필요한 것입니다.[5]

고요한 밤이 이르게 하시고, 측량할 수 없이 큰 힘을 가지셨음에도 불구하고 한겨울 함박눈처럼 부드럽게 우리를 어루만져 주시는 하나님이 필요합니다.

우리에겐 야훼 하나님이 필요합니다.

그런데 다윗은 말합니다. 우리는 이미 그런 하나님을 품고 있노라고. 그분이 우리의 목자시라고.

더 깊은 나들이,
말씀을 거쳐 삶 속으로

본문 속으로 떠나는 여행

1. "시편 23편은 첫 단어에서부터 왜소한 잡신雜神들의 짐에서 우리를 해방시키려는 의도를 담고 있습니다."
   - ▶ 주위에 어떤 '왜소한 잡신'들이 있어서 유혹의 손길을 뻗치고 있습니까?
   - ▶ '왜소한 잡신'들이 자리를 잡게 만드는 요인은 무엇입니까?

2. 맥스 루케이도는 많은 사람들이 요술 램프 속의 요정, 인자한 할아버지, 바쁜 아버지 등 세 부류의 '왜소한 잡신'들을 떨쳐 내지 못한다고 말합니다.
   - ▶ 이 세 종류의 '왜소한 잡신'들을 자신의 말로 정리해 보십시오.
   - ▶ 맥스 루케이도가 이야기하는 세 부류의 잡신 가운데 어느

하나에라도 마음이 끌린 적이 있습니까? 그 까닭은 무엇입니까?

3. "하나님은 항상 존재하는 분이시며 동시에 존재하게 하는 분입니다. 이것이 왜 중요한지 아십니까? 우리에겐 위대한 하나님이 필요하기 때문입니다. 하나님이 항상 존재하는 분이면 곧 변함이 없는 분이라는 뜻이기도 합니다."
   - ▶ 위대한 하나님, 또 변함없는 하나님이 필요한 까닭은 무엇입니까?
   - ▶ 하나님을 실제보다 작게 평가할 때, 우리 삶은 어떻게 달라집니까? 하나님이 이랬다저랬다 변덕스럽다면 어떤 느낌이 들겠습니까?

4. "변함없으심. 자존하심. 제한받지 않으심. 이것들을 하나님의 여러 성품 가운데 일부에 지나지 않지만, 이만하면 우리 아버지의 면면을 충분히 짐작하고 남음이 있지 않습니까? 이런 목자가 필요치 않습니까? 변함없는 목자를 주인으로 삼지 않겠습니까?"
   - ▶ 맥스 루케이도의 질문에 어떻게 답하겠습니까?
   - ▶ 하나님께서 삶 속에서 어떻게 변함없는 목자가 되어 주셨는지 구체적인 사례를 나눠 보십시오.

말씀 속으로 떠나는 여행

1. 출애굽기 3장 13-17절, 6장 2-8절을 읽으십시오.

모세가 하나님께 아뢰되 내가 이스라엘 자손에게 가서 이르기를 너희의 조상의 하나님이 나를 너희에게 보내셨다 하면 그들이 내게 묻기를 그의 이름이 무엇이냐 하리니 내가 무엇이라고 그들에게 말하리이까. 하나님이 모세에게 이르시되 나는 스스로 있는 자이니라. 또 이르시되 너는 이스라엘 자손에게 이같이 이르기를 스스로 있는 자가 나를 너희에게 보내셨다 하라. 하나님이 또 모세에게 이르시되 너는 이스라엘 자손에게 이같이 이르기를 너희 조상의 하나님 여호와 곧 아브라함의 하나님, 이삭의 하나님, 야곱의 하나님께서 나를 너희에게 보내셨다 하라. 이는 나의 영원한 이름이요 대대로 기억할 나의 칭호니라. 너는 가서 이스라엘의 장로들을 모으고 그들에게 이르기를 여호와 너희 조상의 하나님 곧 아브라함과 이삭과 야곱의 하나님이 내게 나타나 이르시되 내가 너희를 돌보아 너희가 애굽에서 당한 일을 확실히 보았노라. 내가 말하였거니와 내가 너희를 애굽의 고난 중에서 인도하여 내어 젖과 꿀이 흐르는 땅 곧 가나안 족속, 헷 족속, 아모리 족속, 브리스 족속, 히위 족속, 여부스 족속의 땅으로 올라가게 하리라 하셨다 하면… 하나님이 모세에게 말씀하여 이르시되 나는 여호와이니라. 내가 아브라함과 이삭과 야곱에게 전능의 하나님으로 나타났으나 나의 이름을 여호와로는 그들에게 알리지 아니하였고 가나안 땅 곧 그들이 거류하는 땅을 그들에게 주기로 그들과 언약하였더니 이제 애굽 사람이 종으로 삼은 이스라엘 자손의 신음 소리를 내가 듣고 나의 언약을 기억하노라. 그러므로 이스라엘 자손에게 말하기를 나는 여호와라. 내가 애굽 사람의 무거운 짐 밑에서 너희를 빼내며 그들의 노역에서 너희를 건지며 편 팔과 여러 큰 심판들로써 너희를 속량하여 너희를 내 백성으로 삼고 나는 너희의 하나님이 되리니 나는 애굽 사람의 무거운 짐 밑에서 너희를 빼낸 너희의 하나님 여호와인 줄 너희가 알지라. 내가 아브라함과 이삭과 야곱에게 주기로 맹세한 땅으로 너희를 인도하고 그 땅을 너희에게 주어 기업을 삼게 하리라. 나는 여호와라 하셨다 하라.

▶ 하나님의 이름에서 무엇을 배울 수 있습니까?

▶ 하나님께서 행하신 위대한 일들을 통해 무엇을 배울 수 있습니까?

▶ 하나님께서 그분의 백성들에게 보여 주신 관심에서 무엇을

배울 수 있습니까?

2. 시편 102편 25-27절, 139편 7-12절을 읽으십시오.

주께서 옛적에 땅의 기초를 놓으셨사오며 하늘도 주의 손으로 지으신 바니이다. 천지는 없어지려니와 주는 영존하시겠고 그것들은 다 옷같이 낡으리니 의복같이 바꾸시면 바뀌려니와 주는 한결같으시고 주의 연대는 무궁하리이다(시 102:25-27).

내가 주의 영을 떠나 어디로 가며 주의 앞에서 어디로 피하리이까. 내가 하늘에 올라갈지라도 거기 계시며 스올에 내 자리를 펼지라도 거기 계시니이다. 내가 새벽 날개를 치며 바다 끝에 가서 거주할지라도 거기서도 주의 손이 나를 인도하시며 주의 오른손이 나를 붙드시리이다. 내가 혹시 말하기를 흑암이 반드시 나를 덮고 나를 두른 빛은 밤이 되리라 할지라도 주에게서는 흑암이 숨기지 못하며 밤이 낮과 같이 비추이나니 주에게는 흑암과 빛이 같음이니이다(시 139:7-12).

▶ 본문에서 하나님에 대해 무엇을 배울 수 있습니까? 이 말씀들이 기존에 가지고 있던 하나님에 대한 생각에 어떤 영향을 미쳤습니까?

3. 디모데전서 6장 13-16절을 읽으십시오.

만물을 살게 하신 하나님 앞과 본디오 빌라도를 향하여 선한 증언을 하신 그리스도 예수 앞에서 내가 너를 명하노니 우리 주 예수 그리스도께서 나타나실 때까지 흠도 없고 책망받을 것도 없이 이 명령을 지키라. 기약이 이르면 하나님이 그의 나타나심을 보이시리니 하나님은 복되시고 유일하신 주권자이시며 만왕의 왕이시며 만주의 주시요 오직 그에게만 죽지 아니함이 있고 가까이 가지 못할 빛에 거하시고 어떤 사람도 보지 못하였고 또 볼 수 없는 이시니 그에게 존귀와 영원한 권능을 돌릴지어다. 아멘.

▶ 본문에서 하나님에 대해 무엇을 배울 수 있습니까?

▶ 바울은 우리가 하나님께 어떻게 반응해야 한다고 제시합니까?

4. 이사야서 40장 21-31절을 읽으십시오.

너희가 알지 못하였느냐. 너희가 듣지 못하였느냐. 태초부터 너희에게 전하지 아니하였느냐. 땅의 기초가 창조될 때부터 너희가 깨닫지 못하였느냐. 그는 땅 위 궁창에 앉으시나니 땅에 사는 사람들은 메뚜기 같으니라. 그가 하늘을 차일같이 펴셨으며 거주할 천막같이 치셨고 귀인들을 폐하시며 세상의 사사들을 헛되게 하시나니 그들은 겨우 심기고 겨우 뿌려졌으며 그 줄기가 겨우 땅에 뿌리를 박자 곧 하나님이 입김을 부시니 그들은 말라 회오리바람에 불려 가는 초개 같도다. 거룩하신 이가 이르시되 그런즉 너희가 나를 누구에게 비교하여 나를 그와 동등하게 하겠느냐 하시니라. 너희는 눈을 높이 들어 누가 이 모든 것을 창조하였나 보라. 주께서는 수효대로 만상을 이끌어 내시고 그들의 모든 이름을 부르시나니 그의 권세가 크고 그의 능력이 강하므로 하나도 빠짐이 없느니라. 야곱아 어찌하여 네가 말하며 이스라엘아 네가 이르기를 내 길은 여호와께 숨겨졌으며 내 송사는 내 하나님에게서 벗어난다 하느냐. 너는 알지 못하였느냐 듣지 못하였느냐. 영원하신 하나님 여호와, 땅 끝까지 창조하신 이는 피곤하지 않으시며 곤비하지 않으시며 명철이 한이 없으시며 피곤한 자에게는 능력을 주시며 무능한 자에게는 힘을 더하시나니 소년이라도 피곤하며 곤비하며 장정이라도 넘어지며 쓰러지되 오직 여호와를 앙망하는 자는 새 힘을 얻으리니 독수리가 날개치며 올라감 같을 것이요 달음박질하여도 곤비하지 아니하겠고 걸어가도 피곤하지 아니하리로다.

▶ 본문은 하나님에 대하여 어떤 사실을 알려 줍니까?

▶ 하나님께서는 감히 그 보좌를 흉내 내려는 자들을 어떻게 생각하십니까?

▶ 하나님께서는 이처럼 권세 있는 모습을 통하여 우리의 지친 마음을 어떻게 위로하십니까?

삶 속으로 떠나는 여행

1. 성경에 묘사된 잘못된 신들을 찾아보십시오. 그모스, 바알, 아세라 등을 살펴볼 수 있을 것입니다. 성경 사전을 이용하여 이처럼 '왜소한 잡신'들에 대하여 좀 더 상세하게 조사하십시오. 하나님은 이런 잡신들과 어떤 점에서 다릅니까?

2. 시간을 내서 성경에 나타난 참 하나님의 성품을 묵상하고 깊이 생각해 보십시오. 하나님의 위엄과 권위에 초점을 맞추도록 1년 과정으로 만든 묵상 책자들을 활용하는 것도 좋은 방법이 될 수 있습니다.

Traveling Light

3장

내 식대로 해 보렵니다

자기 신뢰의 짐

여호와는 나의 목자시니

시편 23:1

타이거 우즈처럼 골프채를 잘 휘두르고 싶습니까? 그럴 수 있다면 얼마나 좋겠습니까. 브라질 축구 선수 펠레만큼 많은 골을 넣고 싶습니까? 열심히 연습해야 할 겁니다. 여성이라면 혹시 제2의 미아 햄Mia Hamm•을 꿈꾸고 있습니까? 꼭 성공하길 바랍니다.

실은 내게도 관심을 끌었던 운동선수가 있습니다. 그 친구를 보면 꼭 나를 보는 것 같습니다. 여러분은 잘 모르는 선수일 겁니다. 혹시 1999년 브리티시 오픈 골프 게임을 보셨습니까? 스코틀랜드 카누스티 코스에서 벌어졌던 그 게임 말입니다. 한 홀을 남겨 둔 상태까지 2위와 일곱 타打 차이를 두고 선두를 달리던 선수가 있었습니다.

그렇습니다. 프랑스 선수 장 방 드 벨데입니다. 6타. 벨데는 부와 명예가 저절로 굴러 들어오는 메이저 대회 우승, 그 역사적인 자리까지 여섯 타, 450미터 남짓을 남겨 둔 상태였습니다. 이제 그가 해야 할 일이라곤 여섯 타 안에 공을 홀에 넣는 일뿐입니다.

• 미국을 대표하는 여자 축구 선수.

네 번 쳐서 넣는 걸 기본으로 하는 홀이니 그리 어려운 일은 아니었을 겁니다.

나라고 해도 여섯 타만에 공을 넣을 수 있었을 겁니다. 나이 드신 우리 어머니도 할 수 있는 일이었습니다. 장 방 드 벨데 정도의 선수라면 길쭉한 과자에 바나나를 꽂아 만든 골프채를 가지고도 성공했을 법한 일이었습니다. 트로피에 이름을 새기는 기술자는 장기를 발휘할 만반의 준비를 끝냈습니다. 트로피에 '우승자 장 방 드 벨데'라고 새겨 넣으면 그만입니다.

물론 마지막 홀이 만만한 코스는 아니었습니다. 도랑이 그린을 가르며 흐르는 이 홀을 스코틀랜드 사람들은 '위 번wee burn'이라고 불렀습니다. 하지만 그쯤이야 식은 죽 먹기. 그저 짧게 세 번만 치면 지나갈 수 있습니다. 혹시 빗나간다면? 그래도 세 번의 여유가 더 있으니까 걱정 없습니다. 아무튼 여섯 번 안에 공을 홀에 넣고 늘어선 취재진을 향해 방긋 미소 지어 주면 만사가 끝입니다. 그래도 바람이 심하게 부는 데다가 도랑마저 제법 깊으니 신중하게 쳐야겠죠?

하지만 이 프랑스 선수는 매사 장난치듯 가볍게 처리하기를 좋아했습니다. 그는 드라이버를 꺼내 들었습니다. 순간, 아이오와주 디모인의 한 모퉁이에서는 선두가 일곱 타씩이나 앞서가는 싱거운 경기를 보다가 졸음을 이기지 못하고 막 잠이 들려던 맥스 루케이도라는 얼치기 골퍼가 한쪽 눈꺼풀을 쳐들었습니다. '벨데가 드라이버를 꺼냈다고?'

방 드 벨데의 캐디는 크리스토퍼라는 30대 파리지앵이었습니다. 행색이 깔끔한 편은 아니었는데, 턱에 페인트칠하는 거친 붓을 달고 모자 밑에는 색 바랜 모직물을 쑤셔 넣은 모습이라고 보면 됩니다. 경기가 끝나고 크리스토퍼는 이렇게 고백했습니다. "벨데와 나는 쇼맨십이 너무 강했던 것 같습니다."

방 드 벨데는 에펠탑처럼 우뚝 솟은 깃대를 향하여 드라이버를 어중간하게 밀어 쳤습니다. 이제 그린에서 220미터 정도의 거리. 당시 벨데는 몰랐겠지만, 거기부터 그린 사이엔 우거진 수풀과 상한 마음만이 기다리고 있었습니다. 순서로 보자면 우선 짧게 쳐서 페어웨이로 들어가는 게 먼저였습니다.

논리가 말합니다. "절대 그린 쪽으로 쳐선 안 돼!"

골프 십계명 1조가 말합니다. "절대 그린 쪽으로 쳐선 안 돼!"

스코틀랜드 관중들이 입을 모아 말합니다. "여보게 젊은이. 절대로 그린 쪽으론 치지 말게!"

유독 선수 본인만 고집을 부립니다. "그린 쪽으로 쳐야겠어!"

이번에는 방 드 벨데가 2번 아이언을 뽑아들었습니다. 동시에 디모인의 얼치기 골퍼도 나머지 한 눈까지 번쩍 떴습니다. '2번 아이언이라고? 그걸로 공을 치면 공이 스코틀랜드에서 카리브해 한복판까지 날아갈 텐데?' 관중들은 입을 다물었습니다. 모든 눈이 그에게 집중됐습니다. 기도하는 갤러리도 있었습니다. 벨데의 아이언 샷은 '위험천만' 샷이 됐습니다. 휙- 딱- 퐁당! 공은 관객의 머리 위로 날아가더니, 귀신이 숨어 있을 것만 같은 바닥 질척한 풀숲으로 사라져 버렸습니다.

다시 친 공은 피노키오 코처럼 직선에 가까운 포물선을 그으며 솟구쳤다 떨어졌습니다. 다음 공은 물 한복판의 땅에 떨어졌고 그다음은 모래밭에 박혔습니다. 지금까지 낭비한 공을 계산해보니 4타에 벌타가 하나 있었습니다. 모두 5타를 날린 상태지만, 아직 그린 위에 공을 올려놓지 못했습니다. 홀에 공을 넣자면 여러 타가 필요했습니다.

방 드 벨데는 일곱 타 안에 마지막 홀을 정복하고 연장전에 들어가는 걸로 목표를 바꿨습니다. 다행히 벨데는 일곱 번째 샷을 홀에 넣는 데 성공해서 문명사회 전체를 안도케 했습니다. 그렇다면 그는 '위 번'에서 벌인 실수를 완전히 만회할 수 있었을까요? 결국 장 방 드 벨데는 연장전에서 지고 말았습니다.

구멍난 나일론 양말 틈으로 맨발이 들여다보이는 것처럼, 골프 게임도 한 사람의 됨됨이를 여실히 보여 줍니다. 18번 홀이 장 방 드 벨데의 실체를 낱낱이 드러냈던 사실을 생각할 때마다 나는 자신을 돌아보게 됩니다.

나도 똑같은 짓을 했습니다. 똑같이 허망하고 쓸데없는 짓을 했습니다. 필요한 건 5번 아이언이었는데, 벨데는 드라이버를 꺼내 들었습니다.

필요한 건 미안하다는 말 한마디뿐이었는데, 나는 말씨름을 벌였습니다.

필요한 건 그저 들어 주는 일뿐이었는데, 입을 크게 벌리고 떠들었습니다.

필요한 건 참는 마음뿐이었는데, 주도권을 잡으려고 뛰어다녔습니다.

하나님께 드렸으면 좋았을 것을, 나는 어떻게든 내가 바꿔 보려고 했습니다.

왜 가방에 꽂혀 있는 드라이버를 그냥 내버려 두지 못하는 걸까요? 캐디 크리스토퍼가 "벨데와 나는 쇼맨십이 너무 강했던 것 같습니다"라고 했던 게 생각납니다.

나는 너무 고집이 셉니다. 너무 자존심이 강합니다. 자기를 신뢰하는 마음이 너무 큽니다.

"충고는 필요 없어요." - 휙!

"내가 다 알아서 할 수 있다니까요." - 딱!

"목자 따위는 없어도 괜찮아요. 아무튼 고맙습니다." - 퐁당!

여러분과는 상관없는 얘긴가요? 프랭크 시나트라가 부른 노래 〈마이 웨이〉의 한 구절처럼 "나의 길을 가련다"고 외치는 게 나와 장 방 드 벨데, 둘뿐인가요? 자기 과신의 궤짝을 질질 끌고 다니는 게 우리 둘뿐일까요? 나는 그렇게 생각하지 않습니다.

인간은 누구나 무엇이든 자기 뜻대로 하고 싶어 합니다. "쉬운 길이 있다고요? 보편타당한 길이 있다고요? 가장 좋은 길이 있다고요? 하나님의 길을 알려 주겠다고요? 놔두십시오. 내 길은 내가 알아서 갑니다."

성경은 인간에게 이런 문제가 있다는 사실을 분명하게 지적하고 있습니다. "우리는 다 양 같아서 그릇 행하여 각기 제 길로 갔거늘"(사 53:6).

양이 고집 센 동물이라고 생각해 보신 적이 있습니까? 사실 하나님께서 만드신 모든 짐승 가운데 스스로 살아갈 능력이 가장 모자라는 녀석이 바로 양입니다.

양은 머리가 나쁩니다. 양 조련사를 만나 보신 적이 있습니까? 양을 데리고 마술을 부리는 걸 보신 적이 있나요? 양에게 구르는 재주를 가르친 이가 있다는 얘길 들어 보셨습니까? 서커스 막간에 벌어지는 동물 쇼에 "마자던Mazadon과 하늘을 나는 양"쯤 되는 제목을 내걸고 양들이 공연을 펼치는 걸 본 일이 있습니까? 없을 겁니다. 그러기에는 녀석들의 머리가 너무 아둔하기 때문입니다.

양에겐 방어 능력이 터무니없이 모자랍니다. 송곳니도 없고 날카로운 발톱도 없습니다. 물어뜯을 줄도 모르고 빨리 달리는 재주도 없습니다. 마스코트로 양을 내세우는 팀을 하나도 볼 수 없는 이유가 거기에 있습니다. 라이온스lions니 불스bulls니 타이거즈tigers니 하는 얘기는 들었어도 램즈lambs라는 건 들어 본 적이 없죠? 앞으로도 치어리더들이 이런 구호를 외치는 걸 들어 보기는 좀처럼 어려울 겁니다.

> 야, 야, 야! 우리는 양!
> 누구든지 덤벼라, 우리는 양!
> 무적의 양! 승리의 양!

게다가 양은 지저분합니다. 고양이는 자기 몸을 정성스럽게 닦습니다. 개들도 마찬가집니다. 새들이 물통에 들어가서 퍼덕거리며 몸을 씻는 장면이라든가 곰이 강물에 몸을 닦는 모습을 본 적이 있을 겁니다. 그런데 양은 어떻습니까? 몸이 더러워져도 그냥 그대로 뒹굽니다.

다윗은 양보다 더 훌륭한 비유를 생각해 낼 능력이 없었던 것일까요? 분명 그렇지는 않았을 겁니다. 뭐니 뭐니 해도 다윗은 사울을 앞질러 나가서 골리앗을 쓰러트린 용사였습니다. 그렇다면 왜 하필 양을 선택했던 걸까요?

시편 23편을 이렇게 시작했더라면 어땠을까요?

"여호와는 나의 사령관이요, 나는 그의 용사라." 써 놓고 보니 훨씬 좋아 보이는군요. 용사라면 제복에 무장을 갖추었을 테고, 어쩌면 훈장까지 달고 있을지도 모릅니다.

아니면, 이것도 괜찮습니다. "여호와는 나의 영감이요, 나는 그의 가수라." 우리는 모두 하나님의 성가대원입니다. 정말 그럴듯하지 않습니까?

아니면, 이런 것도 있습니다. "여호와는 나의 왕이요, 나는 그의 대사라." 하나님을 대변하는 것과 견줄 만한 일이 세상에 또 어디 있겠습니까?

대사가 입을 열면 모두들 하던 일을 멈춥니다. 하나님의 가수가 노래를 하면 모두 귀를 기울입니다. 용사가 지나가면 다들 갈채를 보냅니다.

하지만 하나님의 양이 나타난다 한들 누가 신경을 쓰겠습니까? 하나님의 양이 노래하고, 말하고, 움직이는 데 주의를 기울이는 이가 있을까요? 있다면 딱 한 명뿐일 겁니다. 바로 목자입니다. 다윗은 바로 그 점에 주목했습니다.

하나님의 용사요, 가수요, 대사였던 다윗은 주님을 단번에 잘 드러낼 수 있는 실례가 없을까 찾다가 자신이 목자로 일하던 시절 생각이 났습니다. 밤낮으로 얼마나 깊은 관심을 쏟아 가며 양들을 보살폈었는지 떠올랐습니다. 양 무리 틈에서 잠을 자면서까지 그들을 지켰던 기억이 생생했습니다.

자기가 양들을 어떻게 돌봤는지를 더듬어 보던 다윗은 그것이 곧 하나님께서 우리를 보살피는 방식임에 생각이 미쳤습니다. 그는 기쁨에 넘쳐 소리칩니다. “여호와는 나의 목자시니.” 이 말을 한 꺼풀 벗겨 보면 다윗의 자랑스러운 고백이 숨어 있습니다. “나는 그의 양이라.”

아직도 양 취급당하는 게 거북하십니까? 크게 불편하지 않다면 몇 가지 간단한 질문에 답해 주시겠습니까? 정말 믿을 게 자신뿐인지 아닌지 알아봅시다. 다음 글을 찬찬히 읽어 주십시오. 그리고 ‘맞아, 이건 내 얘기야’라고 생각되는 게 있으면 손을 들어 주십시오.

“나는 기분을 마음대로 통제할 수 있다. 지금껏 살면서 심술이 나거나 마음이 언짢았던 적이 한 번도 없다. 《지킬 박사와 하이드》 따위의 얘기는 나와 아무 상관이 없다. 언제나 올바르게 살았고 즐겁게 생활했다.” 정말 그렇습니까? 아니라고요? 좋습니다. 그럼 다음으로 넘어갑시다.

“나는 모든 사람과 화목하게 지낸다. 모든 관계가 사탕처럼 달콤하다. 심지어 지금은 헤어진 옛 애인조차도 나를 높이 평가한다. 모든 사람을 사랑하고 모두로부터 사랑받는다.” 정말 그렇습니까? 아니라면, 이런 건 어떻습니까?

“나는 두려움이 없다. 흔히들 나를 ‘통뼈’라고 부른다. 주가 폭락? 그래 봤자 눈 하나 깜짝 안 한다. 심장 이상이 발견됐다고? 코웃음이 나오는군. 제3차 세계대전이 터졌다고? 그래서 어쩌라고. 그런데 오늘 저녁엔 뭘 먹지?” 이렇게 사십니까?

“나는 용서받을 필요가 없다. 절대로 실수를 저지르지 않기 때문이다. 장기판 눈금처럼 네모반듯하다. 대갓집 부엌처럼 정갈하다. 바람을 피우지도 않고, 바람 피우는 걸 감추려고 거짓말을 늘어놓지도 않는다." 이게 사실입니까? 아니라고요?

이제 냉정하게 평가해 봅시다. 기분을 통제할 수도 없고, 관계들은 심하게 흔들리고 있습니다. 늘 두려움을 가지고 있으며 실수를 범합니다. 그러면서도 자기 자신만 믿으며 세상을 살고 싶습니까? 내 귀에는 목자에게 기대고 싶다는 애원이 들리는 듯합니다. 그런 마음이 전혀 들지 않는다면 시편 23편을 이렇게 바꿔 써야 합니다.

나의 목자는 바로 나 자신이니
언제나 부족하리로다
내가 이 백화점에서 저 쇼핑센터로
이 병원에서 저 요양원으로
안식을 찾아 헤매 다니나
결코 얻지 못하리로다
내가 사망의 음침한 골짜기를 기어 다니며
안절부절못하는도다
구충제에서부터 전선에 이르기까지
모든 것을 두려워하며
어머니의 치마꼬리를 붙잡고
늘어지기 시작하리로다
매주 열리는 직원회의에 들어갈 때마다
적들이 나를 둘러쌀 것이며,
집에 돌아간다 해도
하찮은 금붕어까지 찌푸린 얼굴로 맞을 것이라

내가 강력 진통제로

두통에 찌든 머리에 기름 부었으니

독한 술이 내 잔에 넘치나이다

내 평생에 정녕 고통과 불행이 나를 따르리니

죽는 날까지 자신에 대한 회의 속에

영원히 거하리로다

그렇게 절박하게 목자가 필요하면서, 왜 한사코 목자를 거부하십니까?

이제 우리네 인생은 장 방 드 벨데 선수와 똑같은 상황 앞에 있습니다.

성경은 말합니다. "하나님의 방식대로 하게!"

경험도 같은 말을 합니다. "하나님의 방식대로 하게!"

하늘나라의 관중들도 입을 모아 말합니다. "여보게, 젊은 친구, 제발 하나님의 방식대로 하게!"

어떻습니까? 웬만하면 그 말에 따르는 편입니까? 그렇게만 한다면, 다시 말해서 하나님의 인도하심을 따르고 드라이버를 가방에 넣어 두기만 한다면 어쨌든 공은 페어웨이 위에 머물게 될 것입니다.

그렇습니다. 장 방 드 벨데 선수를 보면 꼭 나를 보는 것 같습니다.

방 드 벨데 선수는 연장전 끝에 아쉽게 패했지만, 관중들을 의식해서 아무렇지도 않은 듯 처신했습니다. 그러나 점수 기록원용 텐트에 혼자 남게 되자 두 손으로 얼굴을 감싸 쥐고 울먹였습니다. "다음엔 지-웨지Zee Wedge•로 칠 거야. 겁쟁이라고 손가락질해도 신경 안 써. 난 꼭 지-웨지로 치겠어."[1]

더 깊은 나들이,
말씀을 거쳐 삶 속으로

본문 속으로 떠나는 여행

1. "인간은 누구나 무엇이든 자기 뜻대로 하고 싶어 합니다. '쉬운 길이 있다고요? 보편타당한 길이 있다고요? 가장 좋은 길이 있다고요? 하나님의 길을 알려 주겠다고요? 놔두십시오. 내 길은 내가 알아서 갑니다.'"
   - ▶ 무엇이 우리로 하여금 자기 뜻대로 행동하고 싶어 하게 만드는지 생각해 보십시오.
   - ▶ 하나님을 신뢰하기보다 사람을 의지하면 어떤 결말을 맞게 됩니까?

2. "하나님의 용사요, 가수요, 대사였던 다윗은 주님을 단번에 잘 드러낼 수 있는 실례가 없을까 찾다가 자신이 목자로 일하던 시절 생각이 났습니다. 자기가 양들을 어떻게 돌봤는지를 더듬어 보던 다윗은 그것이 곧 하나님께서 우리를 보살피는 방식임에 생각이 미쳤습니다. 그는 기쁨에 넘쳐 소리칩니다. '여호와

• 공을 띄워 치기 쉽게 만든 골프채의 한 종류.

는 나의 목자시니.' 이 말을 한꺼풀 벗겨 보면 다윗의 자랑스러운 고백이 숨어 있습니다. '나는 그의 양이라.'"

▶ 다윗이 하나님을 목자의 이미지로 그려 낸 까닭은 무엇입니까?

▶ 당당하게 자신을 양이라고 고백할 수 있습니까? 그 까닭은 무엇입니까?

3. "아직도 양 취급당하는 게 거북하십니까? 크게 불편하지 않다면 몇 가지 간단한 질문에 답해 주시겠습니까? 정말 믿을 게 자신뿐인지 아닌지 알아봅시다. 다음 글을 찬찬히 읽어 주십시오. 그리고 '맞아, 이건 내 얘기야'라고 생각되는 게 있으면 손을 들어 주십시오.

'나는 기분을 마음대로 통제할 수 있다.'

'나는 모든 사람과 화목하게 지낸다.'

'나는 두려움이 없다.'

'나는 용서받을 필요가 없다.'"

▶ 알고 있는 이들 가운데 위의 네 가지 항목에 딱 들어맞는 사람이 있으면 구체적으로 설명해 보십시오.

▶ 위에서 열거한 네 항목 가운데 자신이 가장 갈등을 겪고 있는 영역은 어느 것입니까?

▶ 목자가 정말 절실하게 필요한 사람들이 목자를 거부하는 까닭은 무엇입니까?

말씀 속으로 떠나는 여행

1. 예레미야 17장 5-8절을 읽으십시오.

5여호와께서 이와 같이 말씀하시니라. 무릇 사람을 믿으며 육신으로 그의 힘
을 삼고 마음이 여호와에게서 떠난 그 사람은 저주를 받을 것이라. 6그는 사막
의 떨기나무 같아서 좋은 일이 오는 것을 보지 못하고 광야 간조한 곳, 건건한
땅, 사람이 살지 않는 땅에 살리라. 7그러나 무릇 여호와를 의지하며 여호와를
의뢰하는 그 사람은 복을 받을 것이라. 8그는 물가에 심어진 나무가 그 뿌리를
강변에 뻗치고 더위가 올지라도 두려워하지 아니하며 그 잎이 청청하며 가무
는 해에도 걱정이 없고 결실이 그치지 아니함 같으리라.

▶ 주님은 자기 자신을 의지하는 사람을 어떻게 생각하셨습니까?(5절)

▶ 자기 자신을 의지하면 결국 어떻게 됩니까?(6절)

▶ 하나님께서는 주님을 신뢰하고 범사를 맡기는 사람들에 대해 어떤 마음을 가지고 계십니까?(7절)

▶ 하나님을 믿고 의뢰하면 결국 어떻게 됩니까?(8절)

2. 신명기 8장 10-18절을 읽으십시오.

10네가 먹어서 배부르고 네 하나님 여호와께서 옥토를 네게 주셨음으로 말미
암아 그를 찬송하리라. 11내가 오늘 네게 명하는 여호와의 명령과 법도와 규례
를 지키지 아니하고 네 하나님 여호와를 잊어버리지 않도록 삼갈지어다. 12네
가 먹어서 배부르고 아름다운 집을 짓고 거주하게 되며 13또 네 소와 양이 번
성하며 네 은금이 증식되며 네 소유가 다 풍부하게 될 때에 14네 마음이 교만
하여 네 하나님 여호와를 잊어버릴까 염려하노라. 여호와는 너를 애굽 땅 종
되었던 집에서 이끌어 내시고 15너를 인도하여 그 광대하고 위험한 광야 곧

불뱀과 전갈이 있고 물이 없는 간조한 땅을 지나게 하셨으며 또 너를 위하여
단단한 반석에서 물을 내셨으며 [16]네 조상들도 알지 못하던 만나를 광야에서
네게 먹이셨나니 이는 다 너를 낮추시며 너를 시험하사 마침내 네게 복을 주
려 하심이었느니라. [17]그러나 네가 마음에 이르기를 내 능력과 내 손의 힘으로
내가 이 재물을 얻었다 말할 것이라. [18]네 하나님 여호와를 기억하라. 그가 네
게 재물 얻을 능력을 주셨음이라. 이같이 하심은 네 조상들에게 맹세하신 언
약을 오늘과 같이 이루려 하심이니라.

▶ 모든 일이 잘 풀려 나갈 때 어떤 자세를 취해야 합니까?(10절)

▶ 어떤 경우에 물질적인 풍요가 영적인 위기를 불러옵니까?(11-14절)

▶ 스스로 아무 모자람 없이 넉넉하다고 믿는 게 어리석은 이유는 무엇입니까?(15-18절)

3. 고린도전서 4장 6-7절을 읽으십시오.

[6]형제들아 내가 너희를 위하여 이 일에 나와 아볼로를 들어서 본을 보였으니
이는 너희로 하여금 기록된 말씀 밖으로 넘어가지 말라 한 것을 우리에게서
배워 서로 대적하여 교만한 마음을 가지지 말게 하려 함이라. [7]누가 너를 남달
리 구별하였느냐. 네게 있는 것 중에 받지 아니한 것이 무엇이냐. 네가 받았은
즉 어찌하여 받지 아니한 것같이 자랑하느냐.

▶ "기록한 말씀 밖에 넘어가지 말라"(6절)는 것은 무슨 뜻입니까? 왜 성경은 "기록한 말씀 밖에 넘어가지 말라"고 경고하고 있습니까?

▶ 7절에 나타난 바울의 세 가지 질문에 어떻게 대답하겠습니까?

삶 속으로 떠나는 여행

1. 의식적으로 안락한 조건을 벗어 버리고 누군가 다른 사람의 도움이 필요한 일을 시도하십시오. 고공 점프처럼 색다른 체험이나 한 번도 가 본 적이 없는 곳을 물어물어 찾아가 보십시오.

Traveling Light

4장

욕구의 감옥

욕구 불만의 짐

여호와는 나의 목자시니
내게 부족함이 없으리로다
시 23:1

세상에서 제일 붐비는 감옥에 한번 가 보시겠습니까? 이 교도소에는 정원보다 훨씬 많은 죄수들이 갇혀 있습니다. 식판이 부족해서 밥을 나눠 주지 못할 정도니까요. 수용 인원에 비해서 물자는 턱없이 모자랍니다.

세상에서 가장 가혹한 감옥에 함께 가 보시겠습니까? 어떤 죄수를 붙들고 물어봐도 똑같은 얘기를 할 것입니다. 변변히 먹지도 못하면서 중노동에 시달리고 있다는 하소연이죠. 사방 둘러봐야 회색벽뿐이고 잠자리엔 온기 한 점 돌지 않습니다.

세상 어디를 가 봐도 이렇게 많은 죄수들이 북적거리고 가혹한 대우를 받고 있는 감옥은 없을 겁니다. 더 끔찍한 것은 일단 여기에 들어오면 웬만해선 빠져나갈 수 없다는 사실입니다. 죄수들은 대부분 여기서 죽음을 맞습니다. 탈옥도 불가능합니다. 석방된다는 건 생각도 못합니다. 죄다 무기징역을 선고받고 이처럼 붐비고 곤핍한 형무소에서 평생을 사는 것입니다.

감옥 이름이 궁금하십니까? 들어오면서 못 보셨나요? 아치형 정문 위에 주철[柱鐵]로 써 붙인 다섯 글자 명패를 그냥 지나치셨단 말씀인가요?

욕-구-의-감-옥

욕구의 감옥. 거기 갇힌 죄수들이 어떤 생활을 하고 있는지 잘 보셨죠? 다들 채워지지 않는 갈증에 시달리고 있습니다. 모두 무언가를 원하고 있습니다. 더 큰 것, 더 아름다운 것, 더 빠른 것, 더 날씬한 것을 원합니다. 한결같이 무언가를 원합니다.

잊지 마십시오. 많은 걸 바라는 게 아닙니다. 원하는 것이라곤 그저 새로운 직장뿐입니다. 새 차 하나뿐입니다. 새 집 하나뿐입니다. 새로운 배우자를 만나는 것, 그것 하나뿐입니다. 수십 가지를 기대하는 게 아닙니다. 단 하나뿐입니다. 원하는 그 '하나'를 갖게 되면 행복해질 것입니다. 분명 행복해질 것입니다. 그리고 그 '하나'를 손에 넣는 순간 감옥을 나갈 겁니다.

하지만 정말 그렇게 될까요? 새로 산 자동차에서 나던 새 차 냄새는 곧 사라져 버립니다. 새로 얻은 직장도 곧 일상적인 일터가 됩니다. 이웃집에서는 더 큰 텔레비전을 사들입니다. 새로 맞은 배우자는 나쁜 습관들을 가지고 있습니다. 김이 새 버립니다. 이런 상황에서 어떻게 처신해야 할지 판단을 내리기도 전에 죄수는 가석방 기회를 차 버리고 감옥으로 돌아갑니다.

지금 감옥 안에 있는 건 아닙니까? 뭘 좀 가지고 있다 싶으면 기분이 좋고, 부족하다 싶으면 기분이 나빠집니까? 그렇다면 감옥에 갇힌 겁니다. 배달시킬 수도 있고, 누군가에게 넘길 수도 있고, 상으로 줄 수도 있고, 형태를 마음대로 바꿔 버릴 수도 있는 그런 대상에게서 기쁨을 찾는다면 감옥에 갇혀 있는 겁니다. 얼마나 많은 돈을 저금해 두었느냐, 무엇을 마시느냐, 무슨 차를 타느냐, 어떤 음식을 먹느냐 따위에서 행복을 찾는다면, 지금 감옥, 욕구의 감옥에 갇혀 있는 겁니다.

지금까지 나쁜 소식을 전해 드렸습니다. 이제 좋은 소식을 전해 드릴까요? 어떤 분이 면회를 오셨다는 소식입니다. 가석방 기회가 생겼다는 메시지를 가지고 온 분입니다. 면회실로 가 보십시오. 의자를 끌어다 자리를 잡으십시오. 그리고 테이블 건너편에 앉아 있는 이의 얼굴을 보십시오. 바로 시편 기자 다윗입니다. 다윗이 귓가에 입을 대고 속삭이듯 말합니다. "말해 줄 비밀이 있어요. 만족에 이르는 비결에 관한 얘기예요."

"여호와는 나의 목자시니 내게 부족함이 없으리로다"(시 23:1).

다윗은 불만 따위가 뿌리내릴 수 없는 푸른 풀밭을 찾아냈습니다. 시편 23편 1절은 마치 이렇게 고백하고 있는 것 같습니다.

"세상에서 갖지 못한 것보다 하나님 안에서 가진 것이 훨씬 더 크다."

다윗과 똑같은 고백을 우리도 할 수 있을까요? 여기서 잠깐 자신이 무엇을 가지고 있는지 생각해 봅시다. 지금 살고 있는 집, 몰고 다니는 자동차, 저금해 둔 돈을 꼽아 보십시오. 유산으로 물려받은 값진 물건들과 보유하고 있는 주식, 장롱 속에 사다 놓은 옷들을 떠올려 보십시오. 소유하고 있는 것들을 빠짐없이 생각해 보셨으면, 이제 성경이 말하고 있는 두 가지 진리를 다시 짚어 보겠습니다.

먼저, 세상 만물 가운데 어느 것도 인간의 소유가 될 수 없습니니다. 누구든 검시관을 붙들고 물어보십시오. 시신을 염殮하는 장의업자에게 물어보십시오. 장례식장 주인에게 물어봐도 좋습니다. 어떤 인간이든 맨몸으로 세상을 떠나게 마련입니다.

역사상 유례를 찾을 수 없을 만큼 부유하게 살았던 인물인 존 록펠러가 세상을 떠나자 그의 회계를 담당하던 직원에게 사람들이 물었습니다. "고인이 얼마나 남겨 두고 가셨던가요?"

회계 직원의 대답은 간단했습니다. "가진 것 전부 다 두고 가셨어요."[1]

"그가 모태에서 벌거벗고 나왔은즉 그 나온 대로 돌아가고 수고하여 얻은 것을 아무것도 자기 손에 가지고 가지 못하리니"(전 5:15).

세상 만물 가운데 어느 것도 인간의 소유가 아닙니다. '나의 것'이라고 장담할 수 있는 게 있습니까? 우리가 입고 있는 옷이나 몰고 다니는 자동차는 우리 자신이 어떤 사람인가와는 아무 상관이 없습니다.

예수님께서는 "너희는 조심하여, 온갖 탐욕을 멀리하여라. 재산이 차고 넘치더라도, 사람의 생명은 거기에 달려 있지 않다"(눅 12:15, 새번역)고 말씀하십니다.

하나님께서는 사람을 생각하실 때 옷 잘 입는 남자, 큰집에 사는 여자, 새 자전거를 가진 꼬마 따위로 사람을 기억하지 않으십니다. 사무엘상 16장 7절은 "내가 보는 것은 사람과 같지 아니하니 사람은 외모를 보거니와 나 여호와는 중심을 보느니라"고 기록하고 있습니다.

하나님께서 인간을 헤아리시려 한다면 우리 마음이 얼마나 따듯한지, 얼마나 헌신하고 있는지, 얼마나 온유한지, 주님을 향해 얼마나 민감한 마음을 가졌는지 등을 살펴보실지도 모릅니다. 하지만 얼마나 많은 것을 가졌는지를 기준으로 우리를 평가하지는 않으실 것입니다.

그러므로 우리 역시 스스로에 대해 생각할 때 물질로 평가해서는 안 됩니다. 물질을 기준으로 삼는다면, 많이 가졌을 때는 즐거워하겠지만 그렇지 못할 때는 마음이 상하게 됩니다. 사도 바울과 똑같은 고백을 할 수 있을 때 만족은 찾아옵니다. "내가 궁핍하므로 말하는 것이 아니니라. 어떠한 형편에든지 나는 자족하기를 배웠노니 내가 비천에 처할 줄도 알고 풍부에 처할 줄도 알아 모든 일 곧 배부름과 배고픔과 풍부와 궁핍에도 처할 줄 아는 일체의 비결을 배웠노라"(빌 4:11-12).

덕 맥나잇은 사도 바울과 같은 고백을 할 수 있었던 사람이었습니다. 덕은 서른두 살, 젊은 나이에 다발성 경화증•에 걸렸습니다. 이 희귀병은 그로부터 16년이 넘는 세월에 걸쳐 그의 직업과 움직일 수 있는 능력, 그리고 마침내 생명까지 빼앗아 갔습니다. 병 때문에 덕은 제 힘으로 밥을 먹을 수도 없었고 걸어 다닐 수도 없었습니다. 시시때때로 일어나는 우울한 생각이나 두려움과도 싸워야 했습니다.

하지만 고통스러운 시간을 보내면서도 감사하는 마음을 잃어버린 적이 없습니다. 그의 기도 제목들이 좋은 증거입니다. 덕은 같은 교회에 다니는 친구들로부터 함께 기도할 수 있도록 기도 제목

• 중추신경계 질환으로 시력장애, 마비, 지각장애 등을 일으키는 병.

을 정리해서 보내 달라는 요청을 받았습니다. 덕이 적어 보낸 목록에는 열여덟 가지 감사 제목과 여섯 개의 간구할 제목들이 들어 있었습니다. 감사가 요구보다 세 배나 많았던 것입니다. 덕 맥나잇은 자족하는 법을 알고 있었습니다.[2]

토바고섬•의 이름 모를 한센병 환자도 그랬습니다. 그녀의 이야기가 알려진 것은 전도 여행을 다니던 어느 단기 선교사를 통해서였습니다. 선교 여행을 끝내기 바로 전날, 그는 한센병 환자들이 모여 사는 마을에 들어가서 예배를 인도하고 있었습니다. 함께 부르고 싶은 찬송이 있으면 누구든지 이야기해 달라는 말이 끝나기가 무섭게 한 여인이 고개를 들었습니다. 여태까지 한 번도 본 적 없는 정말 끔찍한 얼굴이었습니다. 귀도 없고, 코도 없는 얼굴이었습니다. 입술은 다 말려들어 가 있었습니다. 여인은 손가락이 하나도 남지 않은 손을 번쩍 쳐들고 말했습니다. "찬송가 429장, 〈받은 복을 세어 보아라〉를 함께 부르고 싶습니다."

선교사는 찬송을 부르기 시작했지만 끝까지 다 부를 수가 없었습니다. 나중에 그 얘기를 전해 들은 어떤 사람이 그에게 말했습니다. "선교사님은 이제 다시는 그 찬송을 못 부르실 것 같아요." 선교사가 대답했습니다. "그렇지 않아요. 다시 부를 수는 있겠죠. 하지만 그분과 똑같이 부를 수는 없을 거예요."[3]

주변의 환경이나 여건이 달라지기만 하면 언제든지 태도를 바꿀 수 있을 것이라고 생각하십니까? 그렇다면 지금 감옥에 갇혀 있는 겁니다. 무거운 짐을 다 털어 버리고 가볍게 길을 떠나는 비

• 트리니다드 토바고의 한 섬.

결을 배워야 합니다. 세상에서 갖지 못한 것보다 목자 되신 하나님 안에서 가진 것이 훨씬 더 크고 많습니다.

잠깐 시간을 내서 생각해 보십시오. 기쁨에서 멀어지게 만드는 것 한 가지를 고르라면 무얼 꼽겠습니까? 다음 빈칸에 어떤 말을 채워 넣을 수 있을까요? "__________만 있으면(된다면) 정말 행복할 거야." '아픈 데만 나으면'입니까? '승진하기만 하면'입니까? '결혼만 할 수 있다면'입니까? 아니면 '혼자 살 수만 있다면'입니까? 혹시 '부자가 되기만 하면'입니까? 무슨 말을 넣어서 문장을 완성하시렵니까?

마음의 결정을 분명하게 내렸다면 한 가지 묻겠습니다. 기대가 전혀 채워지지 않는다면, 꿈이 결코 실현되지 않는다면, 상황이 조금도 변하지 않는다면, 그래도 행복할 수 있겠습니까? 행복할 수 없다면 지금 욕구 불만의 차가운 감방에서 새우잠을 자고 있는 것입니다. 목자 되신 하나님 안에서 자신이 가지고 있는 것들을 세어 볼 필요가 있습니다.

언제나 기도를 들어주시는 하나님, 사랑으로 지켜 주시는 주님의 능력, 늘 중심에 거하시는 성령님, 장차 눈앞에 펼쳐질 하늘나라의 모든 선한 것들이 우리의 몫입니다. 목자이신 하나님을 마음에 소유하고 있다면, 죄를 덮어 주시는 은혜와 갈림길이 나올 때마다 방향을 잡을 수 있는 표지판과 폭풍우가 몰아칠 때 배를 단단히 고정시켜 줄 닻을 가지고 있는 셈입니다.

누구라서 이런 것들을 빼앗아 갈 수 있겠습니까? 백혈병이 구원을 병들게 할 수 있을까요? 경제적인 파산이 하나님께 드리는 기도마저 가난뱅이로 만들 수 있을까요? 태풍이 땅 위에 지은 집을 휩쓸어 버릴 수는 있겠지만, 하늘나라의 집까지 어찌해 볼 수 있을까요?

자기 신분을 정확히 보십시오. 어째서 명예와 특권을 달라고 아우성치는 겁니까? 이미 역사상 가장 위대한 사역에 참여하는 특권을 가지고 있지 않던가요? 러스 블로워스 목사는 분명히 그렇다고 말합니다. 로터리 클럽 모임에서 누군가가 직업을 묻자 블로워스 목사는 "목사입니다"라는 식으로 간단히 대답하는 대신 이렇게 설명했습니다.

"안녕하세요. 저는 러스 블로워스입니다. 저는 다국적 기업에서 일하고 있습니다. 세상 어디를 가도 저희 지사가 없는 곳은 없습니다. 거의 모든 나라 의회와 회의장에 대표를 파견해 두었습니다. 주로 마음을 움직여서 행동을 변화시키는 일을 합니다. 병원과 구호소, 미혼모를 위한 보호시설, 대학, 출판사, 유아원 등을 운영하고 있습니다. 일단 고객이 되시면 요람에서 무덤까지 돌봐 드립니다. 생명보험과 화재보험을 취급할 뿐만 아니라 영적인 심장 이식도 시행하고 있습니다.

우리 회사의 회장님은 지구상에 있는 모든 재산의 실질적인 소유주이며 하늘의 은하계와 성좌星座들까지 가지고 있습니다. 그분은 모든 것을 가지고 있으며 어느 곳에나 존재하십니다. 우리 회사에서 생산된 상품들은 무상으로 공급됩니다(일일이 돈 주고 사자면 억만금이 있어도 모자랄 만큼 비싼 것들임에도 말입니다).

회장님의 이력을 보자면 시골 출신이며, 목수로 일하셨고, 집 한 칸 소유해 본 적이 없고, 가족의 오해를 받기도 하고, 적들의 미움을 사기도 했으며, 물위를 걸으셨고, 공정한 심리도 없이 사형에 처해졌다가 죽음에서 다시 살아나신 분입니다. 나는 그분과 매일 이야기를 나눕니다."[4]

여러분도 똑같은 얘기를 할 수 있습니까? 그렇다면 만족을 얻지 못할 까닭이 없지 않을까요?

한번은 사업 실패로 파산 상태에 빠진 사람이 목사에게 가서 상담을 청했습니다.

"저는 모든 걸 잃어버렸습니다."

"믿음을 잃어버리셨다니, 정말 안 됐군요."

"그런 얘기가 아닙니다. 신앙은 그대롭니다." 그가 바로잡았습니다.

"그런가요? 그럼 좋은 성품을 잃어버리셨군요. 유감입니다."

"그렇게 말한 적 없습니다. 제 사람됨은 여전합니다." 그는 정정했습니다.

"저런, 구원을 잃어버리셨다니 정말 딱하군요."

"아녜요, 그게 아녜요. 구원을 잃어버린 적 없습니다." 그가 펄쩍 뛰었다.

"그럼 믿음도 있고, 성품도 여전하고, 구원도 변함이 없단 말씀이죠? 셋 중에 아무것도 잃어버린 게 없다면 진짜 심각한 문제는 아니군요."

셋 중에 아무것도 잃지 않았다면 우리도 어느 청교도처럼 기도할 수 있습니다. 그는 빵 한 조각과 물 한 잔뿐인 식탁에 앉았습니다. 그리고 머리를 숙이고 부르짖었습니다. "예수님만으로도 넉넉한데 이렇게 먹을 것까지 주시다니요?"

이렇게 만족하며 살 수는 없는 걸까요? 바울은 말합니다. "자족하는 마음이 있으면 경건은 큰 이익이 되느니라”(딤전 6:6).

거추장스러운 불만 보따리들을 하나님께 넘겨 드리는 순간, 무언가가 없어지는 게 아니라 오히려 더 좋은 것을 얻게 됩니다.

하나님께서는 부담스러운 불만의 짐을 가져가는 대신 가볍고, 몸에 꼭 맞으며, 슬픔을 이기는 힘을 가진 감사 사자使者를 보내 주십니다.

자족自足과 더불어 무엇을 얻게 될까요? 결혼을 얻게 될지도 모릅니다. 자녀들과 함께하는 소중한 시간을 얻게 될지도 모릅니다. 자존감을 얻게 될지도 모릅니다. 기쁨을 얻게 될지도 모릅니다. “여호와는 나의 목자시니 내게 부족함이 없으리로다”라고 고백할 수 있는 믿음을 얻게 될지도 모릅니다.

천천히 읊조려 봅시다. “여호와는 나의 목자시니 내게 부족함이 없으리로다.”

다시 한번! “여호와는 나의 목자시니 내게 부족함이 없으리로다.”

쉬잇! 무슨 소리가 들리는 것 같지 않으세요? 아무래도 무슨 소린가가 들리는 것 같군요. 확실치는 않지만… 감옥 문이 열리는 소리가 아닐까요?

본문 속으로 떠나는 여행

1. "욕구의 감옥. 거기 갇힌 죄수들이 어떤 생활을 하고 있는지 잘 보셨죠? 다들 채워지지 않는 갈증에 시달리고 있습니다. 모두 무언가를 원하고 있습니다. 더 큰 것, 더 아름다운 것, 더 빠른 것, 더 날씬한 것을 원합니다. 한결같이 무언가를 원합니다."
   - ▶ 스스로 묻고 답해 보십시오. "나는 감옥에 갇혀 있는가?"
   - ▶ 삶 속에서 자신을 감옥에 가둘 가능성이 가장 높은 요소는 무엇입니까?

2. "다윗은 불만 따위가 뿌리내릴 수 없는 푸른 풀밭을 찾아냈습니다. 시편 23편 1절은 마치 이렇게 고백하고 있는 것 같습니다. '세상에서 갖지 못한 것보다 하나님 안에서 가진 것이 훨씬 더 크다.'"
   - ▶ 하나님 안에서 어떤 것들을 가지고 있습니까? 마음에 떠오르는 대로 10개를 찾아 목록을 만드십시오.
   - ▶ "세상에서 갖지 못한 것보다 하나님 안에서 가진 것이 훨씬 더 크다"고 고백할 수 있습니까? 그 이유는 무엇입니까?

3. "주변의 환경이나 여건이 달라지기만 하면 언제든지 태도를 바꿀 수 있을 것이라고 생각하십니까? 그렇다면 지금 감옥에 갇혀 있는 겁니다. 무거운 짐을 다 털어 버리고 가볍게 길을 떠나

는 비결을 배워야 합니다."

▶ 위의 질문에 대한 자신의 대답과 그렇게 생각하는 까닭을 찾아 적어 보십시오.

▶ 가벼운 차림으로 여행을 떠나는 비결은 무엇입니까? 어떻게 그 비결을 체득할 수 있습니까?

4. "기쁨에서 멀어지게 만드는 것 한 가지를 고르라면 무얼 꼽겠습니까? 다음 빈칸에 어떤 말을 채워 넣을 수 있을까요? '__________만 있으면(된다면) 정말 행복할 거야.' '아픈 데만 나으면'인가요? '승진하기만 하면'입니까? '결혼만 할 수 있다면'인가요? 아니면 '혼자 살 수만 있다면'인가요? 혹시 '부자가 되기만 하면'입니까? 무슨 말을 넣어서 문장을 완성하시겠습니까?

▶ 위의 질문에 답해 보십시오.

▶ 그것이 삶에서 기쁨을 빼앗아 가고 있습니까? 그렇게 된 지 얼마나 오래됐습니까? 자신을 짓누르고 있는 그 영향력을 어떻게 떨쳐 버릴 수 있습니까?

말씀 속으로 떠나는 여행

1. 누가복음 12장 13-21절을 읽으십시오.

13무리 중에 한 사람이 이르되 선생님 내 형을 명하여 유산을 나와 나누게 하
소서 하니 14이르시되 이 사람아 누가 나를 너희의 재판장이나 물건 나누는
자로 세웠느냐 하시고 15그들에게 이르시되 삼가 모든 탐심을 물리치라. 사람
의 생명이 그 소유의 넉넉한 데 있지 아니하니라 하시고 16또 비유로 그들에

게 말하여 이르시되 한 부자가 그 밭에 소출이 풍성하매 17심중에 생각하여
이르되 내가 곡식 쌓아 둘 곳이 없으니 어찌할까 하고 18또 이르되 내가 이렇
게 하리라 내 곳간을 헐고 더 크게 짓고 내 모든 곡식과 물건을 거기 쌓아 두
리라. 19또 내가 내 영혼에게 이르되 영혼아 여러 해 쓸 물건을 많이 쌓아 두
었으니 평안히 쉬고 먹고 마시고 즐거워하자 하리라 하되 20하나님은 이르시
되 어리석은 자여 오늘 밤에 네 영혼을 도로 찾으리니 그러면 네 준비한 것이
누구의 것이 되겠느냐 하셨으니 21자기를 위하여 재물을 쌓아 두고 하나님께
대하여 부요하지 못한 자가 이와 같으니라.

▶ 예수님께서는 15절에서 무엇을 주의하라고 경고하십니까? 주님은 생명과 소유의 관계에 대해 어떤 사실을 지적하십니까?

▶ 예수님께서 말씀하신 비유에서 부자가 저지른 실수는 무엇입니까?

▶ '하나님께 대하여 부요해진다'(21절)는 것은 무슨 뜻입니까? 하나님께 대하여 부요하십니까? 그렇게 생각하는 이유는 무엇입니까?

2. 빌립보서 4장 10-13절을 읽으십시오.

10내가 주 안에서 크게 기뻐함은 너희가 나를 생각하던 것이 이제 다시 싹이
남이니 너희가 또한 이를 위하여 생각은 하였으나 기회가 없었느니라. 11내가
궁핍하므로 말하는 것이 아니니라 어떠한 형편에든지 나는 자족하기를 배웠
노니 12나는 비천에 처할 줄도 알고 풍부에 처할 줄도 알아 모든 일 곧 배부름
과 배고픔과 풍부와 궁핍에도 처할 줄 아는 일체의 비결을 배웠노라. 13내게
능력 주시는 자 안에서 내가 모든 것을 할 수 있느니라.

▶ 바울은 무엇 때문에 "주 안에서 크게" 기뻐했습니까?

▶ 바울은 12절에서 어떤 비밀을 이야기하고 있습니까? 바울은 어떻게 그 비밀에 접근할 수 있습니까? 혹시 이 비밀을 알고 있습니까? 그렇다면 자신의 말로 설명해 보십시오.

▶ 본문의 흐름을 생각할 때, 13절은 앞의 구절들과 어떤 연관을 가지고 있습니까? 특히 13절의 내용이 '자족함'과 어떻게 연결될 수 있습니까?

3. 디모데전서 6장 3-10절을 읽으십시오.

> 3누구든지 다른 교훈을 하며 바른 말 곧 우리 주 예수 그리스도의 말씀과 경
> 건에 관한 교훈을 따르지 아니하면 4그는 교만하여 아무것도 알지 못하고 변
> 론과 언쟁을 좋아하는 자니 이로써 투기와 분쟁과 비방과 악한 생각이 나며
> 5마음이 부패하여지고 진리를 잃어버려 경건을 이익의 방도로 생각하는 자들
> 의 다툼이 일어나느니라. 6그러나 자족하는 마음이 있으면 경건은 큰 이익이
> 되느니라. 7우리가 세상에 아무것도 가지고 온 것이 없으매 또한 아무것도 가
> 지고 가지 못하리니 8우리가 먹을 것과 입을 것이 있은즉 족한 줄로 알 것이
> 니라. 9부하려 하는 자들은 시험과 올무와 여러 가지 어리석고 해로운 욕심에
> 떨어지나니 곧 사람으로 파멸과 멸망에 빠지게 하는 것이라. 10돈을 사랑함이
> 일만 악의 뿌리가 되나니 이것을 탐내는 자들은 미혹을 받아 믿음에서 떠나
> 많은 근심으로써 자기를 찔렀도다.

▶ 바울은 '경건을 이익의 재료'로 생각하고 가르치는 자들(5절)의 특성을 어떻게 설명합니까?

▶ 바울이 말한 "큰 이익"(6절)은 무슨 뜻입니까?

▶ 바울이 7-8절을 쓴 이유는 무엇입니까?

▶ 9-10절에서 바울은 어떻게 경고하고 있습니까? 많은 사람들

이 바울의 경고를 무시하는 이유는 무엇입니까? 스스로는 바울의 경고를 어떻게 받아들이고 있습니까?

삶 속으로 떠나는 여행

1. 하나님과 맺게 된 새로운 관계의 결과로 소유하게 된 것 가운데 적어도 12개 이상을 골라 목록을 만드십시오. 영적인 것이어도 좋고 물질적인 것이어도 좋습니다.

2 성경을 펼치고 '자족'에 대해 공부하십시오. 성구 사전을 이용하여 성경에 등장하는 '자족', '만족', '만족하다' 따위의 단어들을 찾아보고 그 말들이 어떻게 쓰이고 있는지 조사해 보십시오. 성경 사전이나 성경 백과사전도 도움이 될 것입니다. 어떤 사실을 배웠습니까?

Traveling Light

5장

내가 너를
쉬게 하리라

피로라는 이름의 무거운 짐

그가 나를 푸른 풀밭에 누이시며

시편 23:2

다음은 '피로'라는 짐을 지고 다니는 데서 생기는 결과들입니다. 여기서 '이것'이 무얼 말하고 있는지 맞춰 보시겠습니까?

- 미국에서만 해도 이것 때문에 7천만 명 정도가 고통을 당하고 있으며, 매년 3만 8천 명 정도가 목숨을 잃는다.
- 이것 때문에 매년 93조원 정도의 생산성 비용이 낭비된다.
- 10대들도 이것 때문에 고통받는다. 연구에 따르면, 미국의 십대들 가운데 64퍼센트가 이것을 학업 부진의 요인으로 꼽는다고 한다.
- 중년에 들어서면 문제가 더 심각해진다. 전문가들은 30-40대에서 최악의 증상이 나타난다고 지적한다.
- 노인들 역시 이것에 시달리고 있다. 65세 이상 노인 가운데 50퍼센트 정도는 이것의 영향을 받고 있다는 보고가 있다.
- 이것을 치료하기 위해 치아 교정에서부터 허브 차, 명상에 이르기까지 온갖 방법이 동원되고 있다.[1]

무엇에 관한 설명인지 전혀 감이 잡히질 않습니까?

약물 남용? 이혼? 길게 늘어지는 설교? 다 아닙니다. 마지막 것이 그럴듯해 보이기는 하지만 잘못 짚었습니다. 놀라지 마십시오. 정답은 불면증입니다. 세상은 잠들지 못하고 있습니다.

불과 얼마 전까지만 해도 누군가 잠을 이루지 못해서 힘들어한다는 얘길 들으면 돌아서서 숨죽여 웃곤 했습니다. 깨어 있을 수 없다는 게 탈이라면 탈일까, 잠을 자지 못하는 따위의 문제는 전혀 없었으니까요.

그런데 몇 년 전, 한밤중에 자리에 누워 눈을 감았는데 도무지 잠들 수가 없었습니다. 의식이 너무 말짱했습니다. 정신 활동이 서서히 멈춰 서는 게 아니라 오히려 점점 더 속력을 높이고 있었습니다. 오만 가지 잡다한 생각이 어지럽게 떠올랐습니다. 자정이 지났는데도 여전히 잠들지 못했습니다.

우유를 조금 마시고 다시 잠자리에 들었습니다. 그래도 잠이 오지 않았습니다. 쪽지에 "당신, 자?"라고 써서 아내의 눈앞에 흔들었습니다. 아내는 졸린 눈을 비비면서 일 생각을 그만하면 잠이 올 거라고 했습니다. 얼른 그렇게 해 봤습니다. 일 생각을 멈추고 사람들 생각을 했습니다. 하지만 사람들 생각을 하다 보니 자연히 그들이 지금 무슨 일을 하고 있을까 궁금해졌습니다. 모두들 자고 있을 게 분명했습니다. 그것 때문에 더 미칠 것 같고 잠이 오지 않았습니다. 이렇게 '7천만 미국 불면증 연합'에 회원 가입을 마치고 새벽녘이 돼서야 선잠이나마 간신히 들 수 있었습니다.

이제는 누군가 쉽게 잠들지 못해서 고생한다는 얘길 들어도 더 이상 낄낄거리지 않습니다. 시편 23편 가운데 '쉼'을 이야기하는 구절에 대해 이러쿵저러쿵 시비를 걸지도 않게 됐습니다.

자는 시간을 극도로 줄여 가며 지나치리 만큼 일에 묻혀 사는 사람은 인생의 배기지 클레임baggage claim•으로 성큼성큼 걸어가서 피로가 가득 찬 배낭을 덥석 집어 드는 것이나 마찬가집니다. 도저히 짊어질 수 없을 만큼 육중한 배낭입니다. 어깨에 둘러메고 거리를 활보하기에는 터무니없이 무겁습니다. 짐을 가져가려면 우직한 세인트 버나드Saint Bernard••처럼 질질 끌고 가야 할 겁니다. 피로는 피로를 낳습니다.

왜 그렇게 피곤한 걸까요? 최근 신문에 난 기사를 보셨습니까? 현대인들은 미시시피강의 허클베리 핀과 톰 소여처럼 살고 싶어 한다고 합니다. 하지만 하얀 포말을 뿜어내며 거칠게 흘러가는 리오그란데Rio Grande••• 강물에 몸을 맡기고 있는 자신의 처지를 깨닫지 못합니다. 강물에는 소용돌이와 험한 바위들이 수두룩합니다. 심장마비, 배신, 신용카드 빚, 자리를 지키기 위한 싸움들, 허클베리 핀과 톰 소여는 그런 유의 문제들을 가지고 씨름할 필요가 없었습니다.

하지만 현대인들은 다릅니다. 그러니 어떻게 잠을 이룰 수 있겠습니까? 문제는 여기서 그치지 않습니다. 편안히 잠들지 못하는 까닭에 이차적인 문제들이 생깁니다.

우선 몸이 피곤해집니다. 생각해 보십시오. 미국인 7천만 명이 숙면을 취하지 못한다는 게 무엇을 의미합니까? 미국인의 3분의

• 공항 수하물 찾는 곳.
•• 몸집이 커다란 개.
••• 미국과 멕시코의 국경을 이루는 강.

1이 직장에서 꾸벅꾸벅 졸거나, 수업 시간에 선잠을 자거나, 운전을 하면서 깜빡깜빡 정신을 잃는다는 뜻입니다(졸음을 이기지 못한 트럭 운전기사들 때문에 매년 1,500건의 사망 교통사고가 발생합니다). 심지어 맥스 루케이도의 책을 읽으면서 조는 사람까지 있습니다(도무지 무슨 소린지 알 수가 없어서 그렇다고요? 저도 압니다).

하루에 팔려 나가는 아스피린, 수면제, 신경안정제 따위가 무려 30톤이나 됩니다.[2] 자동차처럼 사람에게도 남은 에너지의 양을 표시하는 계기판이 있다면, 제대로 잠을 이루지 못하는 이들의 눈금은 '0'을 가리킬 것입니다.

외계인을 불러다가 문제 해결 방안을 물어본다고 상상해 봅시다. 외계인은 아주 간단한 대책을 내놓을 게 틀림없습니다. "어서 가서 주무세요!" 당연히 비웃음이 쏟아지겠죠. 하지만 외계인으로서는 인간들이 일하는 방식을 알 길이 없습니다. 모르고 말고요. 외계인이 인간들이 일하는 방식을 짐작이나 할 수 있겠습니까?

인간들은 정말 고되게 일합니다. 벌어야 할 돈이 있고, 따야 할 학위가 있고, 올라가야 할 사다리가 있기 때문입니다. 흔히들 "하루에 15분만 눈을 붙이면 생활하는 데 아무 지장이 없다"고 장담했던 에디슨을 영웅 취급합니다. 하지만 어찌된 영문인지 하룻밤에 11시간씩 잠을 잤던 아인슈타인에 대해서는 아무도 이야기하지 않습니다.[3]

1910년경에 살았던 미국인들은 하루에 9시간씩 잠을 잤습니다. 그런데 요즘은 하루에 7시간을 잘 수 있으면 자랑거리가 됩니다. 그러니 지치지 않고 배기겠습니까? 몸도 마음도 모두 피곤해집니다. 하지만 더 심각한 것은 영혼마저도 지쳐 버리고 만다는 사실입니다.

영원한 피조물인 인간에게는 영원히 풀리지 않는 의문이 있습니다. 인간은 어디서 왔을까? 지금 어디로 가고 있지? 삶의 의미는 무얼까? 옳은 것은 무엇이고 그른 것은 또 무엇일까? 죽음 뒤에는 또 다른 세계가 존재할까? 이들은 모든 영혼이 품고 있는 원초적인 의문들입니다. 아직 아무도 정답을 제시하지 못한 질문이기도 합니다. 이런 질문들은 쉼을 앗아가 버립니다.

인간 외에도 걱정이 너무 많아서 좀처럼 쉬지 못하는 피조물이 하나 더 있습니다. 개는 아닙니다. 녀석들은 툭하면 잠에 빠집니다. 곰도 아닙니다. 겨울잠을 자기 때문이죠. 고양이는 특유의 '고양이 잠'을 개발했습니다. 이 게으른 친구는 하루에 20시간 정도 선잠을 잡니다(대학 2학년 시절, 나도 고양이처럼 빈둥빈둥 시간을 보내던 시절이 있었습니다). 동물들은 십중팔구 쉬는 법을 알고 있습니다.

예외는 하나뿐입니다. 곱슬곱슬한 털이 온몸을 덮고 있으며 생각하는 게 아주 단순한 짐승입니다. 움직임이 느려 터진 녀석이기도 합니다. 주말의 남편이 떠오르겠지만, 정답은 양입니다. 양은 좀처럼 잠들지 못합니다. 양의 수면량은 턱없이 모자랍니다.

양이 잠들기 위해서는 모든 상황이 딱 맞아떨어져야 합니다. 맹수가 없어야 하고, 양들 사이에 긴장이 없어야 하고, 공중에 벌레가 덤비지 않아야 하고, 배가 고프지 않아야 합니다.[4] 어느 것 하나도 빠짐없이 모든 조건이 다 갖춰져야 합니다.

유감스러운 일이지만, 양들에게는 제힘으로 안전한 초장을 찾아낼 재간이 없습니다. 벌레 잡는 약을 뿌릴 줄도 모릅니다. 갈등을 해결하는 법도 모르고 먹을 것을 구할 수도 없습니다. 양들에게는 도움이 필요합니다. 바른길로 이끌어 주고 푸른 풀밭에 눕게 해 줄 목자가 필요합니다. 목자가 없으면 전혀 쉼을 얻을 수 없습니다. 우리도 목자가 없으면 쉼을 얻을 수 없습니다.

시편 23편 2절에서 다윗은 시인에서 화가로 변신합니다. 펜은 붓이 되고 양피지는 캔버스가 됩니다. 그리고 여러 어휘들을 물감 삼아 그림을 그립니다. 한 무리의 양들이 목자를 둥글게 에워싸고 다리를 포갠 채 엎드려 있습니다. 길다란 풀에 몸을 묻고 편안히 눕기도 합니다. 한쪽에는 잔잔한 연못이 있고, 다른 한편에는 사방을 꼼꼼히 살피는 목자가 서 있습니다. "그가 나를 푸른 풀밭에 누이시며 쉴 만한 물가로 인도하시는도다"(시 23:2).

'그'와 '나'라는 대명사, 그리고 '누이시며'와 '인도하시는도다'라는 두 동사를 눈여겨보십시오.

누가 양들을 누이고 인도합니까? 다시 말해서 양들을 누이고 인도하는 일은 누구의 몫입니까? 그건 목자의 일입니다. 목자는 양들을 어디로 몰아갈지 선택하고 푸른 풀밭을 마련해 줍니다. 양들이 할 일은, 다시 말해서 우리가 할 일은 목자를 바라보는 일 하나뿐입니다. 시선이 목자를 놓치지 않을 때 비로소 양은 쉼을 얻을 수 있습니다. 이사야 26장 3절은 이렇게 말합니다. "주께서 심지가 견고한 자를 평강하고 평강하도록 지키시리니 이는 그가 주를 신뢰함이니이다."

이걸 한번 보시겠습니까? 여기 백지 한 장이 있습니다. 아무것도 적히지 않은 빈 종이입니다. 잘 들여다보십시오. 무엇이 보입니까? 그저 종이 한 장이 보일 겁니다. 이제 한복판에 점을 하나 찍으십시오. 그리고 다시 종이를 보십시오. 이번엔 무엇이 보입니까? 점이 보이죠, 그렇죠? 바로 그게 문제입니다. 점 하나가 흰 종이 전체를 가려 버린 것입니다.

우리는 물위를 걸어오신 주님을 보기보다 일렁이는 물결을 먼저 봅니다. 배고픈 사람 5천 명을 먹이신 분에 초점을 맞추기보다는 바닥을 보이기 시작하는 쌀통에 초점을 맞춥니다. 예수님께서 십자가에 못 박히신 캄캄한 금요일에 신경을 쓰느라 주님이 부활하신 영광의 주일을 놓치고 맙니다.

올바른 대상에게 시선을 고정시키고 편안히 쉬십시오.

기왕 쉴 거면 분주한 일정을 바꾸고 넉넉히 쉬십시오.

얼마 전의 일입니다. 아내는 카페에서 친구를 만나기로 했습니다. 커피나 한 잔 같이 하자는 약속이었습니다. 두 사람은 거의 동시에 주차장에 들어섰습니다. 차에서 내리려는 순간, 아내는 친구가 손을 흔드는 걸 보았습니다. 무슨 말인가를 하고 있는 것처럼 보였지만, 한마디도 알아들을 수가 없었습니다. 불과 몇 미터 떨어진 곳에서 착암기로 포장도로에 굴착 작업을 하고 있었기 때문입니다. 아내는 친구 쪽으로 걸어갔습니다. 알고 보니 손짓은 그냥 반갑다는 인사였습니다. 둘은 카페로 들어갔습니다.

얼마나 지났을까, 이제 헤어질 시간이 됐습니다. 그런데 아무리 뒤져 봐도 자동차 열쇠가 보이질 않았습니다. 지갑을 털어 보고, 바닥을 찾아 보고, 친구의 자동차 안까지 살펴보았지만, 찾을 수가 없었습니다. 마지막으로 아내는 자신이 몰고 온 자동차로 가 보았습니다. 열쇠는 거기에 있었습니다. 열쇠는 시동 위치에 얌전하게 꽂힌 채였고, 엔진은 여전히 돌아가고 있었습니다. 친구와 카페에 앉아 있던 내내 그렇게 시동이 걸려 있었던 것입니다. 아내는 소음을 탓했습니다. "얼마나 시끄럽던지, 시동 끄고 열쇠 챙기는 걸 잊었지 뭐예요."

세상살이도 마찬가집니다. 인생이라는 것이 얼마나 시끄럽게 돌아가는지 잠시 멈추었다 가는 걸 잊어먹기 십상입니다. 아마 그런 연유로 하나님께서도 십계명에서 안식을 그렇게 강조하셨을 겁니다.

아까 백지에 점 찍는 실습을 잘 해내셨으니까 다른 걸 하나 더 알려 드리겠습니다. 돌판에 새겨진 열 개의 계명 가운데 무엇과 관련된 조항이 가장 큰 자리를 차지하고 있을까요? 살인? 간음? 도둑질? 그렇게 생각할 줄 알았습니다. 물론 살인이나 간음, 도둑질도 넓은 지면을 할애할 가치가 있는 계명들입니다. 그런 이상하게도 그런 계명들은 아주 짧은 문장으로 구성되어 있습니다. 하나님께서는 간음과 도둑질, 살인을 정죄하는 데 고작 두 단어가 필요하셨을 뿐입니다.

하지만 안식 문제에 이르면 한 문장으론 모자랍니다.

"안식일을 기억하여 거룩하게 지키라. 엿새 동안은 힘써 네 모든 일을 행할 것이나 일곱째 날은 네 하나님 여호와의 안식일인즉 너나 네 아들이나 네 딸이나 네 남종이나 네 여종이나 네 육축이나 네 문안에 머무는 객이라도 아무 일도 하지 말라. 이는 엿새 동안에 나 여호와가 하늘과 땅과 바다와 그 가운데 모든 것을 만들고 일곱째 날에 쉬었음이라. 그러므로 나 여호와가 안식일을 복되게 하여 그날을 거룩하게 하였느니라"(출 20:8-11).

하나님께서는 우리를 속속들이 알고 계십니다. 이 말씀을 읽으면서도 속으로는 '그래도 누군가는 안식일에도 일을 해야 하지 않을까요? 내가 안 된다면 아들 녀석이라도 일을 해야죠'라고 생각하는 가게 주인의 마음도 다 아십니다.

하나님께서 말씀하십니다. "네 아들도 일해선 안 된다."

"그럼 딸아이를 시킬까요?"

"딸에게도 일을 시키지 말아라."

"그럼 직원들더러 가게를 보라고 해야겠군요."

"직원들도 안 된다."

"아내라도 보내거나 그것도 못 하게 하시면 누구든 도와줄 사람을 찾아봐야 하겠습니다." 하나님께서 말씀하십니다. "안 된다. 일주일에 하루는 일하지 말고 나를 경배하거라. 속력을 늦추고 자리에 앉거라. 누워서 편히 쉬거라."

여전히 우리는 망설입니다. "하지만… 그래도… 그럼 가게는 누가 보나요?"

"일주일에 하루를 쉬면 성적을 올릴 수가 없어요."

"제가 팔아야 할 할당량이 있는데, 그건 어떻게 하죠?"

이런 핑계 저런 발뺌을 해 보지만 하나님께서는 통렬한 한마디로 입을 막습니다. "엿새 동안에 나 여호와가 하늘과 땅과 바다와 그 가운데 모든 것을 만들고 일곱째 날에 쉬었음이라." 하나님의 메시지는 단순합니다. "나 여호와가 일주일에 하루를 쉬었는데도 창조 질서는 무너지지 않았다. 하물며 네가 일주일에 하루를 쉰다해서 세상이 어찌 되기야 하겠느냐?"

한번 따라 읽어 보겠습니까? "세상을 움직이는 건 내 일이 아니다."

찰스 스펄전은 무려 100여 년 전에 설교를 배우는 학생들에게 똑같은 충고를 했습니다.

> 짐을 끌고 다니는 가축이라 해도 때때로 풀밭에 풀어 주어 쉬게 해야 합니다. 바다 역시 밀물 때 한 번, 썰물 때 다시 한번 쉽니다. 차가운 겨울 동안 땅도 몇 달에 걸쳐 안식을 취합니다. 하나님의 대사로 파견된 인간은 더 말할 필요조차 없습니다. 안식하십시오. 그렇지 않으면 탈진하고 맙니다. 타버린 심지는 잘라 내버려야 합니다. 그렇지 않으면 밝기가 약해집니다. 쉬면서 원기를 회복하십시오. 그렇지 않으면 채 피어 보기도 전에 시들고 말 것입니다.[5]

활을 힘껏 잡아당기면 잡아당길수록 부러질 가능성은 점점 높아집니다. 밭에서 좋은 소출을 얻으려면 가끔가다 한 번씩 씨를 뿌리지 말고 땅을 놀려야 합니다. 사람도 적절히 쉬어야 건강하게 살 수 있습니다. 속도를 늦추십시오. 하나님께서 고쳐 주실 것입니다. 몸과 마음에, 무엇보다도 영혼에 안식을 주십니다. 푸른 풀밭으로 인도해 주십니다.

'푸른 풀밭'은 이스라엘 어디쯤 존재하는 자연적인 지형을 말하는 게 아닙니다. 다윗이 양을 치던 베들레헴 인근은 풀도 많지 않고 푸르지도 않습니다. 지금까지도 그곳은 헐벗고 삭막한 풍경 그대롭니다. 유대 땅에 푸른 풀밭이 있다면, 그건 어느 목자가 땀 흘려 조성해 놓은 곳입니다. 목자는 험한 땅을 편편하게 고르고 돌부리를 뽑아 내버립니다. 그루터기를 잘라 버리고 덤불을 불태웁니다. 물길을 내고 목초를 기릅니다. 이게 목자의 일입니다.

그러므로 "그가 나를 푸른 풀밭에 누이시며"라는 다윗의 말은 '목자가 모든 준비를 완벽하게 끝낸 풀밭에 나를 눕게 하시며'라는 뜻입니다. 목자 되신 예수님께서 못 자국이 선명한 두 손으로 우리 영혼을 위해 푸른 풀밭을 준비해 두셨습니다. 저주의 가시덤불을 잘라 내고 죄의 바윗돌을 굴려 내셨습니다. 그리고 그 자리에 은혜의 씨를 뿌리고 사랑의 샘을 파셨습니다.

이제 주님은 우리더러 거기 와서 쉬라고 부르십니다. 온갖 고생을 해 가며 마련해 놓은 부드러운 풀밭에 자기 양 떼들이 누워 쉬는 모습을 바라볼 때, 목자가 얼마나 가슴 뿌듯해하는지 상상할 수 있습니까? 우리가 주님의 목장에서 편히 쉴 때 하나님께서 얼마나 기뻐하시는지 상상할 수 있습니까?

주님의 푸른 풀밭은 하나님께서 우리에게 주시는 선물입니다. 이 푸른 풀밭은 인간의 손으로 만든 게 아닙니다. 목자의 마음에 드는 일을 한 상으로 들어가는 초장이 아닙니다. 그저 값없이 주시는 하나님의 선물일 뿐입니다. "너희는 그 은혜에 의하여 믿음으로 말미암아 구원을 받았으니 이것은 너희에게서 난 것이 아니요 하나님의 선물이라"(엡 2:8).

인간의 실수로 가득 찬 돌짝 세상, 거기에 하나님의 사랑으로 가득 찬 하나님의 푸른 풀밭이 있습니다. 목자가 우리더러 어서 오라고 하십니다. 거기에 누워 쉬기를 원하십니다. 풀밭에 푹 잠길 만큼 푹신하게 누워 보십시오. 사랑의 풀에 묻히십시오. 거기서 쉼을 찾으십시오.

본문 속으로 떠나는 여행

1. "자는 시간을 극도로 줄여 가며 지나치리만큼 일에 묻혀 사는 사람은 인생의 배기지 클레임으로 성큼성큼 걸어가서 '피로'가 가득 찬 배낭을 덥석 집어 드는 것이나 마찬가집니다. 도저히 짊어질 수 없을 만큼 육중한 배낭입니다. 어깨에 둘러메고 거리를 활보하기에는 터무니없이 무겁습니다. 짐을 가져가려면 우직한 세인트 버나드처럼 질질 끌고 가야 할 겁니다. 피로는 피로를 낳습니다."

▶ 어떤 종류의 일들 때문에 피로를 느낍니까?

▶ 일반적으로 피로를 어떻게 처리하고 있습니까?

▶ 최근에 심한 피로감이 엄습했을 때 어떻게 했는지 나눠 보십시오.

2. "흔히들 '하루에 15분만 눈을 붙이면 생활하는 데 아무 지장이 없다'고 장담했던 에디슨을 영웅 취급합니다. 하지만 어찌된 영문인지 아무도 하룻밤에 11시간씩 잠을 잤던 아인슈타인에 대해서는 이야기하지 않습니다."

▶ 얼마나 자주 "바빠 죽겠어"라는 말을 합니까? 무엇이 그다지도 바쁜 삶을 살게 만듭니까?

▶ 하루에 보통 몇 시간 정도 잡니까? 그만큼 자면 일상생활을 원만하게 꾸려 나가기에 충분합니다까?

3. "하나님의 메시지는 단순합니다. '나 여호와가 일주일에 하루를 쉬었는데도 창조 질서는 무너지지 않았다. 하물며 네가 일주일에 하루를 쉰다 해서 세상이 어찌 되기야 하겠느냐?' 한번 따라 읽어 보겠습니까? '세상을 움직이는 건 내 일이 아니다.'"

▶사람들이 진정한 쉼을 누리지 못하는 이유를 찾아보십시오. 누군가에게 들은 것도 좋고, 자신의 경우여도 상관없습니다.

▶하나님께서 십계명 가운데 안식일에 쉴 것을 말씀하신 제4계명을 특별히 강조하신 까닭은 어디에 있습니까?

4. "인간의 실수로 가득 찬 돌짝 세상, 거기에 하나님의 사랑으로 가득 찬 하나님의 푸른 풀밭이 있습니다. 목자가 우리더러 어서 오라고 하십니다. 거기에 누워 쉬기를 원하십니다. 풀밭에 푹 잠길 만큼 푹신하게 누워 보십시오. 사랑의 풀에 묻히십시오. 거기서 쉼을 찾으십시오."

▶마음 편히 쉬기 위해서 어떤 방법을 가장 즐겨 쓰고 있습니까? 어떻게 '사랑의 풀'에 깊이 묻힐 수 있습니까? 원기를 회복하는 가장 좋은 방법은 무엇입니까?

▶지금 하나님의 사랑 안에서 깊은 쉼을 누리지 못하도록 가로막고 있는 요소는 무엇입니까?

말씀 속으로 떠나는 여행

1. 출애굽기 20장 8-11절을 읽으십시오.

8안식일을 기억하여 거룩하게 지키라. 9엿새 동안은 힘써 네 모든 일을 행할

것이나 [10]일곱째 날은 네 하나님 여호와의 안식일인즉 너나 네 아들이나 네
딸이나 네 남종이나 네 여종이나 네 가축이나 네 문안에 머무는 객이라도 아
무 일도 하지 말라. [11]이는 엿새 동안에 나 여호와가 하늘과 땅과 바다와 그
가운데 모든 것을 만들고 일곱째 날에 쉬었음이라. 그러므로 나 여호와가 안
식일을 복되게 하여 그날을 거룩하게 하였느니라.

▶ 안식일을 '거룩히' 지킨다는 것은 무슨 뜻입니까?

▶ 9-10절에서 하나님께서 이스라엘 백성들에게 무엇을 명령하셨습니까?

▶ 하나님께서는 11절에서 그런 명령을 내린 까닭을 어떻게 설명하십니까?

▶ 하나님께서 안식에 그처럼 큰 비중을 두셨던 이유는 무엇입니까?

2. 이사야서 30장 15-18절을 읽으십시오.

[15]주 여호와 이스라엘의 거룩하신 이가 이같이 말씀하시되 너희가 돌이켜 조
용히 있어야 구원을 얻을 것이요 잠잠하고 신뢰하여야 힘을 얻을 것이거늘 너
희가 원하지 아니하고 [16]이르기를 아니라 우리가 말 타고 도망하리라 하였으
므로 너희가 도망할 것이요 또 이르기를 우리가 빠른 짐승을 타리라 하였으므
로 너희를 쫓는 자들이 빠르리니 [17]한 사람이 꾸짖은즉 천 사람이 도망하겠고
다섯이 꾸짖은즉 너희가 다 도망하고 너희 남은 자는 겨우 산꼭대기의 깃대
같겠고 산마루 위의 기치 같으리라 하셨느니라. [18]그러나 여호와께서 기다리
시나니 이는 너희에게 은혜를 베풀려 하심이요 일어나시리니 이는 너희를 긍
휼히 여기려 하심이라. 대저 여호와는 정의의 하나님이심이라 그를 기다리는
자마다 복이 있도다.

▶ 15절에 따르면 이스라엘 백성들이 구원을 얻을 수 있는 길은 무엇입니까? 백성들은 하나님의 가르침에 어떻게 반응했습니까?

▶ 16절에는 어떤 반응들이 기록되어 있습니까? 얼마나 자주 하나님의 가르침에 이스라엘 백성들처럼 반응하는지 돌이켜 보십시오.

▶ 안식에 대한 하나님의 명령을 무시한 결과는 무엇입니까?(17절)

▶ 인간의 어리석음에도 불구하고 하나님께서는 어떻게 우리를 대하십니까?(18절)

3. 히브리서 4장 1-11절을 읽으십시오.

> 1그러므로 우리는 두려워할지니 그의 안식에 들어갈 약속이 남아 있을지라도
> 너희 중에는 혹 이르지 못할 자가 있을까 함이라. 2그들과 같이 우리도 복음
> 전함을 받은 자이나 들은 바 그 말씀이 그들에게 유익하지 못한 것은 듣는 자
> 가 믿음과 결부시키지 아니함이라. 3이미 믿는 우리들은 저 안식에 들어가는
> 도다. 그가 말씀하신 바와 같으니 내가 노하여 맹세한 바와 같이 그들이 내 안
> 식에 들어오지 못하리라 하셨다 하였으나 세상을 창조할 때부터 그 일이 이루
> 어졌느니라. 4제칠일에 관하여는 어딘가에 이렇게 일렀으되 하나님은 제칠일
> 에 그의 모든 일을 쉬셨다 하였으며 5또다시 거기에 그들이 내 안식에 들어오
> 지 못하리라 하였으니 6그러면 거기에 들어갈 자들이 남아 있거니와 복음 전
> 함을 먼저 받은 자들은 순종하지 아니함으로 말미암아 들어가지 못하였으므
> 로 7오랜 후에 다윗의 글에 다시 어느 날을 정하여 오늘이라고 미리 이같이 일
> 렀으되 오늘 너희가 그의 음성을 듣거든 너희 마음을 완고하게 하지 말라 하
> 였나니 8만일 여호수아가 그들에게 안식을 주었더라면 그 후에 다른 날을 말
> 씀하지 아니하셨으리라. 9그런즉 안식할 때가 하나님의 백성에게 남아 있도

다. [10]이미 그의 안식에 들어간 자는 하나님이 자기의 일을 쉬심과 같이 그도 자기의 일을 쉬느니라. [11]그러므로 우리가 저 안식에 들어가기를 힘쓸지니 이는 누구든지 저 순종하지 아니하는 본에 빠지지 않게 하려 함이라.

▶ 히브리서 저자는 1절에서 무엇을 경계하고 있습니까?

▶ 사람들을 하나님의 안식에 들어가지 못하도록 가로막는 것은 무엇입니까?(2-6절)

▶ 하나님의 명령에 순종하기로 결정하기에 가장 좋은 시점은 언제입니까?(7절)

▶ 히브리서 저자는 9절에서 어떤 종류의 안식에 대해 묘사하고 있습니까?

▶ 하나님의 안식에 들어가기 위해서는 무엇에 힘써야 합니까?(11절)

삶 속으로 떠나는 여행

1. 무슨 일, 또는 무슨 행사 때문에 바쁩니까? 막연히 무언가 때문에 바쁘려니 하는 생각을 엄밀하게 분석하여 분주하게 만드는 원인을 찾아내는 실험을 해 보십시오. 한 주간 동안 시간을 어떻게 사용하고 있는지를 기록하는 '활동 일지'를 작성하십시오. 무슨 일을 했는지뿐만 아니라 얼마나 오랫동안 했는지도 꼼꼼하게 적으십시오. 그렇게 일주일이 끝나면 활동 내용을 평가해 보십시오. 정말 중요한 일들 때문에 분주했습니까? 아니면 생활 태도를 바꿔야 합니까?

2. 잠을 몇 시간쯤 자고 있습니까? 수면의 양과 질을 점검하는 표를 만들어서 한 달 동안 점검하십시오. 결과를 보고 깜짝 놀랐습니까? 변화되어야 할 부분이 있다면 어떤 점들입니까?

6장

'큰일인데'와 '어떻게 잘'

걱정 근심의 짐

쉴 만한 물가로 인도하시는도다

시편 23:2

열 살짜리 아들 녀석이 큰 근심에 빠졌습니다. 얼마나 걱정이 많던지 밥맛이 없어지고 잠을 못 이룰 정도입니다. "얘야, 무슨 걱정거리라도 있는 거니?" 녀석은 고개를 설레설레 흔들며 신음하듯 털어놓습니다. "늙어서 일을 할 수 없게 되면 어떻게 먹고살지 계획을 세우느라 그래요."

네 살배기 꼬마가 이불을 뒤집어쓰고 서럽게 울고 있습니다. "아가, 무슨 일이니?" 꼬마가 훌쩍거리며 말합니다. 대학에 들어가서 화학 시험을 잘 치르지 못할까 봐 걱정돼요."

여덟 살짜리 아이 얼굴에 수심이 가득합니다. "좋은 부모가 될 자신이 없어요. 자녀들에게 좋은 본이 되지 못하면 어떡하죠?"

이런 아이들에게 무슨 얘기를 해 주시겠습니까? 아마 한편으론 아동 심리학자에게 전화를 걸고, 다른 한편으론 단호하게 잘못을 짚어 줄 것입니다. "넌 아직 어려서 그런 걱정까지 할 필요가 없어. 어른이 되면 저절로 알게 될 거야."

다행스럽게도 그렇게 앞질러 걱정을 하는 아이들은 그다지 많지 않습니다.

그러나 불행하게도 필요 이상으로 걱정 근심에 빠져 사는 어른들은 그 수를 헤아리기 어려울 만큼 많습니다. 걱정 근심은 커다란 짐 보따리입니다. 그 속에는 '어떡하지'와 '어떻게 잘'이 가득 들어 있습니다. "혹시 결혼식 날 비가 내리면 어떡하지?" "어떻게 하면 타이밍을 잘 잡아서 아이들을 야단칠 수 있을까?" "코를 고는 남자랑 결혼을 하게 되면 어떡하지?" "어떻게 하면 우리 아이의 등록금을 기한 내에 잘 납부할 수 있을까?" "고생해서 체중을 줄여 놨는데, 갑자기 양상추가 살을 찌게 만드는 식품이고 오히려 초콜릿이 살을 빼는 식품이라는 사실이 새로 밝혀지면 어떡하지?"

걱정이라는 커다란 짐 보따리. 성가시고, 육중하고, 볼품없고, 여기저기 긁혀 떨어진 보따립니다. 지고 가자니 짜증스럽기만 한데, 선뜻 내려놓지도 못하는 골치 아픈 짐입니다. 아무도 이 보따리만큼은 함께 지고 싶어 하지 않습니다. 솔직히 말해서 누구나 똑같은 심정일 겁니다. 누구도 걱정 근심이 얼마나 큰 손해를 끼치는지 일깨워 주지 않습니다. 걱정은 마음을 나뉘게 합니다. 성경에서 걱정이란 뜻으로 쓰인 헬라어 '*merimnao*'는 '*merizo*(나뉘지다)'와 '*mous*(마음)'를 합쳐 만든 합성어입니다. 걱정은 오늘 해야 할 일과 내일의 문제 사이에서 에너지를 분산시킵니다. 마음 한쪽은 현재에 머물러 있지만 나머지 한쪽은 아직 벌어지지도 않은 미래의 문제에 가 있게 만듭니다. 결국 절반의 마음만을 가지고 오늘을 사는 꼴입니다.

걱정이 만들어 내는 쓴 열매는 그뿐이 아닙니다. 걱정 자체가 병은 아니지만, 병을 일으키는 원인이 됩니다. 고혈압이나 심장병,

시력 감퇴, 편두통, 갑상선 이상, 위장 장애 등은 걱정 근심과 밀접한 관계가 있습니다.

걱정은 소모적인 습관입니다. 물론 걱정하는 일이 반드시 현실로 연결된다면, 그만한 값어치가 있겠죠. 하지만 그런 경우는 많지 않습니다. 고민은 아무 짝에도 쓸모없는 것이기 십상입니다. 예수님께서는 "너희 중에 누가 염려함으로 그 키를 한 자라도 더할 수 있겠느냐"(마 6:27)고 물으십니다. 걱정으로는 궂은 날씨를 개게 만들 수도 없고, 문제를 해결할 수도 없고, 병을 고칠 수도 없습니다.

그렇다면 걱정 근심을 어떻게 처리해야 할까요? 이런 얘기를 들어 보셨습니까? 고민할 게 너무나 많았던 어떤 친구가 자기 대신 걱정해 줄 사람을 고용하기로 작정했답니다. 마침 그러마 하고 나서는 사람이 있어서 연봉 2억 5천만 원을 주기로 하고 데려왔습니다. 취업이 확정되자마자 직원이 고용주에게 물었습니다. "그런데, 1년에 2억 5천만 원이나 되는 큰돈을 어디서 구하실 계획이죠?" 고용주는 짧게 대답했습니다. "우선 그 걱정거리부터 처리해 주게!"

슬프게도 걱정이란 남에게 넘겨줄 수 있는 게 아니고 극복해야 할 대상일 뿐입니다. 시편 23편 2절은 걱정을 뛰어넘는 작업을 시작하기에 더할 나위 없이 좋은 출발선입니다. 다윗은 "그가 나를… 쉴 만한 물가로 인도하시는도다"라고 선언합니다. 그리고 혹시라도 독자들이 그 대목을 그냥 지나쳐 버릴까 봐 3절에서 다시 한번 더 짚고 넘어갑니다. "자기 이름을 위하여 의의 길로 인도하시는도다."

'인도하시는도다'라는 말이 되풀이되는 게 보이십니까? 하나님은 뒤로 물러나서 우리더러만 돌격하라고 외쳐 대는 분이 아닙니다. 되려 저만큼 앞서 가면서 어서 따라오라고 재촉하시는 분입니다. 길바닥을 쓸어 내고, 덤불을 잘라 내고, 새 길을 열면서 앞장서 가십니다. 길이 꺾이는 자리가 나오면 "여기서 돌아야 한다!"고 알려 주십니다. 기어 올라가야 하는 곳이 나타나면 "여기서 이렇게 올라가면 돼"라고 직접 시범을 보여 주십니다. 절벽 앞에 이르면 "발밑을 조심해!"라고 경고하십니다. 주님이 우리를 인도하십니다. 혹시 알아야 할 만한 정보가 있으면 지체 없이 알려 주십니다. 그러기에 신약성경 기자는 "때를 따라 돕는 은혜를 얻기 위하여 은혜의 보좌 앞에 담대히 나아갈 것이니라"(히 4:16)라고 했던 것입니다.

히브리서 4장 16절을 이렇게 번역한 성경도 있습니다. "그러므로 우리는 담대하게 은혜의 보좌로 나아갑시다. 그리하여 우리가 자비를 받고 은혜를 입어서, 제때에 주시는 도움을 받도록 합시다"(새번역).

하나님은 '제때에' 도움을 주십니다. 아버지가 가족들에게 비행기 표를 나눠 주는 것과 똑같은 방식으로 우리를 도와주십니다. 아이들을 데리고 여행할 때마다 나는 비행기 표를 모두 거둬서 작은 여행 가방에 보관합니다. 비행기에 오르는 순간이 되면 승무원과 우리 아이들 사이에 섭니다. 그리고 딸아이들이 게이트를 통과할 때마다 한 장씩 비행기 표를 쥐어 줍니다. 아이들은 내게 받은 표를 다시 승무원에게 건넵니다. 아이들 입장에서는 꼭 필요한 시점에 표를 받게 되는 셈입니다.

내가 딸아이들에게 표를 나눠 주는 방식 그대로 하나님께서는 우리의 필요를 채우십니다. 주님은 우리와 필요 사이에 자리를 잡고 서십니다. 그리고 가장 알맞은 때가 이르면 우리 손에 표를 쥐어 주십니다. 제자들에게 주셨던 약속만 해도 그렇습니다. "사람들이 너희를 끌어다가 넘겨줄 때에 무슨 말을 할까 미리 염려하지 말고 무엇이든지 그때에 너희에게 주시는 그 말을 하라. 말하는 이는 너희가 아니요 성령이시니라"(막 13:11).

이스라엘 백성들에게 주신 메시지도 마찬가집니다. 하나님께서는 날마다 만나를 내려 주겠다고 약속하시면서, 다만 한 번에 하루 먹을 양만큼만 거두라고 말씀하셨습니다. 하나님 말씀에 불순종하고 이틀 치를 거둬들인 이들도 있었지만, 그들이 챙겨 두었던 만나는 모두 썩어 버리고 말았습니다. 이 규칙에 예외가 있다면 안식일 전날뿐이었습니다. 금요일에 한하여 평소의 곱절씩 거둬들일 수 있었습니다. 하나님께서는 가장 적절한 때를 택하여 이스라엘 백성들의 필요를 채우셨던 것입니다.

하나님께서 우리를 인도하십니다. 가장 적합한 시간에, 가장 선한 것을 베풀어 주십니다. 이건 정말로 중요한 사실입니다.

하나님께서 때맞춰 필요를 채우실 것을 알고 있으면, 눈앞에 벌어지는 상황을 즐길 수가 있습니다. 유진 피터슨은 마태복음 6장 34절을 이렇게 해석합니다.

"하나님께서 바로 지금 하고 계신 일에 온전히 집중하여라. 내일 있을지 없을지도 모르는 일로 동요하지 마라. 어떠한 어려운 일이 닥쳐도 막상 그때가 되면 하나님께서 감당할 힘을 주실 것이다"(메시지).

“그때가 되면”이라는 표현에 주목하십시오.

“만약에 남편이 세상을 떠나기라도 하는 날이면 어떻게 살지 모르겠어요.” 걱정 마십시오. 그때가 되면 알게 됩니다.

“아이들이 집을 나가겠다고 고집을 부리면 어떻게 해야 할지 눈앞이 깜깜해요.” 쉬운 일은 아니겠죠. 하지만 그때가 되면 대처할 힘을 주실 겁니다.

“교회를 이끌고 나갈 능력이 없습니다. 모르는 게 너무 많거든요.” 정말 능력이 없을 수도 있겠지만, 혹시 너무 성급하게 모든 걸 다 알고 싶어 하는 건 아닐까요? 그때가 되면 하나님께서 정답을 보여 주실 겁니다.

“오늘 주신 힘으로 오늘의 문제를 풀어 가라. 내일 벌어질 문제는 내일 씨름하라. 내일 쓸 힘을 오늘 갖출 수는 없다. 오늘은 오늘 쓸 힘이 남아 있을 뿐이다.” 이것이 오늘 이야기의 요점입니다.

약 80여 년 전, 캐나다 출신의 위대한 의사인 윌리엄 오슬러 경은 예일 대학 학생들에게 “생명의 길”이란 제목의 강연을 하면서, 과거에 대륙 간 정기 여객선을 타고 가다가 목격한 일을 들려주었습니다.

어느 날, 오슬러 경은 선장과 함께 이런저런 이야기를 나누고 있었습니다. 그때 갑자기 고막을 찢는 경보음이 들려왔습니다. 그리고 곧바로 갑판 아래서 무언가 으스러지면서 부서지는 듯한 소리가 들렸습니다. 선장이 설명했습니다. “저건 방수 구역의 문이 닫히는 소립니다. 방수 구역은 배의 안전을 지켜 주는 중요한 부분이죠. 사고가 났을 때 한 구역에 스며든 물이 나머지 구역에까지 영향을 미치지 못하도록 막아 주거든요. 타이타닉 호처럼 빙산과 부딪힌 경우에도 쏟아져 들어오는 물이 파손된 구역 이상으로 넘어가지 못합니다. 따라서 배는 침몰하지 않고 수면에 떠 있게 되죠."

예일 대학 학생들에게 강연을 하는 동안 오슬러 경의 머리에는 배에 관해 선장이 들려준 얘기가 계속 맴돌고 있었습니다.

> 여러분 한 사람 한 사람은 거대한 정기 여객선을 능가하는 정밀한 구조와 장거리 순항 능력을 가지고 있습니다. 하루하루를 방수 구역으로 삼아 살아가면 누구나 자기 삶을 통제할 수 있을 뿐만 아니라 인생의 나그넷길을 걸어가는 내내 안전을 보장받을 수 있으리라고 확신합니다. 삶의 굽이가 닥칠 때마다 버튼을 누른 다음 귀 기울여 들어 보십시오. 과거, 즉 죽어 버린 옛날이 스며들지 못하도록 철문이 닫히는 소리가 들릴 것입니다. 다른 버튼을 누르면 미래, 즉 아직 시야에 들어오지도 않는 내일로 넘어가지 못하도록 금속 커튼이 내려오는 소리가 들릴 것입니다. 이제 여러분은 안전합니다. 오늘에 합당한 안전이 보장됩니다. 앞으로 이뤄 내야 할 많은 일들이나 장차 극복해야 할 고난들을 놓고 속을 끓이지 마십시오. 그 대신 겸손한 마음으로 오늘 하루 동안 넉넉히 해낼 수 있는 소박한 목표, 팔만 쭉 뻗으면 언제라도 잡을 수 있는 목표를 설정하십시오. 인간이 해야 할 일은 멀리서 어른거리는 것을 보려고 애쓰는 게 아니라 눈앞에 또렷이 보이는 일을 또박또박 행하는 데 있기 때문입니다.[1]

예수님께서는 똑같은 얘기를 압축해서 이렇게 말씀하십니다.

"그러므로 내일 일을 위하여 염려하지 말라. 내일 일은 내일 염려할 것이요 한 날의 괴로움은 그날로 족하니라"(마 6:34). 그러나 말하기는 쉽지만, 행하기는 얼마나 어려운지 모릅니다. 인간에게는 덜컥 걱정부터 하고 보는 경향이 있습니다. 어젯밤만 하더라도 자면서까지 걱정하는 꿈을 꾸었습니다. 꿈속에서 나는 퇴행성 근육 질환에 걸렸다는 진단을 받고 있었습니다. 아버지의 목숨을 앗아 간 병에 내가 걸리다니. 퍼뜩 꿈에서 깨어나 보니 아직 한밤중이었습니다. 당장 걱정이 밀려왔지만, 곧 "내일 일을 위하여 염려하지 말라"고 하신 예수님 말씀이 떠올랐습니다. 그래서 이번만큼은 걱정 근심에 빠지지 말자고 마음을 다잡았습니다. 무거운 짐 보따리를 팽개쳐 버린 것입니다. 아직 터지지도 않은 내일의 문제가 오늘밤의 편안한 쉼을 망치도록 내버려둘 수는 없었습니다. 침대에 걸터앉아 걱정을 한다고 병을 막을 수 있는 것도 아니니까요. 병에 대해서 골똘히 생각하면 감염을 늦출 수 있을까요? 그럴 리가 없습니다. 마침내 나는 내가 할 수 있는 가장 신앙적인 결단을 내렸습니다. 다시 자리에 누워 잠을 청하는 일, 바로 그것이었습니다.

똑같이 해 보지 않겠습니까? 하나님께서 우리를 인도하십니다. 내일의 염려는 내일의 몫으로 남겨 두십시오.

아서 헤이스 슐츠버거는 제2차 세계대전이 한창이던 시절 〈뉴욕 타임스〉의 발행인이었습니다. 슐츠버거는 세계적인 갈등 상황을 걱정하느라 좀처럼 잠을 이룰 수가 없었습니다. 견디다 못한 그는 "한 번에 한 걸음씩"을 좌우명으로 삼기로 결정했고, 그제야 마음에서 염려를 떨쳐 버릴 수 있었습니다.

슐츠버거의 좌우명은 찬송가 379장, 〈내 갈 길 멀고 밤은 깊은데〉의 한 구절을 따온 것이었습니다.[2]

내 가는 길 다 알지 못하나
한 걸음씩 늘 인도하소서

하나님께서는 우리가 가야 할 길을 처음부터 끝까지 선명하게 보여 주시지는 않습니다. 혹시 그런 기대를 품고 있다면 포기하는 게 나을 겁니다. 주님이 약속하신 것은 '내 발에 등'이었지 '미래를 넘겨다 볼 수 있는 망원경'이 아니었습니다.[3] 내일 벌어질 일에 신경 쓰지 마십시오. 하나님께서 앞서서 인도하시며, "때를 따라 돕는 은혜를"(히 4:16) 입게 될 것만 알면 아무 걱정할 게 없습니다.

더 깊은 나들이,
말씀을 거쳐 삶 속으로

본문 속으로 떠나는 여행

1. "걱정 근심은 커다란 짐 보따리입니다. 그 속에는 '어떡하지'와 '어떻게 잘'이 가득 들어 있습니다. '혹시 결혼식 날 비가 내리면 어떡하지?' '어떻게 하면 타이밍을 잘 잡아서 아이들을 야단칠 수 있을까?' '코를 고는 남자랑 결혼을 하게 되면 어떡하지?' '어떻게 하면 우리 아이의 등록금을 기한 내에 잘 납부할 수 있을까?'"

▶ 어떤 '큰일인데'가 자신에게 가장 큰 문제인지 생각해 보십시오.

▶ 어떤 '어떻게 잘'이 자신에게 가장 큰 슬픔을 안겨 주는지 생각해 보십시오.

▶ 일상적으로 일어나는 '큰일인데'와 '어떻게 잘'을 처리하는 방법이 있다면 소개해 보십시오.

2. "걱정은 마음을 나뉘게 합니다. 성경에서 걱정이란 뜻으로 쓰인 헬라어 '*merimnao*'는 '*merizo*(나눠지다)'와 '*mous*(마음)'를 합쳐 만든 합성어입니다. 걱정은 오늘 해야 할 일과 내일의 문제 사이에서 에너지를 분산시킵니다. 마음 한쪽은 현재에 머물러 있지만 나머지 한쪽은 아직 벌어지지도 않은 미래의 문제에가 있게 만듭니다. 결국 절반의 마음만을 가지고 오늘을 사는 꼴입니다."

▶ 오늘의 에너지로 오늘의 문제를 풀어 가지 않고 미리 앞당겨 걱정하게 만드는 실제적인 요인은 무엇입니까?

▶ 어떤 문제들이 나눠진 마음을 가지고 살아가도록 유혹합니까?

3. "하나님께서 우리를 인도하십니다. 가장 적합한 시간에, 가장 선한 것을 베풀어 주십니다. 이건 정말로 중요한 사실입니다."

▶ 여태까지 살아오는 동안 하나님께서 어떻게 인도하셨습니까? 구체적인 사례를 들어 설명해 보십시오.

▶ 하나님께서 가장 적합한 시간에, 가장 선한 것들을 베풀어 주신다고 확신할 수 있습니까? 그런 믿음을 갖고 산다면 어떤

변화가 일어나겠습니까?

▶ 하나님께서 가장 적합한 시간에, 가장 선한 것들을 베풀어 주신다는 사실을 진작부터 완전히 확신했더라면 지금 자신이 어떻게 달라졌을 것 같습니까?

4. "오늘 주신 힘으로 오늘의 문제를 풀어 가라. 내일 벌어질 문제는 내일 씨름하라. 내일 쓸 힘을 오늘 갖출 수는 없다. 오늘은 오늘 쓸 힘이 남아 있을 뿐이다. 이것이 오늘 이야기의 요점입니다."

▶ 지난날 걱정하던 일 가운데 얼마나 많은 일들이 실제로 일어났습니까?

▶ 오늘 처리해야 할 문제들 가운데 내일 일을 고민하느라 미뤄 두고 있는 게 있습니까?

말씀 속으로 떠나는 여행

1. 마태복음 6장 25-34절을 읽으십시오.

25그러므로 내가 너희에게 이르노니 목숨을 위하여 무엇을 먹을까 무엇을 마
실까 몸을 위하여 무엇을 입을까 염려하지 말라. 목숨이 음식보다 중하지 아
니하며 몸이 의복보다 중하지 아니하냐. 26공중의 새를 보라. 심지도 않고 거
두지도 않고 창고에 모아들이지도 아니하되 너희 하늘 아버지께서 기르시나
니 너희는 이것들보다 귀하지 아니하냐. 27너희 중에 누가 염려함으로 그 키를
한 자라도 더할 수 있겠느냐. 28또 너희가 어찌 의복을 위하여 염려하느냐. 들
의 백합화가 어떻게 자라는가 생각하여 보라. 수고도 아니하고 길쌈도 아니하
느니라. 29그러나 내가 너희에게 말하노니 솔로몬의 모든 영광으로도 입은 것
이 이 꽃 하나만 같지 못하였느니라. 30오늘 있다가 내일 아궁이에 던져지는

들풀도 하나님이 이렇게 입히시거든 하물며 너희일까 보냐 믿음이 작은 자들
아. 31그러므로 염려하여 이르기를 무엇을 먹을까 무엇을 마실까 무엇을 입을
까 하지 말라. 32이는 다 이방인들이 구하는 것이라. 너희 하늘 아버지께서 이
모든 것이 너희에게 있어야 할 줄을 아시느니라. 33그런즉 너희는 먼저 그의
나라와 그의 의를 구하라. 그리하면 이 모든 것을 너희에게 더하시리라. 34그
러므로 내일 일을 위하여 염려하지 말라. 내일 일은 내일이 염려할 것이요 한
날의 괴로움은 그 날로 족하니라.

▶ 예수님께서 염려하지 말라고 말씀하신 이유는 무엇입니까?(25-27절)

▶ 믿지 않는 사람들에게는 문제가 되지만 크리스천들에게는 걱정거리가 되지 않는 문제에는 어떤 것들이 있습니까?(31-32절)

▶ 염려를 버린 크리스천이 해야 할 일은 무엇입니까? 33절의 의미를 자신의 말로 바꿔 써보십시오.

▶ 예수님께서는 34절에서 걱정하지 말아야 할 또 다른 이유로 무엇을 지적하십니까?

2. 빌립보서 4장 6-8절을 읽으십시오.

6아무것도 염려하지 말고 다만 모든 일에 기도와 간구로, 너희 구할 것을 감사
함으로 하나님께 아뢰라. 7그리하면 모든 지각에 뛰어난 하나님의 평강이 그
리스도 예수 안에서 너희 마음과 생각을 지키시리라. 8끝으로 형제들아 무엇
에든지 참되며 무엇에든지 경건하며 무엇에든지 옳으며 무엇에든지 정결하며
무엇에든지 사랑받을 만하며 무엇에든지 칭찬받을 만하며 무슨 덕이 있든지
무슨 기림이 있든지 이것들을 생각하라.

▶ 바울은 어떻게 염려와 맞서 싸우라고 권면합니까?

▶ 바울에 자신의 가르침에 따를 때 어떤 기쁨이 찾아올 것이라고 말합니까?

▶ 염려 대신에 어떤 것들이 마음을 채우게 됩니까?(8절)

3. 히브리서 4장 14-16절을 읽으십시오.

> 14그러므로 우리에게 큰 대제사장이 계시니 승천하신 이 곧 하나님의 아들 예
> 수시라. 우리가 믿는 도리를 굳게 잡을지어다. 15우리에게 있는 대제사장은 우
> 리의 연약함을 동정하지 못하실 이가 아니요 모든 일에 우리와 똑같이 시험을
> 받으신 이로되 죄는 없으시니라. 16그러므로 우리는 긍휼하심을 받고 때를 따
> 라 돕는 은혜를 얻기 위하여 은혜의 보좌 앞에 담대히 나아갈 것이니라.

▶ 본문에 나타난 큰 대제사장의 모습을 묘사해 보십시오.

▶ 16절은 염려를 물리치기 위한 무기로 무엇을 제시하고 있습니까?

삶 속으로 떠나는 여행

1. 살아가면서 갖게 된 걱정거리들의 목록을 만드십시오. 기도하면서 그 걱정거리들을 하나씩 주님께 맡기십시오. 한 가지 항목에 대한 기도와 위임이 끝날 때마다 걱정거리를 적은 쪽지를 찢어 버리십시오.

2. 성구 사전을 이용해서 성경이 염려하는 것에 대해 어떻게 말하고 있는지 공부하십시오. '염려', '염려하다', '근심하는', '걱정'

따위의 단어를 포함하고 있는 성경 구절들을 찾아 연구하십시오. 걱정 근심과 어떻게 싸워야 할지 배운 것을 적어 보십시오.

Traveling Light

7장

정글 탈출, 낙오에서 구조까지

절망의 보따리

내 영혼을 소생시키시고

시편 23:3

정글에 혼자 남았다고 상상해 보십시오. 얼마나 나무가 울창한지 대낮에도 빛이 들지 않을 정도입니다. 친구들이 평생 한 번 올까 말까 한 기회라고 하도 부추기는 바람에 여행 경비를 치르고 바다를 건너 여기까지 왔습니다. 가이드도 구했고 함께 여행할 팀도 구성됐습니다. 지금껏 한 번도 가 본 일이 없는 미지의 세계, 낯설고 신기한 정글 세계로 떠나는 탐험은 그렇게 시작됐습니다.

재미있을 것 같습니까? 그럼 한 걸음 더 나가 볼까요? 정글에서 일행을 놓치고 혼자 남았다고 상상해 보십시오. 신발 끈을 졸라매려고 잠깐 멈췄는데, 고개를 들어 보니 아무도 보이지 않는 겁니다. 한동안 망설이다가 오른쪽으로 방향을 잡고 걸어갑니다. 그러면서도 '다들 왼쪽으로 갔으면 어떻게 하지?' 하는 생각을 떨쳐 버릴 수가 없습니다.

어쨌든 혼자 뒤처지고 말았습니다. 일행과 얼마나 멀리 떨어졌는지, 앞으로 얼마나 오랫동안 혼자 버텨야 하는지 알 수 없습니다. 시계마저 잃어버렸습니다. 배낭에다 매달아 두었는데, 뉴저지에서 온 착한 친구가 배낭째 짊어지고 가 버렸습니다. 신발 끈을

묶는 동안 대신 들어 주겠다는 말에 따른 게 잘못이었습니다. 이렇게 될 줄 알았으면 처음부터 그 친구에게 짐을 맡기지 않았을 것입니다. 아무튼 이제 어디가 어딘지도 알 수 없는 정글 한복판에 홀로 남게 됐습니다.

상황은 심각합니다. 우선 지금 있는 곳에 대해서 전혀 파악하지 못하고 있는 게 문제입니다. 빽빽하게 들어선 고층 빌딩 사이로 널찍한 도로가 이리저리 뻗은 곳이라면 혼자 떨어졌다 하더라도 어떻게 해서든지 집을 찾아갈 수 있겠지만, 무성한 나뭇잎이 하늘을 가리고 있는 여기서는 얘기가 다릅니다. 덤불이 우거져서 사람이 지나간 흔적조차 찾을 수 없습니다. 일행과 떨어진 데다가 정글에 관해서는 새카맣게 모릅니다.

더 심각한 것은 수중에 아무것도 지닌 게 없다는 사실입니다. 정글용 칼은커녕 주머니칼도 없습니다. 성냥도 없고, 신호용 조명탄도 없고, 음식도 없습니다. 맨몸으로 함정에 빠졌는데, 빠져나갈 구멍이 전혀 보이지 않는 꼴입니다.

아직도 재미있어 보입니까? 끔찍하게 들리지 않습니까? 이런 상황에 부닥친다면 어떤 느낌이 들지 잠깐 생각해 봅시다. 가장 먼저 어떤 느낌이 들까요? 머릿속에는 무슨 생각이 떠오릅니까?

두려움? 물론 겁이 날 겁니다.

걱정? 두말하면 잔소리죠.

분노? 이해할 수 있습니다. 여행을 떠나라고 적극 추천했던 사람들이 얼마나 원망스럽겠습니까?

하지만 그 어떤 감정보다도 절망감이 먼저 떠오를 것입니다. 어디쯤에서 방향을 바꿔야 할지 도무지 알 수가 없습니다. 뭘 어떻게 해야 하는지도 감이 잡히질 않습니다. 두 손에 얼굴을 묻고 '이제 여기서 빠져나가기는 다 틀렸구나'라고 한탄하며 통나무 등걸에 하염없이 걸터앉아(먼저 뱀이 있나 없나 확인하는 게 좋을 겁니다) 시간을 보내는 게 오히려 당연한 일인지도 모릅니다. 방향도 잡을 수 없고, 장비도 없고, 소망도 없습니다.

밀림에 혼자 낙오된 여행자의 느낌을 고스란히 떼어 온다고 생각해 봅시다. 조금만 상상력을 발휘한다면 정글에서 일행을 놓쳐버린 사람의 감정을 어렵잖게 알 수 있을 것입니다. 해결의 실마리는 전혀 없습니다. 뾰족한 방법이 떠오르지 않습니다. 더 이상 움직일 힘도 없습니다. 어떤 느낌이 들겠습니까? 소망이 모두 사라졌을 때 어떤 마음이 들지 짐작하고도 남음이 있지 않습니까?

이제 수많은 사람들과 더불어 살아가는 세상 속으로 자리를 옮겨 봅시다. 현대인들에게 삶은 곧 정글입니다. 물론 수풀이 우거지고 맹수가 득실거리는 정글은 아닙니다. 차라리 그런 밀림이라면 더 간단할지도 모릅니다. 정글용 칼로 헤쳐 나갈 수 있고 올무를 놓아 적들을 사로잡을 수 있는 그런 밀림이라면 얼마나 좋겠습니까.

하지만 우리 앞에 있는 정글은 손상된 건강, 상한 마음, 텅 빈 지갑 따위의 아름드리 거목들이 꽉꽉 들어찬 밀림입니다. 경우에 따라서는 병원이나 법정처럼 사방이 벽으로 둘러싸인 정글일 수도 있습니다. 날카롭게 울려 퍼지는 새 울음소리나 사자의 포효는 들리지 않지만, 대신에 이웃의 불평 소리나 상사가 채근하는 소리가 들려옵니다. 빚쟁이들이 맹수처럼 달려들기도 합니다. 정신없이 돌아가는 일상이 얽히고설킨 덤불처럼 사방을 에워싸고 있습니다.

여기가 바로 현대인의 정글입니다.

어떤 이들은, 아니 수많은 이들이 소망이 고갈된 채 살아가고 있습니다. 절망의 가방은 정말 이상한 가방입니다. 다른 짐들과는 달리 아무리 채워도 차지 않습니다. 항상 텅 빈 상태입니다. 그런데 묘하게도 비어 있으면서도 무겁기가 이를 데 없습니다. 지퍼를 열고 주머니들을 샅샅이 뒤져 보십시오. 거꾸로 들고 탈탈 털어 보십시오. 절망의 가방은 텅텅 비어 있습니다.

정말 끔찍한 상황이지 않습니까? 이제 이런 상황에도 한줄기 빛이 스며들 여지가 있는지 살펴봅시다. 지금까지 정글에서 길을 잃는다면 어떤 느낌일지 상상해 보았습니다. 이번에는 밀림에 낙오된 상황에서 구원의 손길과 만난다면 어떤 생각이 들지 머릿속에 그려 봅시다. 꺼져 가는 소망의 불씨를 되살리려면 어떻게 해야 합니까? 다시 출구를 찾아 떠날 힘을 얻으려면 무엇이 필요합니까?

여러 가지 대답이 있을 수 있겠지만, 금방 떠오르는 대로 세 가지를 꼽을 수 있습니다.

먼저 사람이 필요합니다. 사람이라고 해서 누구나 소망을 줄 수 있는 건 물론 아닙니다. 똑같이 길을 잃고 헤매는 사람이라면 도움이 되지 않습니다. 정글에서 빠져 나갈 길을 아는 사람이 필요합니다.

다음은 그 사람을 통해 비전을 가질 수 있어야 합니다. 낙심해서 주저앉은 마음을 다잡아 줄 힘이 있어야 합니다. 얼굴을 마주보며 "여기는 끝이 아냐. 포기해선 안 돼. 여기보다 훨씬 좋은 곳이 있어. 내가 데려다줄게"라고 얘기해 줄 사람이 필요합니다.

마지막으로, 이게 가장 중요한 요소인데, 정확한 방향 감각이 필요합니다. 다행히 사람을 만났더라도 새 힘을 줄 만한 비전이 없다면 단순한 동행에 지나지 않습니다. 비전은 있지만 방향 감각이 없다면 몽상가에 불과합니다. 엉뚱한 곳에서 헤매는 우리를 바른길로 데려다줄 수 있을 만큼 방향 감각을 갖춘 인물이어야 소망의 불씨를 되살려 낼 수 있습니다.

다윗은 "[그가] 내 영혼을 소생시키신다"고 말합니다.

우리의 목자는 영혼을 소생시키는 전문가입니다. 울퉁불퉁 험한 바위산에서 길을 잃은 어린 양이든, 도시에서 놀러 왔다가 깊고깊은 정글에 홀로 남게 된 관광객이든 구조의 손길과 만나는 순간 모든 것이 변합니다.

고독감이 잦아듭니다. 마음을 나눌 수 있는 상대가 생기기 때문입니다. 절망감이 사라집니다. 비전을 갖게 되기 때문입니다.

방황의 안개가 걷힙니다. 방향 감각을 갖게 되기 때문입니다.

잊지 마십시오. 더 이상 정글에 혼자 버려진 신세가 아닙니다. 커다란 나무들이 하늘을 가리고 가시 떨기에 살이 찢기는 상황은 예나 지금이나 마찬가집니다. 짐승들은 여전히 몸을 숨긴 채 틈만 노리고 있고, 놀란 다람쥐는 종종걸음을 칩니다. 정글은 정글 그대로입니다. 변한 건 정글이 아니라 우리 자신입니다. 우리는 변했습니다. 소망을 품게 됐기 때문입니다. 이제 길을 찾아 줄 사람을 만났으니 정글을 벗어날 소망이 생겼습니다.

목자는 우리가 이곳 정글에 대해 깜깜하다는 사실을 이미 잘 알고 있습니다. 정글을 헤쳐 나갈 도구가 전혀 없다는 것도 알고 있습니다. 그래서 목자는 스스로 앞장서서 길을 열어 나갈 작정을 하고 찾아온 겁니다.

우리의 영혼을 소생시키는 것. 그것이 목자가 찾아온 목적입니다. 그분이라면 넉넉히 우리 영혼을 되살려 내실 것입니다. 목자는 정확한 비전을 가지고 있습니다. 목자는 우리가 세상에서 "거류민과 나그네 같은"(벧전 2:11) 존재임을 상기시킵니다. 그리고 사방을 둘러싼 아름드리 고목을 보지 말고 고개를 들어 저 높은 곳에 펼쳐진 하늘을 보라고 말합니다. "여러분은 땅에 있는 것들을 생각하지 말고, 위에 있는 것들을 생각하십시오"(골 3:2, 새번역).

다윗은 이렇게 적고 있습니다.

> 내가 산을 향하여 눈을 들리라.
> 나의 도움이 어디서 올까.
> 나의 도움은 천지를 지으신 여호와에게서로다.
> 여호와께서 너를 실족하지 아니하게 하시며
> 너를 지키시는 이가 졸지 아니하시리로다.
> 이스라엘을 지키시는 이는 졸지도 아니하시고
> 주무시지도 아니하시리로다.
> 여호와는 너를 지키시는 이시라.
> 여호와께서 네 오른쪽에서 네 그늘이 되시나니
> 낮의 해가 너를 상하게 하지 아니하며
> 밤의 달도 너를 해치지 아니하리로다.
> 여호와께 너를 지켜 모든 환난을 면하게 하시며
> 또 네 영혼을 지키시리로다(시 121:1-7).

우리 구원자 되신 하나님께서는 정확한 비전을 가지고 계십니다. 또 어느 방향으로 나가야 할지 정확하게 알고 계십니다. 주님은 "내가 곧 길"(요 14:6)이라고 선포하셨습니다. 인류 역사상 이렇게 과감한 선언은 없었습니다. 사람들이 '정말 그럴까?' 하고 의심하는 것도 무리는 아닙니다. 하지만 주님은 죄와 사망의 가시덤불을 손수 잘라 내버리고 밀림에서 살아 나오심으로써 세상의 의심을 단번에 씻어 버리셨습니다. 이런 일을 하신 분은 오직 주님뿐입니다. 우리들이 주님과 똑같이 행할 수 있도록 도와주실 수 있는 분도 그분뿐입니다.

주님은 올바른 비전을 가지셨습니다. 예수님의 시선은 본향을 향하고 있었습니다. 주님은 정확한 방향을 아셨습니다. 그리고 덤불을 헤쳐 가며 길을 여셨습니다. 세상에서 오직 예수님만 그런 일을 행하실 수 있습니다. 그분은 하나님이시기 때문입니다. 정글을 만든 이보다 정글을 더 잘 아는 분이 어디 있겠습니까? 함정이 숨어 있는 길을 무사히 지나오신 주님보다 안전한 길을 잘 아는 분이 어디 있겠습니까?

아프리카 밀림 깊숙이 사파리 여행을 해 본 친구가 들려준 이야깁니다. 앞장선 가이드는 정글용 칼로 웃자란 잡초나 무성한 가시덤불을 잘라 내며 한없이 걸어갔습니다. 얼마나 갔을까, 피곤하고 더위에 지친 친구는 짜증 섞인 목소리로 물었습니다. "여기가 도대체 어딥니까? 우릴 어디로 데려가는 거죠? 길은 어디에 있습니까?" 노련한 가이드는 걸음을 멈추고 뒤를 돌아다보며 대답했습니다. "제가 곧 길입니다."

우리도 똑같은 질문을 하곤 합니다. 하나님께 "우리를 어디로 몰고 가시는 겁니까? 길은 어디에 있죠?"라고 묻습니다. 안내인처럼 주님 역시 곧이곧대로 대답을 해 주지 않으십니다. 고작해야 한두 가지 힌트를 주시고는 그만입니다.

설령 하나님께서 어디로 가는지, 여기가 어딘지 답을 주셨다 하더라도 우리가 그 뜻을 이해할 수 있었을까요? 그렇지 않습니다. 그러기에는 사파리 여행에 따라갔던 친구처럼 우리도 정글에 대해 아는 게 너무 없습니다. 그래서 주님은 일일이 답을 주시는 대신 훨씬 더 큰 선물을 주셨습니다. 바로 하나님 자신을 내어 주신 것입니다.

하나님께서 정글을 깨끗이 밀어 버리셨나요? 아닙니다. 수풀은 변함없이 무성합니다.

맹수들을 남김없이 없애 버리셨나요? 그렇지 않습니다. 위험은 여전히 도사리고 있습니다.

예수님께서는 소망을 주기 위해 정글을 바꾸는 방식을 택하지 않으십니다. 주님은 직접 우리 곁에 오심으로써 소망을 회복시키셨습니다. 그리고 세상 끝 날까지 우리와 함께 계시겠다고 약속하셨습니다. "내가 세상 끝 날까지 너희와 항상 함께 있으리라"(마 28:20).

누군가 이 사실을 시시때때로 상기시켜 줄 필요가 있습니다. 누구에게나 그런 존재가 있어야 합니다. 소망이 필요치 않은 사람은 없기 때문입니다.

물론 '이제는 괜찮아'라고 생각하는 이들도 있을 것입니다. 밀림은 초원이 됐고, 지난날의 고된 여정이 즐거운 나들이 길로 바뀌었을 수도 있습니다. 정말 축하합니다. 하지만 기억하십시오. 내일 무슨 일이 있을지 아무도 예측할 수 없습니다. 오늘 걷는 이 길이 어디로 이어질지 우리는 모릅니다. 모퉁이를 돌면 바로 공동묘지가 나타날 수도 있고, 병원 침상이 튀어나올 수도 있고, 가족이 떠나 버린 빈집으로 연결될 수도 있습니다. 저 굽이를 돌아가면 정글로 들어가는 입구가 기다리고 있을지도 모릅니다.

꼭 오늘이 아니더라도 내일 소망을 되살려 내야 하는 상황이 닥칠 수도 있습니다. 그때를 대비해서라도 누구에게 돌아가야 할지를 알아 두어야 합니다.

어쩌면 지금 당장 소망이 필요할지도 모릅니다. 지금 어디에 와 있는지 잘 모르겠다는 생각이 듭니까? 정글을 헤쳐 나갈 도구가 아무것도 없습니까? 누군가 길을 안내해 줄 이가 필요합니까?

그럼 목자를 부르십시오. 목자는 우리 목소리를 정확하게 기억하고 있습니다. 그리고 우리가 도움을 청해 오기만 학수고대, 마냥 기다리고 있습니다.

더 깊은 나들이,
말씀을 거쳐 삶 속으로

본문 속으로 떠나는 여행

1. "절망의 가방은 정말 이상한 가방입니다. 다른 짐들과는 달리 아무리 채워도 차지 않습니다. 항상 텅 빈 상태입니다. 그런데 묘하게도 비어 있으면서도 무겁기가 이를 데 없습니다. 지퍼를 열고 주머니들을 샅샅이 뒤져 보십시오. 거꾸로 들고 탈탈 털어

보십시오. 절망의 가방은 텅텅 비어 있습니다."

▶ 아무 소망이 없다고 느낀 적이 있습니까? 당시의 상황과 느낌을 이야기해 보십시오. 그렇게 느낀 이유는 무엇입니까?

▶ 현재의 삶 속에서 소망을 위협하는 요소는 무엇입니까? 그런 요소들을 어떻게 처리하겠습니까?

2. "다행히 사람을 만났더라도 새 힘을 줄 만한 비전이 없다면 단순한 동행에 지나지 않습니다. 비전은 있지만 방향 감각이 없다면 몽상가에 불과합니다. 엉뚱한 곳에서 헤매는 우리를 바른길로 데려다줄 수 있을 만큼 방향 감각을 갖춘 인물이어야 소망의 불씨를 되살려 낼 수 있습니다."

▶ 소망의 불씨를 되살려 낼 수 있는 적임자의 조건은 무엇입니까?

▶ 그런 안내인을 알고 있습니까?

3. "우리 구원자 되신 하나님께서는 정확한 비전을 가지고 계십니다. 또 어느 방향으로 나가야 할지 정확하게 알고 계십니다. 주님은 '내가 곧 길'(요 14:6)이라고 선포하셨습니다."

▶ 예수님께서는 어떤 의미에서 "내가 곧 길"이라고 말씀하셨습니까?

▶ "내가 곧 길"이라는 예수님 말씀을 교만의 소산으로 볼 수 없는 이유는 무엇입니까? 혹시 같은 말을 마호메트나 달라이 라마, 또는 다른 종교 지도자가 했다면 어떻겠습니까?

4. "하나님께 '우리를 어디로 몰고 가시는 겁니까? 길은 어디에 있죠?'라고 묻습니다. 안내인처럼 주님 역시 곧이곧대로 대답을 해 주지 않으십니다. 고작해야 한두 가지 힌트를 주시고는 그만입니다. 설령 하나님께서 어디로 가는지, 여기가 어딘지 답을 주셨다 하더라도 우리가 그 뜻을 이해할 수 있었을까요? 그렇지 않습니다. 그러기에는 사파리 여행에 따라갔던 친구처럼 우리도 정글에 대해 아는 게 너무 없습니다. 그래서 주님은 일일이 답을 주시는 대신 훨씬 더 큰 선물을 주셨습니다. 바로 하나님 자신을 내어 주신 것입니다."

▶ 하나님께서 장차 어디로 가서 어떤 일을 만나게 될지 전혀 알려 주지 않으시는 점에 대해 어떤 느낌을 가지고 있습니까? 하나님께서 앞일을 미리 보여 주시면 좋겠습니까?

▶ 지난날을 돌이켜 볼 때, 예수님께서 어떤 방법으로 길을 인도하셨습니까? 지금은 얼마만큼이나 주님의 인도하심에 의지하고 있습니까?

말씀 속으로 떠나는 여행

1. 시편 121편을 읽으십시오.

> 1내가 산을 향하여 눈을 들리라. 나의 도움이 어디서 올까. 2나의 도움은 천지
> 를 지으신 여호와에게서로다. 3여호와께서 너를 실족하지 아니하게 하시며 너
> 를 지키시는 이가 졸지 아니하시리로다. 4이스라엘을 지키시는 이는 졸지도
> 아니하시고 주무시지도 아니하시리로다. 5여호와는 너를 지키시는 이시라. 여
> 호와께서 네 오른쪽에서 네 그늘이 되시나니 6낮의 해가 너를 상하게 하지 아
> 니하며 밤의 달도 너를 해치지 아니하리로다. 7여호와께서 너를 지켜 모든 환

난을 면하게 하시며 또 네 영혼을 지키시리로다. [8]여호와께서 너의 출입을 지
금부터 영원까지 지키시리로다.

▶ 시편 기자는 도움이 어디서 오기를 기대하고 있습니까?(2절)

▶ 매일 밤 하나님께서는 얼마나 주무신다고 말합니까?(3-4절) 그것이 우리 삶과 무슨 관계가 있습니까?

▶ 5-8절에서 주님은 어떤 것들을 지키겠다고 말씀하셨습니까?

2. 시편 33편 16-22절을 읽으십시오.

[16]많은 군대로 구원 얻은 왕이 없으며 용사가 힘이 세어도 스스로 구원하지
못하는도다. [17]구원하는 데에 군마는 헛되며 군대가 많다 하여도 능히 구하지
못하는도다. [18]여호와는 그를 경외하는 자 곧 그의 인자하심을 바라는 자를 살
피사 [19]그들의 영혼을 사망에서 건지시며 그들이 굶주릴 때에 그들을 살리
시는도다. [20]우리 영혼이 여호와를 바람이여 그는 우리의 도움과 방패시로다.
[21]우리 마음이 그를 즐거워함이여 우리가 그의 성호를 의지하였기 때문이로
다. [22]여호와여 우리가 주께 바라는 대로 주의 인자하심을 우리에게 베푸소서.

▶ 왕이나 용사라도 구원할 수 없는 것은 무엇입니까?(16-17절) "구원하는 데에 군마는 헛되며"라고 한 이유는 무엇입니까?

▶ 주님은 어떤 사람을 살피십니까?(18절) 그리고 그들을 위해서 어떤 조처를 하십니까?

▶ "여호와를 바람"(20절)이란 무슨 뜻입니까? 어떻게 주님께 소망을 둘 수 있습니까?

3. 로마서 8장 18-25절을 읽으십시오.

18생각하건대 현재의 고난은 장차 우리에게 나타날 영광과 비교할 수 없도다.
19피조물이 고대하는 바는 하나님의 아들들이 나타나는 것이니 20피조물이 허
무한 데 굴복하는 것은 자기 뜻이 아니요 오직 굴복하게 하시는 이로 말미암
음이라. 21그 바라는 것은 피조물도 썩어짐의 종 노릇 한 데서 해방되어 하나
님의 자녀들의 영광의 자유에 이르는 것이니라. 22피조물이 다 이제까지 함께
탄식하며 함께 고통을 겪고 있는 것을 우리가 아느니라. 23그뿐 아니라 또한
우리 곧 성령의 처음 익은 열매를 받은 우리까지도 속으로 탄식하여 양자 될
것 곧 우리 몸의 속량을 기다리느니라. 24우리가 소망으로 구원을 얻었으매 보
이는 소망이 소망이 아니니 보는 것을 누가 바라리요. 25만일 우리가 보지 못
하는 것을 바라면 참음으로 기다릴지니라.

▶ 현재의 고난에 지나치게 마음을 쓰지 말아야 할 까닭은 무엇입니까?(18절)

▶ 소망이 필요한 가장 큰 이유는 무엇입니까?(19-23절)

▶ 바울은 참된 소망을 어떻게 정의하고 있습니까?(24절)

▶ 끝까지 소망을 포기하지 말아야 할 이유가 있다면 그것은 무엇입니까?(25절)

삶 속으로 떠나는 여행

1. 한 번도 가보지 못한 곳으로 가이드 투어를 다녀오십시오. 여행을 하는 동안 의식적으로 주님이 삶 속에서 어떻게 우리를 인도하시는지 묵상하십시오. 새롭게 깨달은 뜻밖의 사실이 있습니까?

2. 소망을 주제로 성경 말씀을 공부하십시오. 좋은 성구 사전을 활용하여 '소망'이라는 단어와 '소망하는', '소망의', 소망적인' 따

위의 파생어들에 대해 조사해 보십시오. 성경 공부를 통해 무엇을 배웠습니까?

Traveling Light

8장

하늘나라의 물물교환

죄의 짐

자기 이름을 위하여
의의 길로 인도하시는도다
시편 23:3

한 친구가 크리스마스 기념으로 교회 직원들끼리 저마다 집에서 구운 쿠키를 서로 교환하는 행사를 마련했습니다. 계획은 간단했습니다. 입장권은 쿠키 한 접시. 그것만 준비하면 다른 사람들의 쟁반에서 쿠키를 집어 올 수 있는 자격을 갖추게 됩니다. 자신이 가져온 것만큼 다시 가져갈 수 있는 것입니다.

과자를 구울 줄 아는 이에게는 대단히 간단한 얘깁니다. 하지만 쿠키를 만들 줄 모르는 사람이라면 어떨까요? 프라이팬과 냄비조차 구별하지 못한다면? 나처럼 요리엔 아주 젬병이라면? 앞치마를 두르면 보디빌더가 발레리나의 짧은 스커트를 빌려 입은 것처럼 어색해서 도무지 견딜 수 없다면? 그렇다면 쿠키를 교환하는 행사는 머리 아픈 문제가 됩니다.

친구가 주선한 쿠키 교환 파티만 해도 내게는 아주 골칫거리입니다. 가져갈 쿠키가 없으므로 결국 파티에 들어갈 자격이 없는 셈입니다. 들어간다 해도 얘기에 낄 수 없습니다. 참석자들은 나를 외면하고 슬슬 피할 겁니다. 어쩌면 아예 쫓겨날지도 모릅니다 (이제 내가 좀 불쌍해 보이나요?).

이게 바로 내가 처한 옹색한 처지입니다. 그리고 대단히 죄송한 말씀입니다만, 여러분의 형편은 더 심각할 수도 있습니다.

하나님께서는 파티를 준비하고 계십니다. 이 파티가 열리면 모든 잔치는 막을 내리게 됩니다. 쿠키를 나눠 먹는 따위의 시시한 파티가 아니라 어마어마하게 큰 잔치가 벌어집니다. 하나님의 보좌가 자리 잡고 있는 연회장에 들어서는 순간 놀라움으로 눈이 커다래질 것입니다. 낄낄거리거나 잡담을 나눌 엄두도 내지 못합니다.

초대받은 손님의 면면도 굉장합니다. 요나 선지자가 물고기 뱃속에 있을 때 창자들을 구석구석 살펴보았을지 궁금하십니까? 그 잔치 자리에 가면 본인에게 직접 물어볼 수 있을 겁니다.

그러나 초대 손님들의 명단보다 더욱 놀라운 것은 그들의 성품입니다. 아집我執도 없고, 세력 다툼도 없습니다. 죄책감이라든가 수치심, 근심 따위는 잔칫집으로 들어가는 문간에서 다 걸러 냈습니다. 질병, 죽음, 낙심 등은 페스트처럼 진작에 사라져 버렸습니다. 하나님의 파티에서는 지금 날마다 보는 것들을 하나도 볼 수 없을 것입니다.

그뿐만이 아닙니다. 지금은 희미하게 보이는 것들을 거기서는 또렷하게 볼 수 있습니다. 하나님을 볼 것입니다. 믿음으로 주님을 본다는 말이 아닙니다. 모세나 아브라함이나 다윗처럼 두 눈으로 생생하게 바라볼 수 있습니다. 성경 말씀이나 저무는 해와 한여름에 퍼붓는 소나기를 통해서 하나님을 짐작해 볼 수 있다는 얘기가 아닙니다. 주님이 행하신 일이나 그분의 말씀이 아니라 하나님 그분을 보게 될 것입니다.

주님은 잔치의 주선자가 아니라 잔치 그 자체입니다. 하나님의 의는 진수성찬이고, 주님의 음성은 감미로운 음악입니다. 하나님 얼굴의 광채는 빛이 되고, 잔치에 참석한 손님들이 끝없이 나누는 대화의 주제는 하나님의 사랑입니다.

참가 조건은 단 하나뿐입니다. 다소 황당한 입장권이라고 해야 할까요? 잔치에 들어가기 위해서는 의로워야 합니다. 선한 행동을 해야 한다거나 착실하게 살아야 한다는 뜻이 아닙니다. 세금을 꼬박꼬박 내는 사람이라든지 주일마다 빠지지 않고 교회에 가는 사람을 말하는 것도 아닙니다.

하나님나라의 시민은 의로운 사람들입니다. 의로운 사람.

누구나 가끔씩 의로운 일을 합니다. 개중에는 남보다 훨씬 더 의롭게 사는 이들도 있습니다. 하지만 언제 어디서나 늘 의롭게 살 수 있을까요? 바울은 그럴 수 없다고 말합니다. "기록된 바 의인은 없나니 하나도 없으며"(롬 3:10). 이어서 단호한 어조로 못 박습니다. "선을 행하는 자는 없나니 하나도 없도다"(롬 3:12).

더러 이의를 제기하는 이들도 있을 것입니다. "물론 내가 완전하다는 얘기는 아닙니다만, 그래도 나만큼 바르게 산 사람도 드물겁니다. 여태까지 선한 삶을 살았으니까요. 법을 어긴 적도 없고 이웃에게 깊은 상처를 준 일도 없습니다. 오히려 남을 도와 가며 살았어요. 사람을 좋아하는 편이거든요. 최소한 다른 이들보다는 의로운 인간이라고 자부할 수 있습니다."

나도 어머니께 그와 비슷한 얘기를 하곤 했습니다. 방이 지저분하다고 꾸짖으실 때마다 형의 방으로 어머니의 손을 끌었습니다. 형의 방은 항상 내 방보다 더 엉망진창이었습니다. 나는 당당하게 말합니다. "보세요. 여기다 대면 내 방은 깨끗하잖아요."

그러나 어머니는 꿈쩍도 하지 않고 나를 당신의 방으로 데려가십니다. 잘 정돈된 방들을 보면 어머니가 옳았다는 게 금방 드러납니다. 벽장도 말끔히 정리되어 있고, 베개도 똑바로 놓여 있습니다. 화장실도 깨끗하게 정돈된 상태입니다. 어머니의 손이 닿는 방들에 비하자면 내 방은 말하기가 부끄럽습니다. 방들을 다 보여주신 뒤에 어머니는 말씀하십니다. "깨끗하다는 건 이런 걸 말하는 거야."

하나님께서도 똑같이 하십니다. 자신을 가리키며 말씀하십니다. "의롭다는 건 바로 나처럼 된다는 뜻이야, 알겠니?"

하나님 자신의 성품, 그것이 바로 의로움입니다.

"우리 하나님과 구주 예수 그리스도의 의를 힘입어"(벧후 1:1).

"하나님은 의로우신 재판장이심이여"(시 7:11).

"여호와는 의로우사 의로운 일을 좋아하시나니"(시 11:7).

"그의 공의가 영구히 서 있으리로다"(시 112:3).

"하나님이여 주의 의가 또한 지극히 높으시니이다"(시 71:19).

이사야는 하나님을 "공의를 행하며 구원을 베푸는 하나님"(사 45:21)으로 묘사했습니다.

십자가에 달리시기 전날 밤, 예수님은 "의로우신 아버지여"(요 17:25)라는 말로 기도를 시작하셨습니다.

이제 아시겠습니까? 하나님은 의로우신 분입니다. 하나님의 계명은 의롭습니다(롬 1:32). 하나님의 판단은 의롭습니다(롬 2:5). 하나님의 요구는 의롭습니다(롬 8:4). 하나님의 행위는 의롭습니다(단 9:16). 다니엘은 "하나님 여호와께서 행하시는 모든 일이 공의로우"시다고(단 9:14) 단언합니다.

하나님은 전혀 잘못이 없으십니다. 잘못된 결정을 내리신 적도 없고, 잘못된 생각을 가지신 적도 없고, 잘못된 길로 들어서신 적도 없고, 잘못된 말씀을 하신 적도 없고, 잘못된 방식으로 무슨 일을 하신 적도 없습니다. 너무 지체하거나 지나치게 서두르지도 않으시고, 너무 큰소리나 지나치게 낮은 소리로 말씀하지도 않으시며, 너무 빠르거나 지나치게 늦지도 않으십니다. 지금까지 늘 의로우셨고, 앞으로도 항상 의로우실 것입니다. 그처럼 의로우신 하나님께서 의롭지 못한 인간을 영원히 기다려 주실까요? 이른바 명문 대학에서 제대로 공부하지 않는 학생들을 낙제시키지 않고 3학년 때까지 기다려 주는 걸 본 적이 있습니까?

만약에 그런 경우가 있다면, 인정 많다는 소리는 들을 수 있을지언정 의롭다는 평가를 얻기는 어려울 것입니다. 하나님께서 불의한 인간을 그대로 받아들이신다면, 그분의 너그러움은 더욱 빛이 나겠지만 주님의 공의는 어떻게 되겠습니까? 인간의 죄를 모르는 척 넘어가 주시는 것이 의로운 일일까요? 연약한 인간을 위해 기준을 뚝 떨어트리는 것이 의로운 처사일까요? 그렇지 않습니다. 그렇다면 공의의 하나님이 될 수 없습니다. 하나님은 범사에 의로우신 분입니다.

하나님께서는 이사야 선지자에게 공평으로 다림줄, 다시 말해서 건물의 기울기를 재는 기준으로 삼겠다고 말씀하셨습니다(사 28:17). 의롭지 못한 사람은 복도에서 서성거릴 수밖에 없습니다. 파티에 들어가는 데 필요한 쿠키를 준비하지 못했기 때문입니다. 사도 바울은 비유로 말합니다. "우리는 하나같이 다 죄인이며, 다 함께 한 배를 타고서 가라앉을 수밖에 없는 사람들입니다"(롬 3:19, 메시지). 그렇다면 어떻게 하시겠습니까?

끝까지 죄의 짐을 끌고 다니시겠습니까? 많은 사람들이 그렇게 합니다. 정말 많은 사람들이 마지막 순간까지 죄의 짐을 놓지 않습니다.

영적인 짐 보따리들을 눈으로 직접 본다면 어떻게 될까요? 거리에서 흔히 보는 짐 꾸러미들처럼 마음에 담고 있는 짐들을 볼 수 있다고 생각해 봅시다. 어떤 짐들을 보게 될지는 자신이 가장 잘 알고 있을 것입니다. 죄로 가득한 슈트케이스, 온갖 방탕한 짓들과 맹렬한 분노, 세상과의 타협 따위가 터질 것처럼 들어찬 가방들.

주위를 한번 돌아보십시오. 회색 플란넬 옷을 걸친 친구가 보이십니까? 후회의 보따리를 열 개쯤 끌고 다니는군요. 불룩한 진 가방들을 메고 코걸이를 한 아이가 보이시죠? 엄마한테 했던 약속들을 지키기 위해서 어떤 식으로든 노력을 했어야 했습니다. 하지만 녀석은 그렇게 하지 못했습니다. 결국 무거운 가방을 지고 다니게 된 겁니다. 정장 차림의 여성이 보이십니까? 상원 의원 선거에라도 출마할 것처럼 보이는군요. 하지만 도움을 청하러 다니는 편이 더 나을 겁니다. 가는 곳마다 쓰레기가 가득 찬 여행 가방을 끌고 다니는 바람에 옴짝달싹할 수가 없기 때문입니다.

잘 들어 보십시오. 피로는 사람을 주저앉힙니다. 자기 신뢰는 엉뚱한 방향으로 진로를 바꿔 놓습니다. 실망은 용기를 잃게 만듭니다. 걱정은 마음을 괴롭힙니다. 그러나 죄는 삶을 소진시킵니다.

그럼 이제 어떡할까요? 주님은 의로우시지만 우리는 의롭지 못합니다. 하나님의 잔치는 의인을 위한 자리이므로 우리와는 아무 상관이 없습니다. 어떡할까요?

나는 이렇게 했습니다. 우선 필요를 고백했습니다. 쿠키 파티 때문에 곤란한 지경에 빠졌다는 얘기를 했던 걸 기억하시죠? 나는 모든 직원에게 이메일을 보냈습니다. "저는 과자를 구울 줄 모릅니다. 그래서 파티에 갈 수가 없습니다."

교회 도우미들 가운데 누가 나를 측은하게 생각해 주었을까요? 아닙니다.

직원들 중에 누가 내게 자비를 베풀어 주었을까요? 아닙니다.

대법원 판사 가운데 누군가가 나를 불쌍히 여겨 주었을까요? 아닙니다.

내 처지를 안타깝게 생각하고 도와준 것은 신앙심이 깊은 어느 자매였습니다. 나의 곤란한 상황을 어떻게 들었는지는 알 수 없습니다. 어쩌면 긴급 기도 제목표에서 맥스 루케이도란 이름을 보았을지도 모릅니다. 다만 분명한 것은 행사가 열리기 바로 전에 고리 모양의 과자 열두 개와 그만큼의 친절이 얌전히 담긴 접시를 선물로 받았다는 사실입니다.

선물 덕분에 나는 행사에 참석할 수 있는 특권을 얻었습니다.

내가 실제로 행사장에 갔을까요? '갔다' 쪽에 쿠키를 거는 게 좋을 겁니다. 마치 왕관을 받쳐 들고 행진하는 왕자처럼, 나는 선물로 받은 과자를 가지고 행사장으로 들어가서 테이블 위에 올려놓았습니다. 그리고 당당히 자리를 잡고 섰습니다. 어느 선한 심령이 내 호소를 들어 준 까닭에 당당하게 파티에 낄 수 있었던 것입니다.

선물 덕분에 나는 파티에 참석할 수 있는 특권을 얻었습니다.

하나님께서도 우리의 탄식하는 기도를 들으시므로 똑같이 선물을 주실 것입니다. 아니, 단순히 쿠키 차원이 아니라 그보다 훨씬 더 풍성한 선물을 주셨습니다. 역사상 가장 아름답고 동시에 가장 참혹한 순간이었습니다.

예수님께서는 하늘나라 법정에 서 있었습니다. 모든 죄인들을 감싸 안고 재판장에게 간청하셨습니다. "저들이 지은 죄를 제게 돌리십시오. 살인자가 보이십니까? 그가 받을 벌을 제게 주십시오. 간음한 여인이 보이십니까? 그 부끄러움을 제가 당하게 해 주십시오. 편견을 가진 사람들과 거짓말쟁이, 남의 물건을 훔치는 이가 있습니까? 그들에게 하실 일을 제게 행하십시오. 죄인들을 대하듯 저를 대해 주십시오."

하나님께서는 예수님의 간구대로 행하셨습니다. "그리스도께서도 단번에 죄를 위하여 죽으사 의인으로서 불의한 자를 대신하셨으니 이는 우리를 하나님 앞으로 인도하려 하심이라"(벧전 3:18).

그렇습니다. 의로움은 하나님의 중요한 성품입니다. 그렇습니다. 의로움은 인간의 자질이 아닙니다. 그렇습니다. 하나님께서는 의로움을 요구하십니다. 하지만 "이제는 율법 외에 하나님의 한 의가"(롬 3:21) 나타났습니다.

다윗은 이렇게 말합니다. "자기 이름을 위하여 의의 길로 인도하시는도다"(시 23:3).

의의 길은 좁습니다. 언덕 꼭대기까지 가파른 길이 구불구불 이어집니다. 그리고 언덕 위에는 십자가가 서 있습니다. 십자가 밑에는 짐 보따리들이 헤아릴 수 없을 만큼 널려 있습니다. 엄청나게 많은 죄들이 터질 듯 꽉꽉 담긴 가방들이 수북합니다. 갈보리 언덕은 이처럼 온갖 죄가 뒤엉켜 산더미를 이루고 있습니다. 여러분도 죄 보따리들을 거기다 버리고 싶지 않습니까?

마지막으로 크리스마스 쿠키 파티를 다시 한번 떠올려 봅시다. 그날 파티에 참석한 손님들은 내가 과자를 굽지 않았다는 사실을 알고 있었을까요? 아무도 모르고 있는 듯해서 내가 직접 "어떤 분이 애써 주신 덕분에 파티에 참석하게 됐습니다"라고 얘기해 주었습니다. 내가 한 일은 스스로 고백한 것, 그게 전부입니다.

영원한 생명을 얻는 데도 똑같은 게 필요합니다.

더 깊은 나들이,
말씀을 거쳐 삶 속으로

본문 속으로 떠나는 여행

1. "하나님은 전혀 잘못이 없으십니다. 잘못된 결정을 내리신 적도 없고, 잘못된 생각을 가지신 적도 없고, 잘못된 길로 들어서신 적도 없고, 잘못된 말씀을 하신 적도 없고, 잘못된 방식으로 무슨 일을 하신 적도 없습니다. 너무 지체하거나 지나치게 서두르지도 않으시고, 너무 큰소리나 지나치게 낮은 소리로 말씀하지도 않으시며, 너무 빠르거나 지나치게 늦지도 않으십니다. 지금까지 늘 의로우셨고, 앞으로도 항상 의로우실 것입니다."
   ▶ 살아오는 동안 하나님께서 실수하셨다고 느껴 본 적이 있습니까? 그런 느낌을 어떻게 처리했습니까?

▶ 알고 있는 이들 가운데 가장 '의로운' 사람은 누구입니까? 혹시 기회가 주어진다면 그 사람을 어떻게 소개하겠습니까?

2. "피로는 사람을 주저앉힙니다. 자기 신뢰는 엉뚱한 방향으로 진로를 바꿔 놓습니다. 실망은 용기를 잃게 만듭니다. 걱정은 마음을 괴롭힙니다. 그러나 죄는 삶을 소진시킵니다. 그럼 이제 어떡할까요? 주님은 의로우시지만 우리는 의롭지 못합니다. 하나님의 잔치는 의인을 위한 자리이므로 우리와는 아무 상관이 없습니다. 어떡할까요?"

▶ 위의 질문에 답해 보십시오. 이제 어떻게 해야 합니까?

▶ 깊은 실망감을 어떻게 해결합니까? 걱정이나 죄책감은 어떻습니까?

3. "역사상 가장 아름답고 동시에 가장 참혹한 순간이었습니다. 예수님께서는 하늘나라 법정에 서 있었습니다. 모든 죄인을 감싸 안고 재판장에게 간청하셨습니다. '저들이 지은 죄를 제게 돌리십시오. 살인자가 보이십니까? 그가 받을 벌을 제게 주십시오. 간음한 여인이 보이십니까? 그 부끄러움을 제가 당하게 해 주십시오. 편견을 가진 사람들과 거짓말쟁이, 남의 물건을 훔치는 이가 있습니까? 그들에게 하실 일을 제게 행하십시오. 죄인들을 대하듯 저를 대해 주십시오.' 하나님께서는 예수님의 간구대로 행하셨습니다."

▶ 무엇 때문에 죄 없으신 예수님께서 살인이나 간음, 그 밖의 여러 가지 죄를 지은 죄인들 대신 벌을 받게 해 달라고 간구

하셨습니까?

▶ 곰곰이 생각해 보십시오. 자신이 지은 죄를 예수님께 넘겨 드렸습니까?

4. "의의 길은 좁습니다. 언덕 꼭대기까지 가파른 길이 구불구불 이어집니다. 그리고 언덕 위에는 십자가가 서 있습니다. 십자가 밑에는 짐 보따리들이 헤아릴 수 없을 만큼 널려 있습니다. 엄청나게 많은 죄들이 터질 듯 꽉꽉 담긴 가방들이 수북합니다. 갈보리 언덕은 이처럼 온갖 죄가 뒤엉켜 산더미를 이루고 있습니다."

▶ 어떤 점에서 갈보리 언덕을 온갖 죄가 뒤엉켜 산더미를 이루고 있는 곳이라고 말할 수 있습니까?

▶ 갈보리 십자가 앞에 죄로 가득한 가방을 내려놓은 뒤에 어떤 일이 벌어졌는지 이야기해 보십시오. 혹시 아직도 가방을 버리지 못했습니까? 그 이유는 무엇입니까?

말씀 속으로 떠나는 여행

1. 로마서 3장 9-18절을 읽으십시오.

> 9그러면 어떠하냐. 우리는 나으냐. 결코 아니라. 유대인이나 헬라인이나 다 죄
> 아래에 있다고 우리가 이미 선언하였느니라. 10기록된 바 의인은 없나니 하나
> 도 없으며 11깨닫는 자도 없고 하나님을 찾는 자도 없고 12다 치우쳐 함께 무
> 익하게 되고 선을 행하는 자는 없나니 하나도 없도다. 13그들의 목구멍은 열린
> 무덤이요 그 혀로는 속임을 일삼으며 그 입술에는 독사의 독이 있고 14그 입
> 에는 저주와 악독이 가득하고 15그 발은 피 흘리는 데 빠른지라 16파멸과 고생

이 그 길에 있어 [17]평강의 길을 알지 못하였고 [18]그들의 눈앞에 하나님을 두려워함이 없느니라 함과 같으니라.

▶ "죄 아래 있다"는 말은 무슨 뜻입니까? 어떤 사람들이 죄 아래 있습니까?(9절)

▶ 죄 아래 있는 사람의 특징을 찾아서 적어 보십시오(10-17절).

▶ 18절은 방금 목록으로 작성한 모든 특성을 어떻게 요약하고 있습니까?

2. 이사야서 45장 21-25절을 읽으십시오.

[21]너희는 알리며 진술하고 또 함께 의논하여 보라. 이 일을 옛부터 듣게 한 자가 누구냐. 이전부터 그것을 알게 한 자가 누구냐. 나 여호와가 아니냐. 나 외에 다른 신이 없나니 나는 공의를 행하며 구원을 베푸는 하나님이라. 나 외에 다른 이가 없느니라. [22]땅의 모든 끝이여 내게로 돌이켜 구원을 받으라. 나는 하나님이라. 다른 이가 없느니라. [23]내가 나를 두고 맹세하기를 내 입에서 공의로운 말이 나갔은즉 돌아오지 아니하나니 내게 모든 무릎이 꿇겠고 모든 혀가 맹세하리라 하였노라. [24]내게 대한 어떤 자의 말에 공의와 힘은 여호와께만 있나니 사람들이 그에게로 나아갈 것이라. 무릇 그에게 노하는 자는 부끄러움을 당하리라. 그러나 [25]이스라엘 자손은 다 여호와로 말미암아 의롭다 함을 얻고 자랑하리라 하느니라.

▶ 하나님께서는 21절에서 어떻게 스스로를 묘사하셨습니까?

▶ 22절에서 주님은 어떤 명령을 내리셨습니까?

▶ 하나님께서 23-24절에서 주신 예언의 내용은 무엇입니까?

▶ 25절에 따르면 하나님께서는 어떤 약속을 주셨습니까? 여기서 한 사람이란 누구를 말하는 것입니까?

3. 로마서 5장 6-11절과 베드로전서 3장 18절을 읽으십시오.

[6]우리가 아직 연약할 때에 기약대로 그리스도께서 경건하지 않은 자를 위하여 죽으셨도다. [7]의인을 위하여 죽는 자가 쉽지 않고 선인을 위하여 용감히 죽는 자가 혹 있거니와 [8]우리가 아직 죄인 되었을 때에 그리스도께서 우리를 위하여 죽으심으로 하나님께서 우리에 대한 자기의 사랑을 확증하셨느니라. [9]그러면 이제 우리가 그의 피로 말미암아 의롭다 하심을 받았으니 더욱 그로 말미암아 진노하심에서 구원을 받을 것이니 [10]곧 우리가 원수 되었을 때에 그의 아들의 죽으심으로 말미암아 하나님과 화목하게 되었은즉 화목하게 된 자로서는 더욱 그의 살아나심으로 말미암아 구원을 받을 것이니라. [11]그뿐 아니라 이제 우리로 화목하게 하신 우리 주 예수 그리스도로 말미암아 하나님 안에서 또한 즐거워하느니라(롬 5:6-11).

그리스도께서도 단번에 죄를 위하여 죽으사 의인으로서 불의한 자를 대신하셨으니 이는 우리를 하나님 앞으로 인도하려 하심이라. 육체로는 죽임을 당하시고 영으로는 살리심을 받으셨으니(벧전 3:18).

▶ 로마서 5장 6절은 그리스도가 누구를 위해 돌아가셨다고 말합니까?

▶ 무엇이 그리스도로 하여금 우리를 위하여 돌아가시도록 몰아갔습니까?(8절)

▶ '의롭다 하심을 받는 것'과 '구원을 받는 것'은 어떻게 다릅니까?(9절)

▶ "화목을 얻은" 사람은 일반적으로 어떤 반응을 보입니까?(11절)

삶 속으로 떠나는 여행

1. 죄를 주님 발 앞에 내려놓고 대신 하나님의 용서하심을 받은

이들의 글을 읽으십시오. 글을 보면서 주님께 용서받아야 한다는 사실에 대해 깨달은 점이 있습니까?

2. 용서해야 하는 줄은 알지만 도저히 그럴 수 없는 사람이 있습니까? "너희가 사람의 잘못을 용서하지 아니하면 너희 아버지께서도 너희 잘못을 용서하지 아니하시리라"(마 6:15)고 하신 예수님의 말씀을 기억하십시오. 마음을 비우고 그를 용서하십시오. 가능하면 상대에게 그 사실을 알려 주십시오.

9장

자아의 벽을 넘어 낮고낮은 자리로

교만의 짐

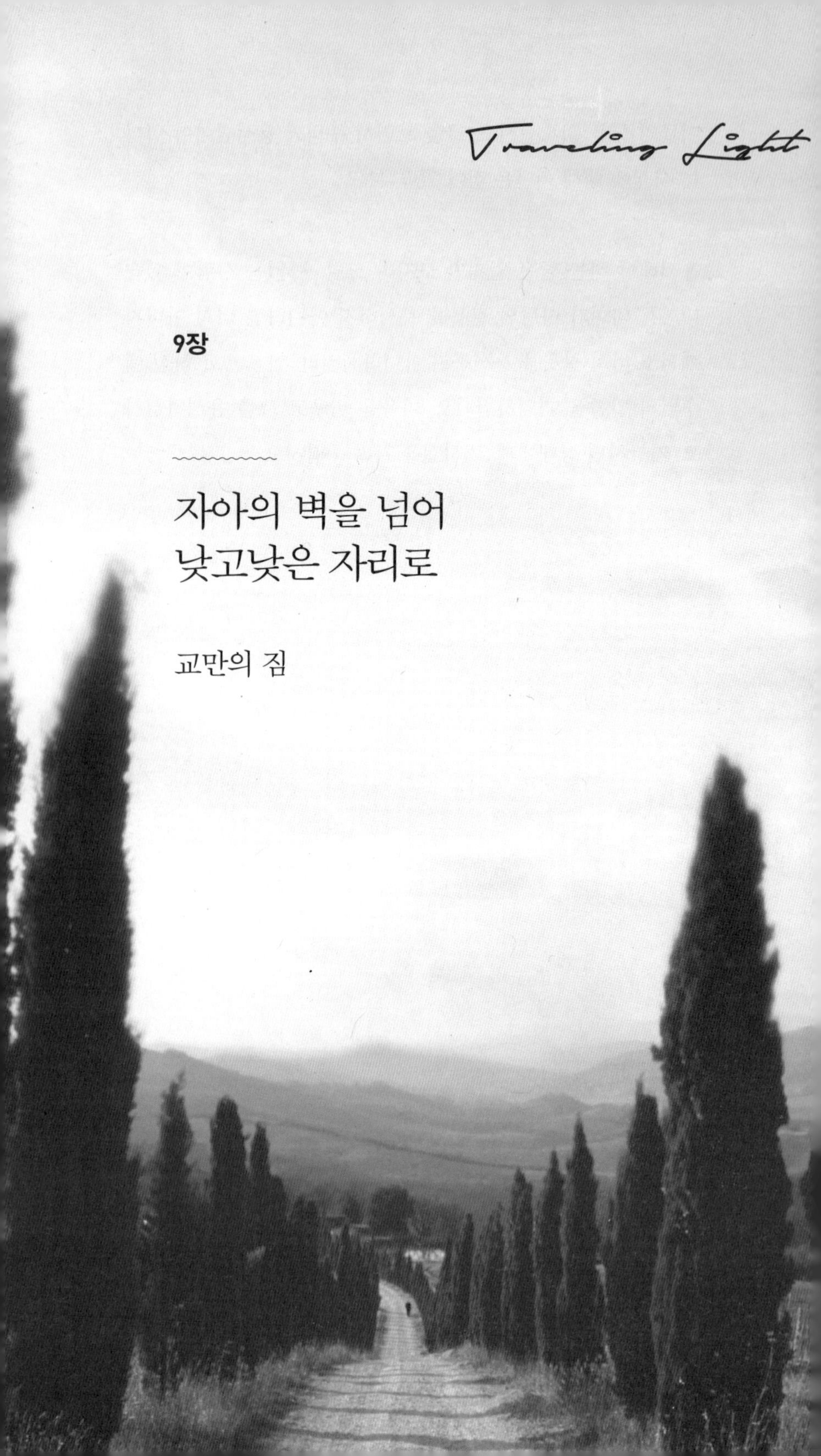

자기 이름을 위하여

시편 23:3

겸손은 좀처럼 손에 넣기 어려운 성품입니다. 겸손의 덕을 갖추었다고 자부하는 순간 겸손은 사라져 버립니다. 겸손한 사람은 결코 자신이 겸손하다고 생각하지 않을 것입니다. '겸손 대상大賞' 메달을 받았다 하더라도 그걸 자랑스럽게 목에 거는 순간 수상 자격이 박탈되고 맙니다.

바로 얼마 전에도 비슷한 일이 있었습니다. 이 책을 마감하기 위해 한적한 시골 마을을 찾았을 때였습니다. 마을은 완벽한 은신처가 될 만했습니다. 고풍스럽고 조용한 데다가 음식 맛도 썩 좋았습니다.

그런데 아침을 먹으러 식당에 들어갔다가 동네 사람들이 자꾸만 나를 쳐다본다는 사실을 알게 됐습니다. 자동차를 세우는 동안에도 두어 친구가 고개를 돌려서 이쪽을 바라보고 있었습니다. 식당 문을 열고 들어서자 어느 여자 손님이 화들짝 놀라며 날 쳐다보았습니다. 몇몇 단골손님들도 곁을 지나쳐 걸어가는 동안 내 얼굴에서 시선을 떼지 않았습니다. 여자 종업원은 내가 자리에 앉고 나서도 얼마간 꼼꼼하게 무언가를 탐색한 뒤에 차림표를 가져왔습니다.

사람들이 왜 내게 남다른 관심을 보이는 걸까? 내 옷이 이상한가? 시간이 갈수록 진땀이 났습니다. 그렇게 한참을 생각한 뒤에야 비로소 편안한 자세를 취할 수 있었습니다. 이곳 주민들이 내가 누구인지 알아보고 있다는 생각이 들었기 때문입니다. 다들 책 표지에 실린 내 사진을 기억하고 있음이 분명했습니다. '정말 책을 열심히 읽는 마을이로군!' 그리고 마음이 으쓱해졌습니다. '단번에 훌륭한 작가를 알아보다니!' 마을 사람들의 눈썰미에 대한 감탄은 점점 도를 더해 갔습니다.

다른 테이블에 앉은 손님들에게 연신 미소를 보내면서 음식을 맛있게 먹기 시작했습니다. 식사를 마치고 계산대 쪽으로 걸어가자 모든 시선이 다시 한번 내게 쏠렸습니다. '쑥스럽군, 스타인벡처럼 유명한 작가들도 다 그랬겠지?' 음식값을 받아든 종업원은 무슨 말인가를 하려다가 뚝 입을 다물었습니다. 나는 생각했습니다. '놀라서 기가 질렸군!'

하지만 착각의 시간은 길지 않았습니다. 화장실 안에 들이기는 순간 사람들이 왜 그렇게 나를 쳐다봤는지 진짜 이유가 드러났기 때문입니다. 말라붙은 핏자국이 여실한 채로 뺨 위에 덜렁거리는 리본이 문제였습니다. 면도하다 입은 상처를 덮은 반창고가 제대로 달라붙지를 않아서 닭 벼슬처럼 늘어져 있었던 것입니다.

유명 인사가 된 기분은 거기까지였습니다. 마을 사람들은 나를 감옥에서 도망쳐 나온 탈옥수쯤으로 생각했을지도 모릅니다.

하나님께서는 이런 일들을 통해 우리를 겸손하게 하십니다. 잊지 마십시오. 이 모두가 우리를 위해서 하시는 일입니다. 여러분이라면 다섯 살배기 어린 자녀의 등에 무거운 짐을 지우시겠습니까? 하나님께서 주님의 자녀들이 교만이라는 천 근짜리 짐을 지고 다니게 버려두실까요? 그럴 리가 없습니다.

교만은 하나님께서 미워하시는 짐 보따리 가운데 하나입니다. 하나님께서 교만을 혐오하시는 게 아닙니다. 교만을 싫어하시는 게 아닙니다. 교만을 마땅치 않게 여기시는 게 아닙니다. 하나님께서는 교만을 증오하십니다. 우리가 구더기를 삼키는 걸 몸서리나도록 끔찍하게 여기듯이 주님은 인간의 교만을 그렇게 생각하십니다.

"나는 교만과 거만과 악한 행실과 패역한 입을 미워하느니라"(잠 8:13).

"무릇 마음이 교만한 자를 여호와께서 미워하시나니"(잠 16:5).

하나님께서는 "아무 일에든지 다툼이나 허영으로 하지 말"라고(빌 2:3) 하십니다. "오만한 말을 너희의 입에서 내지 말지어다"(삼상 2:3)라고 말씀하십니다. 겸손한 자들에게는 은혜를 주시지만 교만한 자를 대적하십니다(벧전 5:5). 겸손한 마음에는 존경이 따르지만 "교만은 패망의 선봉"(잠 16:18)일 뿐입니다.

크게 부흥하던 교회들이 고작 한 세대를 넘기지 못하고 텅텅 비는 이유가 궁금하십니까? 아무래도 그 해답은 잠언 15장 25절 말씀에서 찾아야 할 것 같습니다. "여호와는 교만한 자의 집을 허시며 과부의 지계를 정하시느니라."

하나님께서는 교만을 미워하십니다. 자고로 인간이 자랑할 만한 일을 한 적이 없기에 하나님께서는 교만을 미워하십니다. 미술평론가들이 캔버스에 상을 주는 걸 보셨습니까? 잉크에게 퓰리처상을 수여하는 걸 보셨습니까? 수술용 메스가 심장 수술을 성공적으로 끝냈다고 우쭐거릴 수 있습니까? 천부당만부당한 얘깁니다. 캔버스나 잉크나 수술용 메스는 모두 도구에 지나지 않습니다. 당연히 성공의 공로를 인정받을 수 없습니다.

시편 23편은 우리에게 자랑할 만한 게 아무것도 없다는 메시지를 줍니다. 우리는 쉼을 얻었고, 구원을 받았고, 은혜를 입었고, 하나님나라의 집을 얻었지만 그런 것들을 얻는 데 아무런 힘도 보태지 않았습니다. 누가 그런 일들을 했습니까? 쉼과 구원과 은혜와 하나님나라의 집이 누구의 작품입니까? 이 질문에 대한 대답은 마치 여러 알의 진주를 꿰고 있는 한줄기의 실처럼 시편 23편을 관통하고 있습니다.

"그가 나를 … 누이시며."
"(그가) … 인도하시는도다."
"(그가) … 소생시키시고."
"주께서 나와 함께하심이라."
"주의 지팡이와 막대기가 나를 안위하시나이다."
"주께서 … 내게 상을 차려 주시고."
"기름을 내 머리에 부으셨으니."

우리는 캔버스일 수도 있고, 종이일 수도 있고, 수술용 메스일 수도 있습니다. 하지만 무엇이 됐든 간에 이런 찬양을 받기에는 합당치 않습니다. 다윗은 누가 이 모든 일을 하셨는지 선포함으로써 진실이 무엇인지 밝히고, 시편 23편의 핵심을 짚어 주기 위해서 누가 이런 일을 하셨는지 선포하고 있습니다. 목자가 '우리의 이름을 위해서'가 아니라 '자기 이름을 위하여' 양들을 인도하신다고 못 박습니다.

하나님께서 무슨 일을 하실 때, 인간의 힘을 빌리시지 않는 까닭은 무엇입니까? 주님의 이름을 위해서입니다. 다른 어떤 이름도 하나님의 자리를 대신할 수 없습니다. 어떤 이름도 박수갈채를 받을 수 없습니다. 어떤 다른 이름도 제1면을 차지할 수 없습니다. 모든 일은 하나님의 영광을 위해 이루어질 뿐입니다.

왜 그러시죠? 뭐가 마땅치 않은가요? 하나님께서 너무 영예를 탐하신다는 생각이 듭니까?

그렇지 않습니다. 명예를 탐하는 건 인간들이지 하나님이 아닙니다. 칭찬에 대한 인간의 인식은 초등학교 1학년 시절 내가 의자 차지하기 놀이에서 상으로 받은 케이크에 대해 가졌던 수준에 지나지 않습니다. 게임이 대단원의 막을 내리는 순간, 누가 마지막 승자가 됐는지 아십니까? 작은 키에 붉은 머리, 주근깨가 얼굴 가득한 아이, 바로 나였습니다. 우승 상품은 부드럽고 촉촉한 코코넛 케이크였습니다. 그날 밤, 나는 앉은자리에서 케이크를 몽땅 먹어 버리고 싶었습니다. 다른 것도 아니고 내가 애써서 받아 온 상품 아닙니까?

하지만 아빠 엄마가 어떻게 했는지 아십니까? 케이크를 적절히 잘라 주시고는 그만이었습니다. 내가 감당할 수 있을 만큼만 나눠 주신 것입니다. 부모님은 내가 케이크를 한 번에 양껏 먹으면 당장 배탈이 날 것을 아시고, 성공이 병을 불러오지 않도록 대책을 세우셨던 것입니다.

하나님께서도 그렇게 하십니다. 주님은 케이크를 가져가십니다. 사람들의 칭찬도 거둬 가십니다. 그게 필요해서 가져가시는 것이 아니라, 인간에게는 칭찬을 제대로 요리해 낼 능력이 없다는 사실을 잘 알고 계시기 때문입니다. 인간은 주위의 알랑거림을 한 입 베어 무는 것으로는 만족할 줄 모릅니다. 통째로 집어삼켜야 속 시원해합니다.

몇 마디 칭찬은 한 인간이 가지고 있는 내면의 질서를 죄다 흐트러지게 할 수도 있습니다. 칭찬 한 방으로 고개가 뻣뻣해지고 뇌의 기능이 뚝 떨어진 인간은 즉시 세상에서 목숨을 부지하고 사는 것은 스스로 잘났기 때문이라고 생각하기 시작합니다. 자신이 흙에서 나왔으며 죄에서 구원받았다는 사실은 말짱히 잊어버립니다.

종교 회의에 참석한 어느 '나으리'처럼 기도하게 되는 건 시간 문제입니다. "세상에 저 같은 사람이 있게 해 주시니 감사합니다. 길모퉁이에 사는 저 친구는 정부의 보조금으로 먹고살지만 저는 그렇지 않습니다. 거리를 배회하는 저 창녀는 에이즈에 걸렸지만 저는 깨끗합니다. 술집에 앉은 저 주정뱅이는 술이 없으면 못 살지만 저는 그렇지 않습니다. 저 동성애자에게는 도덕성 회복이 정말 시급하지만, 제게는 그럴 필요가 없습니다. 저 같은 인간을 세상에 존재케 하신 하나님, 정말 감사합니다."

다행스럽게도, 그 모임에는 칭찬 따위와는 거리가 먼 사람 하나가 참석하고 있었습니다. 그는 죄를 뉘우치는 마음이 사무쳐서 감히 하늘을 우러러보지도 못하고 고개를 깊이 숙인 채 기도합니다. "하나님, 이 죄인을 불쌍히 여겨 주소서. 정부 보조금으로 사는 저

형제처럼 저도 주님의 은혜에 기대어 하루하루 연명합니다. 에이즈에 걸린 저 자매처럼 저도 나쁜 행실에 물들었습니다. 술에 절어 사는 저 친구처럼 저에게도 고통을 덜어 줄 무언가가 필요합니다. 주님이 저 동성애자들을 사랑하시고 바른길을 알려 주신 것과 같은 은혜를 제게도 베풀어 주소서. 주여, 이 죄인에게 자비를 베푸소서." 이런 얘기를 들려주신 뒤에 예수님께서 말씀하셨습니다. "내가 너희에게 이르노니 이에 저 바리새인이 아니고 이 사람이 의롭다 하심을 받고 그의 집으로 내려갔느니라. 무릇 자기를 높이는 자는 낮아지고 자기를 낮추는 자는 높아지리라 하시니라"(눅 18:14, 새번역).

하나님께서는 교만한 자들을 미워하시는 것과 똑같은 강도로 겸손한 이들을 사랑하십니다. "나는 마음이 온유하고 겸손하니"라고 말씀하신 주님은 '마음이 온유하고 겸손한' 사람들을 사랑하십니다. "여호와께서는 높이 계셔도 낮은 자를 굽어살피시며 멀리서도 교만한 자를 아심이니이다"(시 138:6). 하나님께서는 "무릇 마음이 가난하고 심령에 통회하며 내 말을 듣고 떠는 자 그 사람은 내가 돌보려니와"(사 66:2)라고 지적하십니다. 그리고 겸손한 자들에게는 엄청난 보배를 선물로 주십니다.

우선 명예를 주십니다. "겸손은 존귀의 길잡이니라"(잠 15:33).

지혜를 주십니다. "겸손한 자에게는 지혜가 있느니라"(잠 11:2).

가르침을 주십니다. "온유한[겸손한] 자에게 그의 도를 가르치시리로다"(시 25:9).

가장 중요한 것은 은혜를 베푸신다는 것입니다. "겸손한 자들에게는 은혜를 주시느니라"(벧전 5:5).

시편 149편 4절은 이 모든 사실을 다시 한번 확인합니다. "여호와께서는… 겸손한 자를 구원으로 아름답게 하심이로다."

성경에 등장하는 영웅들의 위대함은 겸손을 통해서 가장 선명하게 드러나곤 합니다. 모세는 한때 이집트 왕자의 신분이었고 노예 상태의 동족을 구해 낸 해방자였지만 성경은 그가 "땅 위에 사는 모든 사람 가운데서 가장 겸손한 사람"(민 12:3, 새번역)이었다고 말합니다.

사도 바울은 예수님께서 친히 찾아오시는 사건을 통해 구원을 받았습니다. 하늘나라에 이끌려 올라가는 경험을 했으며 죽은 자를 살려 낼 능력을 가지고 있었습니다. 하지만 바울은 자신을 소개하면서 한 번도 그런 점을 들먹거린 적이 없었습니다. 그저 "하나님의 종… 나 바울"(딛 1:1)이라고 했을 뿐입니다.

세례 요한은 예수님과 피를 나눈 친척이었고 역사상 최초의 복음 전도자였지만, "그는 흥하여야 하겠고 나는 쇠하여야 하리라"(요 3:30)고 스스로 고백한 인물로 성경에 기록되어 있습니다.

하나님께서는 겸손한 사람을 사랑하셨습니다. 주님이 겸손의 덕을 키우는 문제를 그렇게 여러 차례 언급하신 까닭도 거기에 있을 겁니다. 외람되지만 제가 겸손에 대한 하나님 말씀을 겸손하게 정리해 봐도 되겠습니까?

1. 자신을 정직하게 평가하라

겸손하다는 말은 자존감이 낮다는 말과 같은 뜻이 아닙니다. 겸손하다는 것은 아무것도 할 수 없다고 생각하는 게 아닙니다. 무슨 일을 해야 하는지 정확하게 알고 있으며 분수에 넘치는 생각을 하지 않는다는 뜻입니다. "마땅히 생각할 그 이상의 생각을 품지 말고 오직 하나님께서 각 사람에게 나누어 주신 믿음의 분량대로 지혜롭게 생각하라"(롬 12:3).

2. 성공에 지나치게 집착하지 말라

성경은 경고합니다. "네 은금이 증식되며 네 소유가 다 풍부하게 될 때에 네 마음이 교만하여 네 하나님 여호와를 잊어버릴까 염려하노라"(신 8:13-14). 인생의 짧음과 재물의 덧없음을 기억하여 교만을 물리치십시오.

무덤 앞에 서서 세상을 살면서 거둔 성공을 곰곰이 생각해 보십시오. 지금까지 모은 모든 재물을 떠올려 보십시오. 성공과 재물, 그 어느 것도 세상을 떠나는 날 함께 가지고 갈 수 없습니다. "그가 모태에서 벌거벗고 나왔은즉 그가 나온 대로 돌아가고 수고하여 얻은 것을 아무것도 자기 손에 가지고 가지 못하리니"(전 5:15).

언젠가 묘지에 갔다가 이 말씀을 떠올리게 만드는 장면을 목격했습니다. 묘지 입구 바로 옆에 멋진 요트 한 척이 '팝니다'라는 팻말을 단 채로 서 있었습니다. 주인은 이미 땅에 묻힌 뒤였습니다. 생전에 그 요트를 몰고 다녔던 낚시꾼은 자기가 배를 가져갈 수 없다는 걸 알고 있었을까요?

3. 소중한 동료들에게 갈채를 보내라

"오직 겸손한 마음으로 각각 자기보다 남을 낫게 여기고"(빌 2:3). 칼럼니스트 릭 레일리는 프로팀에 갓 입단한 신인 선수들에게 이렇게 충고했다고 합니다. "네가 잘난 척할 일이 아니다. 동료들이 상대 공격수들을 단단히 틀어막았고, 적의 수비수들을 찍어 누르면서 환상적인 패스를 해 주었으며, 누군가가 그 공을 잘 받아서 이중 빗장 수비를 뚫어 버린 덕택에 얻은 점수다. 먼저 자신을 이겨야 한다."[1]

사실 인생을 살면서 올린 득점은 모두 팀의 노력으로 올린 점수입니다. 같은 팀 동료에게 박수를 쳐 주십시오. 초등학교 1학년쯤 되는 꼬맹이가 학교 대표 선수 선발 테스트를 치르고 집으로 달려왔습니다. 그리고 호들갑스럽게 얘기합니다. "엄마, 엄마, 저도 뽑혔어요. 관중석에 앉아서 손뼉을 치면서 응원하는 선수가 됐어요." 박수를 치고 환호하는 일이 자기 몫으로 돌아온다면 기꺼이 맡겠습니까? 그럴 수 있다면, 철모에 머리 크기를 맞추는 어려운 작업이 시작된 셈입니다.

4. 전용 주차 공간을 요구하지 말라

예수님께서 제자들에게 말씀하셨습니다. "청함을 받았을 때에 차라리 가서 끝자리에 앉으라. 그러면 너를 청한 자가 와서 너더러 벗이여 올라앉으라 하리니 그때에야 함께 앉은 모든 사람 앞에서 영광이 있으리라"(눅 14:10).

자기를 대우해 달라고 요구하는 것은 나비를 쫓아 다니는 것이나 마찬가집니다. 나비든 명예든 따라다니면 다닐수록 더욱 멀리 달아나게 마련입니다. 가만히 기다려 보십시오. 저절로 어깨 위에 내려앉을 것입니다.

프랑스 철학자 블레이즈 파스칼은 이렇게 말합니다. "사람들이 칭찬해 주길 바라는가? 그렇다면 무슨 일이 있어도 스스로 자신을 칭찬하지 말라."[2]

잠언 기자 역시 파스칼과 똑같이 지적합니다. "타인이 너를 칭찬하게 하고 네 입으로는 하지 말며 외인이 너를 칭찬하게 하고 네 입술로는 하지 말지니라"(잠 27:2).

5. 100퍼센트 확실해지기 전에는 성공했다고 떠벌이지 말라

이스라엘 왕 아합식으로 말하자면 이렇습니다. "참 군인은 갑옷을 입을 때에 자랑하지 아니하고, 갑옷을 벗을 때에 자랑하는 법이라고 일러라"(왕상 20:11, 새번역).

평생 수없이 많은 젊은이들을 사역자로 키워냈던 찰스 스펄전과 관련된 일화 하나를 들려드릴까요? 한번은 어느 학생이 자신만만하게 강대상에 설교하러 올라갔다가 처참하리만큼 죽을 쑤고 말았습니다. 처음의 의기양양하던 태도는 간데없고 아주 겸손하고 풀이 죽어 강단에서 내려왔습니다.

스펄전이 그 학생에게 말했습니다. "자네가 지금 같은 자세로 올라갔더라면 아까 올라갈 때와 같은 모습으로 내려왔을 걸세."[3] 무슨 일에든 겸손을 앞세우면, 곧 자신감이 뒤따를 것입니다.

6. 겸손하게 말하라

"오만한 말을 너희 입에서 내지 말지어다"(삼상 2:3). 잘난 체하지 마십시오. 사람들은 여러분의 의견에 감동을 받지 않습니다. 벤자민 프랭클린처럼 해 보십시오.

"나는 겸손하고 자기를 내세우지 않는 어휘를 선택해서 표현하는 습관을 익혔다. 웬만해서는 '틀림없다'라든가 '의심의 여지가 없다' 등 논쟁의 소지가 있는 표현이나 차마 부정적인 의견을 내놓을 수 없게 만드는 말을 쓰지 않았다. 대신에 '제 생각에는'이라든가 '제가 이해한 바로는' 이렇다 저렇다 식으로 이야기했다. 내게는 이 습관이 큰 유익이 됐다고 생각한다."[4]

이런 습관은 벤자민 프랭클린뿐만 아니라 모든 이들에게 유익이 될 것입니다. 무슨 일을 하든지 겸손의 덕을 세우려는 마음으로 마무리해야 합니다.

7. 십자가 그늘 아래서 살라

"우리 주 예수 그리스도의 십자가 외에 결코 자랑할 것이 없으니"(갈 6:14). 확실하게 인정받고 싶습니까? 관심을 끌어야 자존감이 채워질 것 같습니까? 이제는 전문용어를 남발해 가면서 학식을 자랑해 보일 필요가 없습니다. 십자가 그늘 아래서 한 가지 사실을 되새기면서 쉬기만 하면 됩니다. "우주를 만드신 분이 당신 없이 살기보다는 당신을 위해 죽는 길을 택하셨다"는 사실이 바로 그것입니다. 이것이야말로 틀림없는 진실입니다. 자랑하고 싶으면 그걸 자랑하십시오.

그리고 가끔씩 자기 턱을 살펴보십시오. 치켜들고 있는지, 또는 수그리고 있는지.

본문 속으로 떠나는 여행

1. "하나님께서 교만을 혐오하시는 게 아닙니다. 교만을 싫어하시는 게 아닙니다. 교만을 마땅치 않게 여기시는 게 아닙니다. 하나님께서는 교만을 증오하십니다. 우리가 구더기를 삼키는 걸 몸서리나도록 끔찍하게 여기듯이 주님은 인간의 교만을 그렇게 생각하십니다."

   ▶ 하나님께서 인간의 교만을 미워하시는 이유는 무엇입니까?

   ▶ 스스로 교만한 사람이라고 생각합니까? 다른 사람도 거기에 동의하고 있습니까?

2. "하나님께서는 교만을 미워하십니다. 자고로 인간이 자랑할 만한 일을 한 적이 없기에 하나님께서는 교만을 미워하십니다. 미술 평론가들이 캔버스에 상을 주는 걸 보셨습니까? 잉크에게 퓰리처상을 수여하는 걸 보셨습니까? 수술용 메스가 심장 수술을 성공적으로 끝냈다고 우쭐거릴 수 있습니까? 천부당만부당한 얘깁니다. 캔버스나 잉크나 수술용 메스는 모두 도구에 지나지 않습니다. 당연히 성공의 공로를 인정받을 수 없습니다."

   ▶ 우리가 자신을 하나님의 '도구'라고 생각할 수 있는 근거는 무엇입니까?

   ▶ 무슨 일인가를 이루었을 때, 인간이 자신의 공로라고 주장할

여지가 조금이라도 있습니까?

3. "하나님께서 무슨 일을 하실 때, 인간의 힘을 빌리시지 않는 까닭은 무엇입니까? 주님의 이름을 위해서입니다. 다른 어떤 이름도 하나님의 자리를 대신할 수 없습니다. 어떤 이름도 박수갈채를 받을 수 없습니다. 어떤 다른 이름도 제1면을 차지할 수 없습니다. 모든 일은 하나님의 영광을 위해 이루어질 뿐입니다."

▶ 하나님께서 무슨 일을 하실 때, 인간의 힘을 빌리시지 않는 까닭은 무엇입니까?

▶ '하나님의 영광'이란 무슨 뜻입니까? 무엇 때문에 하나님의 영광이 그처럼 중요합니까?

4. 겸손한 마음가짐을 키우고 교만을 없애는 방법들을 생각해 보십시오.

- 자신을 정직하게 평가하라.
- 성공에 지나치게 집착하지 말라.
- 소중한 동료들에게 갈채를 보내라.
- 전용 주차 공간을 요구하지 말라.
- 100퍼센트 확실해지기 전에는 성공했다고 떠벌리지 말라.
- 겸손하게 말하라.
- 십자가 그늘 아래서 살라.

▶ 자신을 정직하게 평가하도록 누가 도와줄 수 있습니까? 스스로를 정직하게 들여다보고 어떤 결과를 얻었습니까?

▶ 어떤 방법으로 동료들을 칭찬해 줄 수 있습니까? 지금 당장 주위에 보이는 동료들 가운데 칭찬해 줄 사람이 있습니까?

▶ 어떻게 십자가 그늘 아래서 살 수 있습니까? 십자가 그늘 아래 산다는 것은 무슨 의미입니까?

말씀 속으로 떠나는 여행

1. 잠언 16장 5절과 18-19절을 읽으십시오.

[5]무릇 마음이 교만한 자를 여호와께서 미워하시나니 피차 손을 잡을지라도 벌을 면하지 못하리라.… [18]교만은 패망의 선봉이요 거만한 마음은 넘어짐의 앞잡이니라. [19]겸손한 자와 함께하여 마음을 낮추는 것이 교만한 자와 함께하여 탈취물을 나누는 것보다 나으니라(잠 16:5, 18-19).

▶ 주님은 교만한 사람을 어떻게 생각하십니까?(5절) 그들을 어떻게 대하십니까?

▶ 교만의 결과는 무엇입니까?(18절)

▶ 19절에서 서로 대조를 이루고 있는 것들을 찾아보십시오. 이 말씀에 동의합니까? 왜 그렇습니까?

2. 이사야서 57장 15-19절, 66장 2절을 읽으십시오.

[15]지극히 존귀하며 영원히 거하시며 거룩하다 이름하는 이가 이와 같이 말씀하시되 내가 높고 거룩한 곳에 있으며 또한 통회하고 마음이 겸손한 자와 함께 있나니 이는 겸손한 자의 영을 소생시키며 통회하는 자의 마음을 소생시키려 함이라. [16]내가 영원히 다투지 아니하며 내가 끊임없이 노하지 아니할 것은 내가 지은 그의 영과 혼이 내 앞에서 피곤할까 함이라. [17]그의 탐심의 죄악으

로 말미암아 내가 노하여 그를 쳤으며 또 내 얼굴을 가리고 노하였으나 그가
아직도 패역하여 자기 마음의 길로 걸어가도다. [18]내가 그의 길을 보았은즉 그
를 고쳐 줄 것이라 그를 인도하며 그와 그를 슬퍼하는 자들에게 위로를 다시
얻게 하리라. [19]입술의 열매를 창조하는 자 여호와가 말하노라. 먼 데 있는 자
에게든지 가까운 데 있는 자에게든지 평강이 있을지어다. 평강이 있을지어다.
내가 그를 고치리라 하셨느니라(사 57:15-19).

나 여호와가 말하노라. 내 손이 이 모든 것을 지었으므로 그들이 생겼느니라. 무릇 마음이 가난하고 심령에 통회하며 내 말을 듣고 떠는 자 그 사람은 내가 돌보려니와(사 66:2).

▶ 15절에서 주님은 스스로를 어떻게 표현하십니까? 그런 하나님께서 어떤 이들과 함께 거하는 것을 즐거워한다고 말씀하십니까?

▶ 왜 하나님께서는 "영원히 다투지 아니하며"(16절)라고 말씀하셨습니까?

▶ 하나님께서는 마음을 돌이키고 주를 믿기로 작정하는 사람들을 어떻게 대하십니까?(18-19절)

▶ 이사야 66장 2절에 따르면, 하나님께서는 어떤 사람들을 소중히 여기십니까? 주님이 이런 사람들을 기뻐하시는 이유는 무엇입니까?

3. 빌립보서 2장 3-11절을 읽으십시오.

[3]아무 일에든지 다툼이나 허영으로 하지 말고 오직 겸손한 마음으로 각각 자
기보다 남을 낫게 여기고 [4]각각 자기 일을 돌볼뿐더러 또한 각각 다른 사람들
의 일을 돌보아 나의 기쁨을 충만하게 하라. [5]너희 안에 이 마음을 품으라 곧

그리스도 예수의 마음이니 [6]그는 근본 하나님의 본체시나 하나님과 동등됨을 취할 것으로 여기지 아니하시고 [7]오히려 자기를 비워 종의 형체를 가지사 사람들과 같이 되셨고 [8]사람의 모양으로 나타나사 자기를 낮추시고 죽기까지 복종하셨으니 곧 십자가에 죽으심이라. [9]이러므로 하나님이 그를 지극히 높여 모든 이름 위에 뛰어난 이름을 주사 [10]하늘에 있는 자들과 땅에 있는 자들과 땅 아래에 있는 자들로 모든 무릎을 예수의 이름에 꿇게 하시고 [11]모든 입으로 예수 그리스도를 주라 시인하여 하나님 아버지께 영광을 돌리게 하셨느니라.

▶ 3절은 어떤 자세를 갖지 말라고 권고합니까? 반면, 무슨 일을 하든 어떤 자세를 가지라고 말합니까?

▶ 5절에서 배울 수 있는 총체적인 가르침은 무엇입니까?

▶ 예수님께서는 이 땅에서 사역하는 동안 이 가르침을 어떻게 실천하셨습니까?(6-8절)

▶ 예수님의 신실하심에 대해 하나님은 어떻게 갚으셨습니까?(9-11절)

▶ 예수님께서 보여 주신 모범을 따를 수 있는 방법을 찾아보십시오. 주님을 본받기 위해 어떤 일을 하고 있습니까?

삶 속으로 떠나는 여행

1. 〈시민 케인〉 등 오래된 작품들을 보면서 할리우드 영화들이 인간의 교만에 담긴 살인적인 해악을 어떻게 인식하고 있는지 살펴보십시오. 교만을 제어하지 않고 방치한 인간들은 결국 어떻게 파멸을 맞고 있습니까?

2. 성경을 펴놓고 하나님께서 어떻게 모든 일을 주의 이름을 위해

행하시는지 살펴보십시오. 성구 사전에서 '이름', '내 이름', '그 이름' 등의 단어가 포함된 구절들을 찾아보십시오. 어떤 사실을 발견할 수 있습니까?

Traveling Light

10장

내가 너를 집으로 인도하리라

죽음, 그 집요하고 잔인한 짐

내가 사망의 음침한 골짜기로 다닐지라도
해를 두려워하지 않을 것은
주께서 나와 함께하심이라
주의 지팡이와 막대기가
나를 안위하시나이다
시편 23:4

먼 옛날 얘깁니다. 팔레스타인 땅에 여름이 왔습니다. 한 무리의 털북숭이들이 고개를 까딱까딱 흔들어 대며 목자를 따라 문을 나서고 있었습니다. 아침 해는 이제 간신히 지평선에 걸쳐 있는 상태인데, 목자는 벌써 양들을 끌고 나선 것입니다. 평소와 마찬가지로 목자는 양들을 울타리 밖으로 끌어내서 풀밭에 풀어놓습니다.

하지만 오늘밤에는 여느 때와 달리 집으로 돌아가지 않을 작정입니다. 목자는 푹신한 침대에 누워 잠들지 못하고, 양들도 울타리 쳐진 풀밭에서 풀을 뜯지 못할 것입니다. 오늘은 바로 양 떼를 산꼭대기로 몰고 가는 날이기 때문입니다.

달리 방법이 없습니다. 봄철 내내 양을 풀어 먹인 초장은 이제 시뻘겋게 흙이 드러나 버렸으므로 다른 풀밭을 찾아내야만 합니다. 양들이 함께 갈 뿐 길동무는 없습니다. 편안한 잠자리나 따듯한 음식 따위는 기대할 수조차 없습니다. 목자는 그렇게 양 떼를 먹이가 넉넉한 산허리로 데려갑니다. 몇 주가 걸릴 수도 있고 몇 달 길이 될 수도 있습니다. 양들은 거기서 가을을 잘 보낸 다음 풀이 다 말라 버리고 날씨가 견디기 힘들 만큼 쌀쌀해지면 다른 곳으로 떠나게 될 것입니다.

모든 목자가 이렇게 양 떼를 데리고 돌아다니는 건 아닙니다. 짐승들을 다. 양들이 독초를 뜯어먹고 쓰러질 수도 있습니다. 맹수들이 무리를 덮치기도 합니다. 좁은 길을 뚫고 지나가야 하고 음침한 골짜기를 통과해야 합니다. 그런 까닭에 개중에는 산 아래쪽 울타리가 쳐진 목장에서 안전하게 지내는 편을 택하는 목자들도 적지 않습니다.

그러나 훌륭한 목자는 다릅니다. 어떤 길로 가야 하는지 훤히 꿰고 있습니다. 한두 번 다닌 길이 아니기 때문입니다. 그뿐만 아니라 이동하는 가운데 일어날 수 있는 모든 상황에 만반의 준비를 갖추고 있습니다. 손에는 지팡이를 단단히 쥐고 허리에는 가는 막대기를 찹니다. 지팡이는 양 떼를 툭툭 쳐서 주의를 끄는 데 쓰고 막대기는 무리를 보호하고 인도하는 데 사용합니다. 목자는 양 떼를 산에서 산으로 데리고 다닐 것입니다.

다윗은 1년에 한 번씩 떠나는 이 여행에 대해 잘 알고 있었습니다. 이스라엘 백성을 이끄는 왕이 되기 전까지, 그는 양 떼를 이끄는 목자였기 때문입니다. 그리고 양을 치며 보내던 그 시절의 경험이 성경에서 가장 위대한 구절 가운데 하나인 시편 23편 4절을 노래할 수 있도록 영감을 주었을 것입니다. "내가 사망의 음침한 골짜기로 다닐지라도 해를 두려워하지 않을 것은 주께서 나와 함께하심이라. 주의 지팡이와 막대기가 나를 안위하시나이다."

목자가 양들과 동고동락하는 것처럼 목자 되신 하나님께서도 우리와 함께하십니다. 우리를 저 높은 데로 이끌어 가십니다. 푸른 풀밭에 먹을 만한 풀이 떨어지면 그곳으로 데려가실 것입니다.

문을 지나서 평탄한 풀밭에 풀어 두셨다가 다시 좁은 길을 지나 산꼭대기까지 인도하십니다.

어느 목자는 이렇게 썼습니다.

> 모든 산에는 골짜기가 있는 법이다. 대개는 깊은 계곡들과 깎아지른 절벽, 마른 골짜기 따위가 산의 사면을 두르고 있다. 그러므로 산꼭대기로 올라가는 가장 좋은 길은 언제나 골짜기를 지나가게 마련이다.
>
> 고산 지대에 익숙한 목자들은 이 사실을 잘 알고 있다. 목자들은 어두컴컴한 골짜기를 지나 구불구불 이어지는 좁은 길로 양 떼를 부드럽게, 그러나 한편으론 단호하게 몰고 올라간다.[1]

언젠가 목자 되신 하나님께서도 똑같은 방법으로 우리를 몰아가실 것입니다. 산골짜기 길을 통과해서 꼭대기로 데려가실 것입니다. 사망의 음침한 골짜기를 지나 주님의 집으로 인도하실 것입니다.

여러 해 전, 마이애미에 살던 시절의 얘깁니다. 장례식장에서 교회 사무실로 전화를 걸어왔습니다. 무연고 시신 가운데서 자기 동생을 찾아낸 어떤 사람이 뒤늦게나마 영결 예배를 드리고 싶어 한다는 것입니다. 근처에는 그가 아는 목회자가 한 사람도 없었습니다. 몇 마디 대화를 나눈 뒤에, 나는 원로 목사님과 함께 가서 부탁대로 예배를 인도하기로 결정했습니다. 장례식장에 도착해 보니 망자亡者의 형은 벌써 스페인어 성경에서 본문까지 선택해 놓았습니다. "내가 사망의 음침한 골짜기로 다닐지라도 해를 두려워하지 않을 것은 주께서 나와 함께하심이라. 주의 지팡이와 막대기가 나를 안위하시나이다."

형에게 필요했던 것은, 비록 동생이 세상에서는 외롭게 살았을지라도 죽은 뒤에는 혼자가 아니라는 확신이었습니다. 그 확신을 얻고 싶어서 시편 23편 4절을 골랐던 것입니다. 우리 모두 마찬가지 아닐까요?

장례식에 참석하면 으레 이 말씀을 듣게 됩니다. 묘지를 걷다 보면 어렵잖게 이 구절을 읽게 됩니다. 가난뱅이의 초라한 비석뿐만 아니라 왕들의 웅장한 묘석墓石도 시편 23편 4절을 인용합니다. 성경 말씀을 전혀 모르는 사람도 이 말씀만큼은 알고 있습니다. 최소한 골짜기, 음침한, 목자 따위의 토막말이라도 기억합니다.

왜 그럴까요? 어째서 이 말씀을 그렇게 소중히 여기는 걸까요? 이 구절이 각광받는 까닭은 도대체 무엇일까요? 두 가지 이유가 있다고 생각합니다. 시편 23편 4절을 통하여 다윗은 무덤의 공포, 죽음의 공포를 이겨 낼 수 있는 두 가지 비결을 제시하고 있습니다.

첫 번째 비결은, 인간은 언젠가 죽음과 맞닥뜨리게 된다는 사실을 인식하라는 것입니다. 의사와 만나는 진료 예약, 치과 예약, 학교로 선생님을 찾아가는 면담 약속…. 인생은 예약과 약속의 연속입니다. 그러다가 마침내 세상 누구도 피할 수 없는 약속인 죽음의 예약에 이릅니다.

히브리서 기자는 "한 번 죽는 것은 사람에게 정해진 것이요 그 후에는 심판이 있으리니"(히 9:27)라고 말합니다. 이 얼마나 바꾸고 싶은 말씀입니까? 많이도 말고 그저 한두 군데만 손보면 될 겁니다. "한 번 죽는 것은 거의 모든 사람에게 정해진 것이요"라든지 "한 번 죽는 것은 나를 제외하고 모든 사람에게 정하신 것이요"라든지 "한 번 죽는 것은 꼬박꼬박 세 끼 밥을 챙겨 먹지 않으며 식후에 비타민을 먹지 않는 사람에게 정하신 것이요" 정도면 충분합니다.

그러나 그 어느 것도 하나님 말씀과는 다릅니다. 하나님의 섭리 안에서 모든 인간은 죽게 되어 있습니다. 끼니를 잘 챙겨 먹고 비타민을 복용하는 사람들도 예외가 아닙니다.

사실 이 글을 쓰면서도 죽음에 대해서는 침묵한 채 넘어가고 싶었습니다. 본래 인간이란 죽음이라는 문제를 애써 외면하려고 애쓰는 법입니다. 하지만 전도서의 지혜자는 당당하게 죽음과 맞서라고 이야기합니다. "초상집에 가는 것이 잔칫집에 가는 것보다 나으니 모든 사람의 끝이 이와 같이 됨이라. 산 자는 이것을 그의 마음에 둘지어다"(전 7:2). 솔로몬은 죽음에 대해 병적인 강박관념을 갖지 않았습니다. 그리고 피할 수 없는 일이라면 사실 그대로 받아들이라고 권고합니다.

모세도 똑같이 훈계합니다. 시편 가운데 그가 쓴 것으로 알려진 글은 단 한 편뿐인데, 거기서 모세는 이렇게 기도합니다. "우리에게 우리 날 계수함을 가르치사 지혜로운 마음을 얻게 하소서"(시 90:12).

지혜자는 삶이 얼마나 유한한 것인지 잘 알고 있었습니다. 열심히 운동한다 하더라도 달라지는 건 심장이 조금 더 오래 뛰는 정도에 지나지 않습니다. 의료 기계 역시 몇 차례 숨을 늘여 주는 구실밖에 할 수 없습니다. 마침내 끝내야 할 순간이 오면 모든 게 그만입니다. 당당하게 살아가는 가장 좋은 비결은 죽음에 대해 솔직해지는 것입니다.

다윗은 그런 사람이었습니다. 골리앗을 죽인 용장이었지만, 죽음이라는 거인까지도 피해 갈 수 있다는 환상 따위는 품지 않았습니다.

두 번째 비결은, 우리는 혼자 죽음을 맞을 필요가 없다는 사실을 잊지 말라는 것입니다. 다윗이 제시하는 첫 번째 비결이 정신을 번쩍 들게 만든다면 두 번째 비결은 우리에게 용기를 줍니다.

다윗이 선택한 어휘들에 일정한 흐름이 있다는 사실을 놓치지 마십시오. 지금까지 우리는 모두 청중이었고, 하나님은 일관되게 이야기의 주제였습니다. "여호와는 나의 목자시니." "그가 나를 푸른 풀밭에 누이시며." "쉴 만한 물가로 인도하시는도다." "내 영혼을 소생시키시고." "의의 길로 인도하시는도다." 시편 23편의 처음 세 구절 동안은 다윗은 시편을 읽은 독자들을 향하여 말을 하고 하나님은 듣고만 계셨습니다.

그런데 4절에 이르면서 갑자기 다윗은 하나님께 이야기를 하고 우리가 듣는 입장이 됩니다. 여태까지 우리를 쳐다보던 다윗이 하나님을 향해 얼굴을 드는 것 같은 형국입니다. 다윗의 시는 이제 기도가 됐습니다. 시편 독자들, 또는 청중들이 아니라 선한 목자를 상대로 이야기합니다. "주님, 당신은 나와 함께하십니다. 당신의 지팡이와 막대기가 나를 안위하시나이다."

다윗이 암시하고 있는 메시지는 치밀하고도 단호합니다. 죽음을 보기 전에 하나님을 바라보라고 요구합니다. 한 걸음 더 나아가, 하나님과 대화하기 전까지는 죽음에 대해 이야기하지 말라는 것입니다. 주님만이 우리를 데리고 골짜기를 지나가실 수 있습니다. 다들 본향 집은 이럴 것이다 또는 저럴 것이다 추측하고 동경할 뿐이지만, 하나님만은 그곳에 이르는 길을 정확히 알고 계십니다. 그리고 오직 주님만이 우리를 그곳에 안전하게 인도하는 일에 온 힘을 다하십니다.

다윗이 이 말씀을 기록한 지 여러 해 뒤에 베들레헴에서 태어난 또 다른 목자는 이렇게 이야기하고 있습니다. "내 아버지 집에 거할 곳이 많도다. 그렇지 않으면 너희에게 일렀으리라. 내가 너희를 위하여 거처를 예비하러 가노니 가서 너희를 위하여 거처를 예비하면 내가 다시 와서 너희를 내게로 영접하여 나 있는 곳에 너희도 있게 하리라"(요 14:2-3).

주님의 약속에 주목하십시오. "내가 다시 와서… 나 있는 곳에 너희도 있게 하리라." 그분은 우리를 본향으로 데려가겠다고 확실하게 약속하셨습니다. 주님은 그 임무를 다른 누군가에게 맡기지 않으십니다. 하나님께서는 선교사들을 보내서 복음을 가르치십니다. 또 천사들을 보내서 우리를 보호하십니다. 교사들을 보내서 앞길을 인도하십니다. 찬양 사역자들을 보내서 영감을 불어넣어 주십니다. 의사들을 보내서 병을 치료해 주십니다.

하지만 우리를 본향 집에 데려가는 일은 아무에게도 맡기지 않으십니다. 오직 하나님 자신만이 감당할 수 있는 일이기 때문입니다. "내가 다시 와서 너희를 내게로 영접하여 나 있는 곳에 너희도 있게 하리라." 주님은 우리 한 사람 한 사람을 보살피는 개인적인 목자가 되어 주십니다. 그리고 우리를 본향 집으로 인도하는 일에 대해 개인적인 책임을 지십니다. 양들이 죽음의 위기에 처할 때마다 그 자리에 함께 계시므로 다윗과 똑같이 고백할 수 있습니다. “내가 해를 두려워하지 않으리로다.”

딸아이들이 지금보다 더 어리던 시절, 우리는 한낮이면 함께 수영장에 가서 신나게 첨벙거리곤 했습니다. 누구나 다 그렇겠지만, 우리 아이들도 먼저 물에 대한 두려움을 극복해야 했습니다. 깊이에 대한 공포감도 녀석들이 맞서야 할 최후의 두려움 가운데 하나였습니다. 수면을 헤엄쳐 나간다는 사실 이면에는 밑바닥에 가라앉을 수도 있다는 현실이 존재했습니다. 물밑에 어떤 귀신이 도사리고 있는지, 어떤 이무기가 살고 있는지 누가 알겠습니까?

물론 어른들이야 약 2미터 깊이의 수영장 바닥에 무서워할 게 아무것도 없다는 걸 잘 알고 있지만, 여섯 살배기 꼬마들의 경우는 얘기가 다릅니다. 아이들은 어른들이 죽음에서 느끼는 것과 똑같은 두려움을 느낍니다. 사실 수면 아래에 무엇이 기다리고 있는지 아무도 장담할 수 없습니다.

딸아이들이 물 깊이에 겁먹지 않도록 한 녀석 한 녀석을 데리고 고래 놀이를 했습니다. 아이들은 조련사가 되고 나는 고래가 되는 겁니다. 딸애가 코를 꽉 막아 쥐고 내 목에 팔을 감으면 나는 아이를 업고 물밑으로 헤엄쳐 내려갑니다. 깊이, 더 깊이, 더 깊이… 수영장 바닥에 닿을 때까지 내려갑니다. 그리고 순간적으로 솟구쳐서 수면을 뚫고 올라옵니다.

몇 차례 수면과 바닥을 오르내리자 아이들도 더 이상 겁낼 게 없다는 걸 깨달았습니다. 해를 두려워하지 않게 된 것입니다. 왜냐고요? 아빠가 곁에 있는데 걱정할 게 뭐 있겠습니까?

마찬가지로 하나님께서 우리를 사망의 음침한 골짜기로 데려가실 때 그분은 우리 곁을 떠나지 않으십니다. 어떻게 하나님께서 죽음의 순간에 우리를 버리실 것이라고 생각할 수가 있습니까? 아버지가 자식을 깊은 물에서 헤엄치게 하고 모르는 척 내버려 둘 수 있겠습니까? 목자가 양들에게 각자 알아서 높은 산꼭대기까지 멀고 위험한 길을 헤쳐 가라고 요구할 수 있겠습니까? 물론 그럴 수 없습니다. 하물며 하나님께서 영원한 천국에 이르는 먼 길을 혼자 찾아가도록 내모실 리가 있겠습니까? 절대로, 절대로 그렇지 않습니다. 주님은 우리와 함께하십니다.

하나님께서는 모세에게 하셨던 바로 그 말씀을 들려주십니다. "내가 친히 가리라. 내가 너를 쉬게 하리라"(출 33:14).

야곱에게 하셨던 똑같은 말씀을 해 주십니다. "내가 너와 함께 있어 네가 어디로 가든지 너를 지키며"(창 28:15).

여호수아에게 하셨던 말씀을 그대로 되풀이하십니다. "모세와 함께 있던 것같이 너와 함께 있을 것임이라. 내가 너를 떠나지 아니하며 버리지 아니하리니"(수 1:5).

이스라엘 백성들에게 하셨던 바로 그 말씀을 다시 들려주십니다. "네가 물 가운데로 지날 때에 내가 너와 함께할 것이라"(사 43:2).

선한 목자가 우리와 함께 있습니다. 그분이 더불어 계심으로 말미암아 우리도 다윗과 똑같은 고백을 할 수 있습니다. 해를 두려워하지 않을 것은 주께서 나와 함께하심이라. 주의 지팡이와 막대기가 나를 안위하시나이다."

오래전, 프랑스 군 병영에서 한 군목이 시편 23편을 펴 들고 전투를 목전에 둔 병사들을 격려하고 있었습니다. 군목은 병사들에게 한 단어 한 단어 손가락을 꼽아 가며 1절을 되풀이해서 읽으라고 주문했습니다. 엄지손가락을 꼽으며 "여호와", 검지를 꼽으며 "는", 가운데 손가락을 꼽으며 "나의", 약지를 꼽으며 "목자", 새끼손가락을 꼽으며 "시니"라고 읽게 했습니다. 그리고 힘이 떨어질 때마다 손바닥에 그 말씀을 써 보라고 했습니다.

군목은 가운데 손가락, "나의"의 의미를 가장 강조했습니다. 하나님께서는 모든 병사가 무사히 고향으로 돌아올 수 있도록 한 사람 한 사람의 목자가 되어 주실 것이라는 사실을 상기시켰습니다.

병사들이 군목의 말을 마음에 새겼을까요? 적어도 한 병사의 삶에는 분명한 자취를 남겼음에 틀림없습니다. 전투가 끝난 뒤에 어린 병사의 주검이 발견됐습니다. 병사는 오른손으로 왼손 가운데 손가락을 꼭 쥐고 있었습니다. "여호와는 나의 목자시니."[2]

목숨이 다하는 순간, 그 병사와 똑같은 소망을 품게 되길 기도합니다.

더 깊은 나들이,
말씀을 거쳐 삶 속으로

본문 속으로 떠나는 여행

1. "언젠가 목자 되신 하나님께서도 똑같은 방법으로 우리를 몰아가실 것입니다. 산골짜기 길을 통과해서 꼭대기로 데려가실 것입니다. 사망의 음침한 골짜기를 지나 주님의 집으로 인도하실

것입니다."

▶ 언젠가 죽음을 맞게 될 것이라는 생각을 하며 살고 있습니까? 아니면 그런 생각을 의도적으로 피합니까?

▶ 가깝게 지내던 크리스천이 세상을 떠난 적이 있습니까? 그렇다면 목자 되신 예수님께서 어떻게 그가 사망의 음침한 골짜기를 지나가도록 인도하셨는지 이야기해 보십시오.

2. "다윗은 무덤의 공포, 죽음의 공포를 이겨 낼 수 있는 두 가지 비결을 제시하고 있습니다. 첫 번째 비결은, 인간은 언젠가 죽음과 맞닥뜨리게 된다는 사실을 인식하라는 것입니다. 두 번째 비결은, 우리는 혼자서 죽음을 맞을 필요가 없다는 사실을 잊지 말라는 것입니다. 다윗이 제시하는 첫 번째 비결이 정신을 번쩍 들게 만든다면 두 번째 비결은 우리에게 용기를 줍니다."

▶ 누구나 언제든지 세상을 떠날 수 있습니다. 죽음을 맞을 준비가 되어 있습니까?

▶ 혼자서 죽음을 맞는다면 어떤 느낌이 들지 상상해 보십시오.

3. "다윗이 암시하고 있는 메시지는 치밀하고도 단호합니다. 죽음을 보기 전에 하나님을 바라보라고 요구합니다. 한 걸음 더 나아가서, 하나님과 대화하기 전까지는 죽음에 대해 이야기하지 말라는 것입니다. 주님만이 우리를 데리고 골짜기를 지나가실 수 있습니다. 다들 본향 집은 이럴 것이다 또는 저럴 것이다 추측하고 동경할 뿐이지만, 하나님만은 그곳에 이르는 길을 정확히 알고 계십니다. 그리고 오직 주님만이 우리를 그곳에 안전하

게 인도하는 일에 온 힘을 다하십니다."

▶ 하나님께서 죽음 앞에서 그분의 자녀들을 어떻게 도우시는지 몇 가지만 이야기해 보십시오.

▶ 하나님께서 우리를 하늘나라로 안전하게 인도하실 것이라는 사실을 어떻게 확신할 수 있습니까?

4. "하나님께서는 선교사들을 보내서 복음을 가르치십니다. 또 천사들을 보내서 우리를 보호하십니다. 교사들을 보내서 앞길을 인도하십니다. 찬양 사역자들을 보내서 영감을 불어넣어 주십니다. 의사들을 보내서 병을 치료해 주십니다. 하지만 우리를 본향 집에 데려가는 일은 아무에게도 맡기지 않으십니다. 오직 하나님 자신만이 감당할 수 있는 일이기 때문입니다."

▶ 예수님께서 우리를 본향에 데려가러 오신다면 주님께 가장 먼저 무슨 말씀을 드리겠습니까?

▶ 예수님께서 우리를 데려가시기 위해 개인적으로 찾아오실 것이라는 사실을 어떻게 확신할 수 있습니까?

말씀 속으로 떠나는 여행

1. 시편 116편 15절과 139편 16절을 읽으십시오.

> 그의 경건한 자들의 죽음은 여호와께서 보시기에 귀중한 것이로다(시 116:15).

> 내 형질이 이루어지기 전에 주의 눈이 보셨으며 나를 위하여 정한 날이 하루도 되기 전에 주의 책에 다 기록이 되었나이다(시 139:16).

▶ 시편 116편 15절은 하나님께서 무엇을 '귀중하게' 보신다고 말합니까?

▶ 시편 139편 16절은 무슨 이야기를 하고 있습니까? 이 말씀은 어떤 위로를 줍니까?

2. 데살로니가전서 4장 13-18절을 읽으십시오.

[13]형제들아 자는 자들에 관하여는 너희가 알지 못함을 우리가 원하지 아니하
노니 이는 소망 없는 다른 이와 같이 슬퍼하지 않게 하려 함이라. [14]우리가 예
수께서 죽으셨다가 다시 살아나심을 믿을진대 이와 같이 예수 안에서 자는 자
들도 하나님이 그와 함께 데리고 오시리라. [15]우리가 주의 말씀으로 너희에게
이것을 말하노니 주께서 강림하실 때까지 우리 살아남아 있는 자도 자는 자보
다 결코 앞서지 못하리라.[16]주께서 호령과 천사장의 소리와 하나님의 나팔 소
리로 친히 하늘로부터 강림하시리니 그리스도 안에서 죽은 자들이 먼저 일어
나고 [17]그 후에 우리 살아남은 자들도 그들과 함께 구름 속으로 끌어 올려 공
중에서 주를 영접하게 하시리니 그리하여 우리가 항상 주와 함께 있으리라. [18]
그러므로 이러한 말로 서로 위로하라.

▶ 이 말씀을 통해서 그리스도 안에서 세상을 떠난 사람들에 대해 어떤 사실을 알 수 있습니까?

▶ 이 말씀은 어떻게 "위로"(18절)가 됩니까? 서로 되풀이해서 이 말씀을 듣고 들려주어야 할 까닭은 무엇입니까?

3. 고린도후서 5장 1-10절을 읽으십시오.

[1]만일 땅에 있는 우리의 장막 집이 무너지면 하나님께서 지으신 집 곧 손으로
지은 것이 아니요 하늘에 있는 영원한 집이 우리에게 있는 줄 아느니라. [2]참으

로 우리가 여기 있어 탄식하며 하늘로부터 오는 우리 처소로 덧입기를 간절
히 사모하노라. [3]이렇게 입음은 우리가 벗은 자들로 발견되지 않으려 함이라.
[4]참으로 이 장막에 있는 우리가 짐진 것같이 탄식하는 것은 벗고자 함이 아
니요 오히려 덧입고자 함이니 죽을 것이 생명에 삼킨 바 되게 하려 함이라.
[5]곧 이것을 우리에게 이루게 하시고 보증으로 성령을 우리에게 주신 이는 하
나님이시니라. [6]그러므로 우리가 항상 담대하여 몸으로 있을 때에는 주와 따
로 있는 줄을 아노니 [7]이는 우리가 믿음으로 행하고 보는 것으로 행하지 아니
함이로라. [8]우리가 담대하여 원하는 바는 차라리 몸을 떠나 주와 함께 있는 그
것이라. [9]그런즉 우리는 몸으로 있든지 떠나든지 주를 기쁘시게 하는 자가 되
기를 힘쓰노라. [10]이는 우리가 다 반드시 그리스도의 심판대 앞에 나타나게 되
어 각각 선악간에 그 몸으로 행한 것을 따라 받으려 함이라.

▶ 바울이 말한 "장막 집"(1절)은 무슨 뜻입니까? 장막의 이미지를 가져온 까닭은 무엇입니까?

▶ "장막 집"에서는 어떤 삶을 살게 됩니까? 바울은 "장막 집"에서의 삶과 "하늘로부터 오는 우리 처소"(2절)를 어떻게 비교하고 있습니까?

▶ 주님이 말씀하신 일이 어느 날 홀연히, 그리고 실제로 일어날 것이라는 사실을 보증하기 위해 하나님께서는 무엇을 주셨습니까?(5절)

▶ 본문 말씀 내용이 어떻게 우리를 "담대하게"(6절) 해 줍니까?

▶ 8절에서 바울은 자신이 더 원하는 게 무엇이라고 말합니까?

▶ 10절에는 어떤 경고와 약속이 들어 있습니까?

삶 속으로 떠나는 여행

1. 가까운 공동묘지에 가서 최소한 한 시간 동안 비문들을 읽으

며 죽음의 실체와 그리스도인이 품을 소망에 대해 생각해 보십시오.

Traveling Light

11장

마침내 왜곡하는 날이 오면

깊은 슬픔의 짐

내가 사망의 음침한 골짜기로 다닐지라도

시편 23:4

카를로스 안드레스 바이스돈니뇨스는 그렇게도 좋아하던 성경 이야기책과 함께 묻혔습니다. 날마다 첫 장에서 마지막 장에 이르기까지 한 장 한 장 넘겨 가며 샅샅이 읽곤 하던 책이었습니다.

숨을 거두던 날 밤에도 책을 다 읽고 나서 여느 때처럼 엄마와 아빠, 세 형제들에게, 이어서 디오스 신부님에게 손가락을 입에 댔다가 훅 부는 굿나잇 키스를 날렸습니다. 그리고 눈을 감았고, 잠에 빠졌고, 영영 눈을 뜨지 못했습니다.

카를로스는 세 살이었습니다.

아빠 팀과 엄마 베스타, 나 이렇게 셋은 아이의 장례식 계획을 세우기 위해 모였습니다. 부모는 죽은 아이의 비디오테이프를 보여 주고 싶어 했습니다. "우리 애가 춤추는 것 좀 보세요." 아빠가 말했습니다.

잠깐만 보고도 왜 아이 아버지가 그토록 테이프를 틀어 주려고 했는지 알 수 있었습니다. 꼬마가 라틴음악에 맞추어 얼마나 춤을 잘 추던지, 말로 다 표현할 수 없을 정도였습니다. 머리끝부터 발끝까지 정말 유연하게 몸을 놀렸습니다. 발로는 스텝을 밟았고 팔은 경쾌하게 살아 움직였으며 머리는 가볍게 흔들렸습니다. 누가 보았더라도 아이의 맥박이 아버지의 나라 콜롬비아의 리듬을 타고 뛰고 있다는 생각이 들었을 겁니다.

우리, 정확히 말하면 우리 세 사람은 웃었습니다. 아주 짧은 시간이었지만 카를로스도 함께 웃었습니다. 비디오 속의 꼬마에게는 백혈병도 없고, 주사기도 없고, 병원 담요도 없고, 화학요법도 없었습니다. 이름을 새겨 넣어야 할 비석도 없고, 파야 할 무덤도 없었습니다. 그저 카를로스라는 아이가 있을 뿐입니다. 꼬마의 춤은 쉬지 않고 계속됐습니다.

하지만 비디오가 멈추자 웃음도 그쳤습니다. 그리고 아이의 엄마 아빠는 다시 "사망의 음침한 골짜기"를 걸어 지나가기 시작했습니다.

혹시 여러분도 똑같은 어둠 속을 지나고 있습니까? 싸늘하게 굳은 친구의 얼굴을 어루만지던 바로 그 손으로 이 책을 잡고 있습니까? 숨이 멎어 버린 남편이나 아내, 아이들의 얼굴 위를 더듬던 것과 똑같은 시선을 책장 위에 떨구고 있습니까? 지금 "사망의 음침한 골짜기"를 지나고 있습니까? 아니라면 이 장은 읽을 필요가 없습니다. 당장 제12장으로 넘어가도 좋습니다. 필요한 사람만 이 부분을 읽으십시오.

그러나 지금 그런 처지에 있는 이라면 슬픔의 검은 가방이 얼마나 짊어지기 힘든 짐인지 너무나 잘 알 것입니다.

당사자의 슬픔을 깊이 이해해 주는 사람이 많지 않다는 점에서도 이 짐은 지고 가기가 무척 힘듭니다. 처음에는 다들 고통을 이해합니다. 장례식에도 참석합니다. 무덤을 찾아 주는 이도 있을 겁니다. 그러나 오래가지 않습니다. 슬픔에 완전히 공감하지 못합니다.

슬픔은 사랑하는 사람을 잃어버린 이들에게만 계속될 뿐입니다. 마치 구름이 오후의 찬란한 햇볕을 소리 없이 가리듯, 슬픈 기억들이 불현듯 기쁨을 가리고 짙은 그늘을 남깁니다. 사전 경고도 없고 예고 통지도 없습니다. 먼저 떠난 이가 쓰던 것과 똑같은 향수 냄새나 생전에 좋아하던 노래 따위의 자질구레한 것들이 떠오를 때마다 다시 한번 작별을 고해야 합니다.

슬픔은 왜 우리를 가만히 내버려 두지 않는 걸까요?

그저 한 인간을 떠나보낸 게 아니라, 자신의 일부를 땅에 묻은 것이기 때문입니다. "누가 죽더라도 나는 위축되지 않는다"고 말했던 사람이 존 던이던가요? 인류는 마치 거대한 트램폴린 위에 있는 것이나 마찬가집니다. 한 명이 움직이더라도 나머지 사람 모두가 감지할 수 있습니다. 관계가 가까울수록 죽음의 충격은 더 큽니다. 누군가 사랑하는 이가 세상을 떠나면 당장 영향을 미치게 마련입니다.

사랑하는 이의 죽음은 꿈에도 영향을 줍니다.

몇 년 전, 아내와 함께 브라질 리우데자네이루에서 다른 선교사들과 어울려 일한 적이 있었습니다. 우리 팀에는 젊은 부부 몇 쌍이 있었는데, 다들 집에서 멀리 떨어져 나와 있는 터라 아주 친하게들 지냈습니다. 그래서 팀원이었던 마티와 안젤라가 첫아기를 임신했다고 발표할 때 다들 얼마나 기뻐했는지 모릅니다.

그러나 임신 기간 동안 여러 가지 어려운 일들이 생겼습니다. 기쁨은 곧 염려로 변했습니다. 안젤라는 자리에 가만히 누워서 안정을 취하라는 지시를 받았습니다. 우리도 기도하며 결과를 기다렸습니다. 하나님께서는 기도에 답하셨습니다. 주님의 응답은 우리 기대와는 달랐습니다. 아기는 태중에서 죽었습니다.

그날 마티가 한 말을 잊을 수가 없습니다. "단순히 아기가 죽은 게 아녜요. 꿈이 죽었어요."

어째서 슬픔은 좀처럼 사라지지 않고 남아 있는 걸까요? 떠난 이와 관련된 지난날의 기억들을 지우는 데서 끝나는 게 아니고 그가 생존했더라면 살았을 미래까지 지워야 하기 때문일 것입니다. 다만 슬픔과 싸우는 데서 그치지 않고 실망과 싸워야 하기 때문일 것입니다. 그뿐만 아니라 분노와도 씨름해야 합니다. 분노는 표면으로 드러날 수도 있고, 마음의 수면 아래 숨어 있을 수도 있습니다. 타오르는 화염일 수도 있고, 철판을 뚫는 용접기 불꽃일 수도 있습니다. 그러나 형태야 어찌됐든 분노는 슬픔의 집에 깃들여 삽니다. 자신에 대한 분노, 인생에 대한 분노, 군軍에 대한 분노, 병원이나 고속도로 시스템에 대한 분노 등 분노의 대상은 다양하기 그지없지만, 그 가운데 으뜸은 아마 하나님에 대한 분노일 겁니다. 그리고 그 분노는 대개 '왜'로 시작되는 질문으로 표현됩니다. "왜 그를?" "왜 그녀를?" "왜 지금?" "왜 우리를?"

나를 포함해서 누구도 그 질문에 답을 줄 수 없습니다. 오직 하나님만이 그분이 하신 행동의 이면에 감춰진 이유를 알고 계십니다. 하지만 그렇다손 치더라도 두 발을 딛고 견고히 서도록 지켜주는 핵심 진리는 분명하고 분명합니다. 핵심 진리란 바로 이것입니다.

하나님은 선하신 분이다.

성경은 이렇게 말합니다.

"나를 기억하시되 주의 선하심으로 하옵소서. 여호와는 선하시고 정직하시니 그러므로 그의 도로 죄인들을 교훈하시리로다"(시 25:7-8).

"너희는 여호와의 선하심을 맛보아 알지어다"(시 34:8).

하나님은 선하신 분입니다. 여기서 시작해야 합니다. 하나님의 행하신 일을 이해하지는 못할지라도 그분의 선한 의도를 신뢰해야 합니다.

하나님은 선한 일만 하십니다. 어떻게 죽음이 선한 일이 될 수 있는지 묻고 싶습니까? 단순히 문상을 온 사람들은 그런 질문을 하지 않습니다. 시간의 양이 시간의 질보다 중요하다고 생각한다면 어떻게 죽음이 선한 일이 될 수 있는지 묻지 않을 것입니다.

하지만 10대 자녀를 먼저 보낸 아버지라면 그렇게 묻고 싶을 겁니다. 갓 서른을 넘기고 혼자 된 여성이라면 당연히 의문을 품을 것입니다. 카를로스의 부모들 역시 같은 질문을 했습니다. 리우데자네이루의 친구도 그 까닭을 물었습니다. 어떻게 죽음이 선한 일이 될 수 있습니까?

해답의 실마리는 이사야 57장 1-2절에 있습니다. "의인이 죽을지라도 마음에 두는 자가 없고 진실한 이들이 거두어 감을 당할지라도 깨닫는 자가 없도다. 의인들은 악한 자들 앞에서 불리어가도다. 그들은 평안에 들어갔나니 바른길로 가는 자들은 그들의 침상에서 편히 쉬리라."

죽음이란 하나님께서 사람이 화禍를 입지 않도록 보호하시는 방법입니다. 화라니, 도대체 어떤 화를 말하는지 궁금하십니까? 오랫동안 낫지 않는 질병을 말하는 걸까요? 아니면 마약 중독 따위를 뜻할까요? 변란變亂이 꼬리를 무는 암흑기를 말할까요?

그건 알 수 없습니다. 분명한 것은 아무도 하나님께서 정하신 날에서 하루도 가감할 수 없다는 사실뿐입니다. "내 형질이 이루어지기 전에 주의 눈이 보셨으며 나를 위하여 정한 날이 하루도 되기 전에 주의 책에 다 기록이 되었나이다"(시 139:16).

"그렇기로서니 그처럼 짧게 살다 가다니…."

"삶이라고 하기에는 너무 단명해서…."

흔히 먼저 간 이의 생이 너무 짧았다고들 얘기하지만, 영원이라는 시간에 비한다면 누구의 삶이라서 감히 길게 살았다고 말할 수 있겠습니까?

세상에 사는 인간의 삶이란 마치 바닷물 위에 떨어지는 물방울 하나와 같습니다. 우리 삶이란 아주 미미한 양에 지나지 않습니다. 영원이라는 태평양과 비교한다면 가장 오래 살았던 므두셀라의 생애도 유리컵 하나조차 채우지 못할 것입니다. "내일 일을 너희가 알지 못하는도다. 너희 생명이 무엇이냐. 너희는 잠깐 보이다가 없어지는 안개니라"(약 4:14)고 했던 야고보 사도의 말은 비단 젊은이들에게만 해당되는 얘기는 아닙니다.

하나님의 섭리 가운데서 다들 살 만큼 살고, 죽을 때가 되면 세상을 떠나게 마련입니다. 우리가 좀 더 오래 살기를 소망한다 하더라도 주님은 언제 생을 마감하는 게 가장 좋은지를 잘 알고 계십니다.

그리고, 이게 중요한데, 우리는 사랑하는 이들이 더 오랫동안 세상에 남아 주길 바랄지 모르지만 정작 본인들은 그렇지 않을지도 모릅니다. 아이러니하게도 죽음에 대한 하나님의 결정을 가장 먼저 받아들이는 사람은 그 죽음을 맞이할 당사자입니다.

우리가 불신앙으로 고개를 가로젓는 동안 죽음을 앞둔 이들은 경배하며 두 손을 높이 듭니다. 무덤 가에서 비통해하는 동안 그들은 하늘나라에서 세상에 남은 자들의 슬픔을 도리어 이상하게 생각할 것입니다. 우리가 하나님에 대한 회의에 빠지는 동안 그들은 주를 찬양합니다.

혹시 이렇게 묻고 싶은 이들이 있을지 모릅니다. "좋아. 예수님을 믿고 죽은 사람은 그렇다고 쳐. 그럼 믿음 없이 죽은 사람은 어떻게 되는 거지? 내 남편은 한 번도 기도해 본 적이 없어. 할아버지는 한 번도 예배에 참석한 일이 없었고, 어머니는 성경 말씀을 마음에 받아들이기는커녕 떠들어 보지도 않았지. 이렇게 주님을 받아들이지 않고 죽은 사람들은 어떻게 하지?"

하지만 그들이 예수를 믿지 않았다고 어떻게 장담할 수 있습니까?

도대체 누가 한 인간이 마지막으로 품은 생각을 알 수 있습니까? 생의 마지막 순간에 어떤 일들이 일어나는지 누가 알 수 있겠습니까? 죽음에 임박한 이가 기도를 드리지 않는다고 어떻게 확신할 수 있습니까? 영원하신 하나님 앞에서 교만한 무릎은 얼마든지 꺾일 수 있습니다. 입을 딱 벌리고 기다리는 죽음의 총구를 바라보면서도 주님의 사랑에 기대기를 거부할 수 있을까요? 그리고 겸손한 자를 특별히 사랑하시는 하나님께서 그들의 기도를 외면하실까요?

갈보리산에서 주님은 그런 기도를 물리치지 않으셨습니다. 십자가에 달린 강도의 고백은 난생 처음 해 보는 고백인 동시에 평생 마지막으로 드리는 고백이었습니다. 하지만 그리스도는 그 고백을 들으셨습니다. 그리고 받아 주셨습니다. 그렇다면 우리가 사랑하는 사람이 그리스도를 주로 고백하는 걸 들어 본 적이 없다고 해서 예수님도 마찬가질 거라고 단언할 수는 없지 않을까요?

인간이 죽어 가면서 마지막으로 무슨 생각을 하는지 알 수는 없지만, 한 가지만큼은 확실합니다. 하나님은 지극히 선하신 분이라는 사실입니다. 주님은 "오래 참으사 아무도 멸망하지 아니하고 다 회개하기에 이르기를"(벧후 3:9) 원하십니다. 하나님께서는 죽음을 눈앞에 둔 사랑하는 이들이 하늘나라에 이르기를 우리 이상으로 간절히 바라십니다. 그리고 일반적으로 주님은 그분의 뜻을 이루십니다.

하나님께서 남은 자들에게는 무엇을 원하시는지 압니까? 정면으로 슬픔에 대응하기를 기대하십니다. 하나님의 슬픔 치료법에는 자기 절제라든지 기억을 깨끗이 지우려는 태도 따위가 들어 있지 않습니다.

다윗은 자신에게 닥친 슬픔을 인정하고 받아들였습니다. 사울과 요나단이 죽었다는 소식을 알게 된 다윗과 모든 이스라엘 병사들은 옷을 찢고 목 놓아 울며 금식하기를 해가 질 때까지 계속했습니다. 다윗은 모든 사람이 지켜보는 가운데 격렬하게 울부짖었습니다. "길보아의 산들아, 너희 위에는 이제부터 이슬이 내리지 아니하고, 비도 내리지 아니할 것이다.…사울과 요나단은 살아 있을 때에도 그렇게 서로 사랑하며 다정하더니, 죽을 때에도 서로 떨어지지 않았구나! 독수리보다도 더 재빠르고, 사자보다도 더 힘이 세디니!"(삼하 1:21, 23, 새번역)

다윗은 스스로 이 애도의 노래를 부르는 데 그치지 않고, "명령하여 그것을 유다 족속에게 가르치라"(삼하 1:18)고 했습니다. 죽음은 소리를 죽여 가며 가만가만 넘어갈 일이 아닙니다. 죽음과 맞서십시오. 싸우십시오. 시비를 거십시오. 저주를 퍼부으십시오. 하지만 죽음을 부정하지는 마십시오. 솔로몬은 이렇게 말합니다. "범사에 기한이 있고 천하 만사가 다 때가 있나니… 울 때가 있고 웃을 때가 있으며 슬퍼할 때가 있고 춤출 때가 있으며"(전 3:1, 4). 억지로 눈물을 참으려 하지 마십시오. 그리고 죽음 앞에서도 슬퍼하지 말아야 한다고 주장하는 이들을 용서하십시오.

하나님께서는 "사망의 음침한 골짜기"를 에둘러 돌아가게 이끄시는 분이 아니라 관통하여 지나가도록 인도하시는 분입니다. 죽음이 그저 "음침한 골짜기"라니, 기쁘지 않습니까?

도널드 그레이 반하우스 박사는 아내가 세상을 떠났을 때의 일을 종종 이야기합니다. 박사는 자녀들과 함께 아내를 묻고 깊은 슬픔을 참아 가며 차를 몰아 집으로 돌아가고 있었습니다. 무슨 말이든 해서 아이들을 위로하고 싶었지만 아무 생각도 떠오르지 않았습니다.

그때 반대편에서 거대한 트럭이 달려와서 스쳐갔습니다. 커다란 그림자가 트럭의 움직임에 따라 박사가 탄 차를 훑고 지나갔습니다. 불현듯 반하우스 박사의 머리에 떠오르는 생각이 있었습니다. 박사는 아이들 쪽으로 몸을 돌리고 물었습니다. "얘들아, 트럭에 치이는 게 낫겠니 아니면 트럭 그림자에 깔리는 게 낫겠니?"

아이들이 대답했습니다. "당연히 그림자에 치이는 게 낫죠. 거기 깔려 봐야 털끝 하나 다치지도 않잖아요?"

박사가 말했습니다. "혹시 알고 있니? 지금부터 2천 년 전에 죽음이라는 트럭이 예수님을 치고 지나갔단다. 우리에게는 그저 트럭의 그림자만 스쳐가도록 하신 거야."[1]

죽음에 맞서십시오. 그리고 예수님께 감사하십시오. 우리가 맞서고 있는 건 죽음의 그림자에 지나지 않으니까요. 주님께 감사하십시오. 지금 우리가 떠나보낸 사랑하는 이들은 한없이 행복할 테니까요. 그리고 수많은 어린 카를로스들이 여태껏 느껴 보지 못한 기쁨에 겨워 춤추고 있을 테니까요.

더 깊은 나들이,
말씀을 거쳐 삶 속으로

본문 속으로 떠나는 여행

1. "지금 그런 처지에 있는 이라면 슬픔의 검은 가방이 얼마나 짊어지기 힘든 짐인지 너무나 잘 알 것입니다. 당사자의 슬픔을 깊이 이해해 주는 사람이 많지 않다는 점에서도 이 짐은 지고 가기가 무척 힘듭니다. 처음에는 다들 고통을 이해합니다. 장례식에도 참석합니다. 무덤을 찾아 주는 이도 있을 겁니다. 그러나 오래가지 않습니다. 슬픔에 완전히 공감하지 못합니다."

   ▶ 개인적으로 깊은 슬픔을 어떻게 처리합니까?

▶ 슬픔을 좀처럼 떨쳐 버리지 못하는 이가 있다면 어떻게 도와줄 수 있습니까?

2. "오직 하나님만이 그분이 하신 행동의 이면에 감추어진 이유를 알고 계십니다. 하지만 그렇다손 치더라도 두 발을 딛고 견고히 서도록 지켜 주는 핵심 진리는 분명하고 분명합니다. 핵심 진리란 바로 이것입니다. '하나님은 선하신 분이다.'"

▶ 하나님께서 우리 삶 속에서 행하신 일에 대해 아무 설명도 해 주시지 않는 이유는 무엇입니까?

▶ 하나님이 선하신 분이라는 사실을 개인적으로 어떻게 체험할 수 있습니까?

3. "죽음이란 하나님께서 사람이 화禍를 입지 않도록 보호하시는 방법입니다. 화라니, 도대체 어떤 화를 말하는지 궁금하십니까? 오랫동안 낫지 않는 질병을 말하는 걸까요? 아니면 마약 중독 따위를 뜻할까요? 변란이 꼬리를 무는 암흑기를 말할까요? 그건 알 수 없습니다. 분명한 것은 아무도 하나님께서 정하신 날에서 하루도 가감할 수 없다는 사실뿐입니다."

▶ 죽음에 대해 이런 식으로 생각해 본 적이 있습니까? 다시 말해서 죽음이란 하나님께서 사람이 화를 입지 않도록 보호하시는 방법이라고 말입니다. 이 말에 대해 어떤 의견을 가지고 있습니까?

▶ 하나님의 주권에 초점을 맞추면 죽음을 맞는 순간에도 위안을 얻을 수 있습니다. 그 이유를 설명해 보십시오. 반면, 교리

에 초점을 맞추는 태도는 경우에 따라서 상대에게 고통을 더 하게 할 수도 있습니다. 그 이유는 무엇입니까?

4. "하나님께서는 '사망의 음침한 골짜기'를 에둘러 돌아가게 이끄시는 분이 아니라 관통하여 지나가도록 인도하시는 분입니다. 죽음이 그저 '음침한 골짜기'라니, 기쁘지 않습니까?"
 ▶ 하나님께서 진정으로 우리를 사랑하신다면, 사망의 음침한 골짜기를 피해 가도록 이끄시지 않는 까닭은 무엇입니까? 왜 그 한복판으로 지나가게 하십니까?
 ▶ 죽음이란 단지 "음침한 골짜기"에 지나지 않습니까?

말씀 속으로 떠나는 여행

1. 예레미야애가 3장 31-33절을 읽으십시오.

> 31 이는 주께서 영원하도록 버리지 아니하실 것임이며 32 그가 비록 근심하게 하시나 그의 풍부한 인자하심에 따라 긍휼히 여기실 것임이라. 33 주께서 인생으로 고생하게 하시며 근심하게 하심은 본심이 아니시로다.

 ▶ 슬픔의 구덩이에 빠져 허우적거릴 때, 31절은 어떤 소망을 줍니까?
 ▶ 32절에서 하나님에 대해 무엇을 배울 수 있습니까?
 ▶ 주께서 '본심으로 우리를 슬픔에 빠트리는 게 아니라는 사실'(33절)이 왜 중요합니까? 그렇다면 하나님께서 우리에게 슬픔을 주시는 이유는 무엇입니까?

2. 요한복음 16장 20-22절을 읽으십시오.

[20]내가 진실로 진실로 너희에게 이르노니 너희는 곡하고 애통하겠으나 세상은
기뻐하리라. 너희는 근심하겠으나 너희 근심이 도리어 기쁨이 되리라. [21]여자
가 해산하게 되면 그때가 이르렀으므로 근심하나 아기를 낳으면 세상에 사람
난 기쁨으로 말미암아 그 고통을 다시 기억하지 아니하느니라. [22]지금은 너희
가 근심하나 내가 다시 너희를 보리니 너희 마음이 기쁠 것이요 너희 기쁨을
빼앗을 자가 없으리라.

▶20절에서 예수님께서 제자들에게 주신 두 가지 약속은 무엇입니까?

▶주님은 20절의 약속을 더 쉽게 이해할 수 있도록 21절에서 어떤 비유를 사용하셨습니까?

▶주님은 22절에서 어떤 약속을 주십니까? 이 약속은 얼마나 신뢰할 수 있습니까? 약속의 근거는 무엇입니까? 약속의 효력은 오늘날 우리가 슬픔을 겪을 때도 변함없이 지속됩니까?

3. 베드로전서 1장 3-9절을 읽으십시오.

[3]우리 주 예수 그리스도의 아버지 하나님을 찬송하리로다. 그의 많으신 긍휼
대로 예수 그리스도를 죽은 자 가운데서 부활하게 하심으로 말미암아 우리를
거듭나게 하사 산 소망이 있게 하시며 [4]썩지 않고 더럽지 않고 쇠하지 아니
하는 유업을 잇게 하시나니 곧 너희를 위하여 하늘에 간직하신 것이라. [5]너희
는 말세에 나타내기로 예비하신 구원을 얻기 위하여 믿음으로 말미암아 하나
님의 능력으로 보호하심을 받았느니라. [6]그러므로 너희가 이제 여러 가지 시
험으로 말미암아 잠깐 근심하게 되지 않을 수 없으나 오히려 크게 기뻐하는도
다. [7]너희 믿음의 확실함은 불로 연단하여도 없어질 금보다 더 귀하여 예수 그

리스도께서 나타나실 때에 칭찬과 영광과 존귀를 얻게 할 것이니라. [8]예수를 너희가 보지 못하였으나 사랑하는도다. 이제도 보지 못하나 믿고 말할 수 없는 영광스러운 즐거움으로 기뻐하니 [9]믿음의 결국 곧 영혼의 구원을 받음이라.

▶ 3-4절에서 베드로는 하나님께서 베풀어 주신 어떤 은총에 대해 이야기하고 있습니까? 지금 그 은총 가운데 거하고 있습니까?

▶ 5절은 무엇이 우리를 보호하는 방패가 될 것이라고 약속합니까?

▶ 진실한 믿음을 가진 사람에게는 슬픔이 면제된다고 생각합니까?(6절) 그렇게 생각하는 이유는 무엇입니까?

▶ 크리스천의 삶에서 시험과 슬픔은 어떤 역할을 합니까?(7절)

▶ 예수 그리스도를 믿는 이들에게는 어떤 축복이 있습니까?(8절)

▶ 믿음은 그것을 실행에 옮기는 이들로 하여금 결국 어떤 은혜에 이르게 합니까?(9절)

삶 속으로 떠나는 여행

1. 깊은 슬픔에 빠진 사람들을 위로하는 은사를 가진 이들을 찾아 이야기를 나눠 보십시오. 큰 어려움을 당한 사람들을 지성스럽게 돕는 이들을 찾아보십시오. 애통하는 사람, 고난을 겪고 있는 사람들을 어떻게 위로하는지 물어보십시오. 그들에게서 무엇을 배울 수 있습니까?

2. '눈물' 또는 '눈물 흘리다' 따위의 단어들을 중심으로 성경을 연구하십시오. 어떤 사실을 배울 수 있습니까?

Traveling Light

12장

숨 막히는 공포에서 평안으로

두려움의 짐

해를 두려워하지 않을 것은

시편 23:4

"예수께서 고민하고 슬퍼하사." 예수님에 대한 표현 가운데 이건 아주 황당한 축에 속합니다. 정말 눈에 익지 않은 주님의 표정입니다. 예수님께서 웃으신다. 그거라면 이해가 갑니다. 예수님께서 탄식하신다. 그렇고 말고요. 주님도 한숨을 쉬셨죠. 예수님께서 화를 내신다. 당연합니다.

그런데 예수님께서 깊이 고뇌하신다? 얼굴에 두 줄기 자국을 남기며 눈물을 흘리신다? 비 오듯 땀을 흘리신다? 뺨에서 핏방울이 뚝뚝 듣는다? 정말 주님이 그러셨을까요? 이제 그날 밤을 한번 떠올려 봅시다.

> 예수께서 나가사 습관을 따라 감람산에 가시매 제자들도 따라갔더니 그곳에 이르러 그들에게 이르시되 유혹에 빠지지 않게 기도하라 하시고 그들을 떠나 돌 던질 만큼 가서 무릎을 꿇고 기도하여 이르시되 아버지여 만일 아버지의 뜻이거든 이 잔을 내게서 옮기시옵소서. 그러나 내 원대로 마시옵고 아버지의 원대로 되기를 원하나이다 하시니 천사가 하늘로부터 예수께 나

타나 힘을 더하더라. 예수께서 힘쓰고 애써 더욱 간절히 기도하시니 땀이 땅에 떨어지는 핏방울같이 되더라(눅 22:39-44).

어릴 적에 내가 가지고 다니던 성경책에는 겟세마네 동산의 예수님을 그린 삽화가 들어 있었습니다. 온화한 표정으로 두 손을 깍지 낀 채 바위 옆에 무릎을 꿇고 기도하는 그림입니다. 예수님의 얼굴은 더할 나위 없이 평온해 보입니다.

하지만 어떤 복음서를 보더라도 그 삽화가 엉터리라는 게 단박에 드러납니다. 마가는 예수님께서 "조금 나아가사 땅에 엎드리어"(막 14:35) 기도하셨다고 증언합니다. 마태는 주님이 "고민하고 슬퍼하사… 죽게"(마 26:37-38) 되셨다고 말합니다. 누가는 "예수께서 힘쓰고 애써 더욱 간절히"(눅 22:44) 기도하셨다고 적고 있습니다.

이런 기록들을 염두에 둔 화가라면 그날 겟세마네 동산의 정경을 어떻게 그렸을까요? 예수님은 땅바닥에 엎드린 모습이었을 겁니다. 흙바닥에 얼굴을 대고 있을 수도 있습니다. 팔을 벌려 잡풀을 잔뜩 움켜쥔 장면인지도 모릅니다. 흐느껴 울며 일어났다 엎드리기를 되풀이하는 모습일 수도 있습니다. 주위에 늘어선 감람나무처럼 잔뜩 일그러진 얼굴일 겁니다.

예수님의 그런 모습을 받아들일 수 없습니까?

쉽게 생각하십시오. 그 밤에 주님이 내다보셨던 것과 똑같은 장면을 보았더라면 누구라도 그렇게 괴로워했을 것입니다. 예수님께서 느끼셨던 것과 똑같은 감정을 느껴 본 이라면 그분을 이해할 수 있을 것입니다. 두려움에 휩싸인 적이 있는 이라면 주님을 이해할 수 있습니다. 공포감 역시 예수님께서 가지셨던 여러 감정 가운데 하나입니다. 심지어 어떤 이들은 그날 밤 주님을 사로잡은 가장 큰 느낌은 두려움이었다고 말하기까지 합니다.

예수님은 머지않아 자신에게 무언가 대단히 무시무시한 사건들이 벌어질 것을 예견하셨으므로 계획을 바꿔 주시도록 하나님께 간구했습니다. "아버지여 만일 아버지의 뜻이거든 이 잔을 내게서 옮기시옵소서. 그러나 내 원대로 마시옵고 아버지의 원대로 되기를 원하나이다"(눅 22:42).

언제 우리는 예수님과 똑같은 기도를 하게 됩니까? 비행기를 탈 때? 많은 사람들 앞에 나서야 할 때? 연설할 때? 직장을 구할 때? 배우자를 결정해야 할 때? 고속도로를 달릴 때? 경우에 따라서는 다른 사람의 눈에는 아주 사소해 보이는 일이 공포감을 불러일으킬 수도 있습니다. 하지만 본인에게는 발을 얼어붙게 만들고, 심장을 벌렁거리게 만들며, 얼굴로 피가 몰리게 만듭니다.

주님이 느끼셨던 공포감은 정말 대단한 것이었습니다. 얼마나 두려우셨던지 피를 흘리셨습니다. 의사들은 이런 증세를 '혈한증 hematidrosis'이라고 부릅니다. 감당할 수 없을 정도로 근심이 깊으면 몸에서 화학 물질이 분비되어 땀샘과 연결된 모세 혈관이 파열됩니다. 그렇게 되면 땀에 핏물이 섞여 나올 수밖에 없습니다.

그런데 예수님의 감정은 심각한 염려 차원이 아니었습니다. 주님은 짙은 두려움을 느끼셨습니다. 공포는 근심의 맏형입니다. 걱정이 부대 자루 정도라면 공포는 콘크리트를 꽉 채운 트렁크입니다. 웬만해선 꼼짝달싹도 하지 않습니다.

주님이 그런 두려움을 느끼셨다니 정말 놀랍지 않습니까? 하지만 예수님께서는 친절하게도 그 얘기를 다 들려주셨습니다. 우리는 정반대로 행동합니다. 두렵지 않은 척, 그럴듯한 말로 얼버무립니다. 윤색하고 포장합니다. 꾹 찔러 넣은 손이 주머니 속에서 진땀에 젖고, 속이 메스꺼워 토할 것 같고, 입안이 바짝바짝 타들어 가지만 절대 비밀에 부칩니다.

주님은 달랐습니다. 힘센 척, 가면을 쓰지 않았습니다. 대신에 이길 힘을 주시길 기도했습니다.

"아버지여 만일 아버지의 뜻이거든 이 잔을 내게서 옮기시옵소서."

두렵다고 고백하는 주님의 목소리를 처음 들은 분은 아버지 하나님이었습니다. 물론 어머니한테 먼저 달려갈 수도 있었습니다. 제자들에게 털어놓을 수도 있었습니다. 기도회를 소집할 수도 있었습니다. 모두 타당한 일이긴 하지만, 어느 것도 주님의 우선순위에 들지 못했습니다. 예수님께서는 우선 아버지 하나님을 찾았습니다.

우리는 거꾸로 여기저기 헤매 다니기에 바쁩니다. 술집으로 달려가거나 카운슬러부터 찾아가고 봅니다. 자신감을 키워 주는 책을 읽거나 이웃에 사는 친구를 만납니다. 주님은 그렇지 않았습니다. 두려움을 고백하는 그분의 목소리를 처음 들었던 분은 하늘에 계신 아버지였습니다.

예수님보다 천 년 먼저 지상에 살았던 다윗은 두려움에 사로잡힌 이들에게 주님처럼 행동하라고 충고합니다. 다윗이 "내가 사망의 음침한 골짜기로 다닐지라도 해를 두려워하지 않을 것은…" 이라고 고백할 만큼 평정심을 가질 수 있었던 것은 어디에 초점을 맞춰야 할지 제대로 알고 있었기 때문입니다. "주께서 나와 함께 하심이라. 주의 지팡이와 막대기가 나를 안위하시나이다."

다윗은 다른 양들한테 달려가는 대신 목자를 찾았습니다. 문제를 쳐다보지 않고 목자의 지팡이와 막대기를 바라보았습니다. 어디에 시선을 고정해야 할지 잘 알고 있었기에 "해를 두려워하지 않는다"고 얘기할 수 있었던 것입니다.

친구 가운데 대중 앞에 나서기를 무서워하는 이가 있었습니다. 많은 사람들이 둘러싸면 숨이 가빠지고 두려움에 질린 표정이 되어 마치 사우나실에 들어간 스모 선수처럼 땀을 뻘뻘 흘리곤 했습니다. 이상하게 들릴지 모르지만, 친구에게 도움을 준 인물은 함께 골프를 치러 다니던 단짝이었습니다.

어느 날 둘은 극장에 갔습니다. 입장할 차례를 기다리던 도중에 두려움이 다시 엄습했습니다. 밀림에 갇히듯 사람들 틈에 갇히고 말았던 것입니다. 친구는 한시라도 빨리 거기서 빠져나오고 싶었습니다. 골프 파트너는 몇 차례 숨을 깊이 들이쉬어 보라고 했습니다. 그리고 골프 코스 얘기를 하면서 위기에서 벗어나도록 도와주었습니다.

"공을 러프rough•에서 쳐내려고 하는데 사방에 나무들이 에워싸고 있다면 넌 어떻게 하겠니?"

"공간이 뚫려 있는 곳을 찾아보겠지."

"그렇지. 나무를 쳐다보지는 않겠지?"

"당연하지. 나무가 벌어진 틈새를 노리고 공을 쳐서 빠져나올

• 손질이 덜된 코스 지역으로 풀이나 나무가 무성한 곳.

거야."

"사람들이 둘러싸고 있을 때도 마찬가지야. 질리는 느낌이 들면 사람들에 초점을 맞추지 말고 열려 있는 공간에 초점을 맞춰 봐."

골프뿐 아니라 삶에도 그대로 적용할 수 있는 좋은 충고입니다. 두려움에 눈길을 주는 대신 해결에 초점을 맞추십시오.

예수님께서는 그렇게 하셨습니다.

다윗도 그렇게 했습니다.

히브리서 기자도 그렇게 하라고 주문합니다. "인내로써 우리 앞에 당한 경주를 하며 믿음의 주요 또 온전하게 하시는 이인 예수를 바라보자"(히 12:1-2).

히브리서 기자는 골프 선수는 아니었지만, '경주'라든가 '경주하다' 따위의 용어를 사용한 것으로 보아서 달리기를 잘하는 인물이었을 가능성이 있습니다. 앞에서 달리는 주자는 "믿음의 주요 또 온전케 하시는 이인 예수"입니다. 주님은 믿음의 창시자입니다. 다시 말해서 구원에 관한 책을 쓰신 분입니다. 동시에 믿음의 완성자입니다. 지도를 그리셨을 뿐만 아니라 지도 위에 어디로 가야 하는지 표시를 남기신 분입니다. 예수님이 선발 주자라면 우리는 그 뒤를 따르는 달리기 선수들입니다. 후발 주자들은 앞서 달리는 선수에게서 눈을 떼서는 안 됩니다.

나도 달리기를 합니다. 이부자리에서 간신히 기어 나와 거리를 달리는 날이 그렇지 않은 날보다 훨씬 많습니다. 빨리 뛸 줄은 모릅니다. 마라토너에 비하면 멀리 달리지도 못합니다. 하지만 난 달립니다. 이유라면 단 하나, 심장병 전문의를 싫어하기 때문입니다.

개인적인 억하심정 따위는 아무것도 없습니다. 단지 심장병 의사들을 먹여 살린 집안 출신인 탓일 뿐입니다. 심장병 전문의는 나의 아버지에게 은퇴하는 게 좋겠다고 강력하게 권고했습니다. 또 다른 심장병 전문의는 어머니와 형의 가슴을 여는 수술을 했습니다. 식구들 가운데서 심장외과 당직 의사에게 긴급 전화를 걸지 않는 가족이 되고 싶다는 게 나의 바람입니다.

심장병이 가족들 틈을 헤집고 뛰어다니는 까닭에 나는 동네 길을 부지런히 달립니다. 해가 떠오르는 모습을 보면서 달리기 시작합니다. 달리면서도 힘들어서 헉헉댑니다. 몸은 달리기에 협조적이지 않습니다. 무릎은 통증을 호소합니다. 궁둥이도 거세게 반발합니다. 팔꿈치도 불평을 쏟아놓습니다. 지나가던 행인이 내 다리를 보고 비웃는 일도 있습니다. 자존심이 상합니다.

기분이 나빠집니다. 경험에 의하면 이렇게 속이 상할 때 내릴 수 있는 결정에는 세 가지가 있습니다.

첫째, 집으로 가 버립니다(아마 아내가 웃을 겁니다).

둘째, 마음에 생긴 상처를 곱씹다가 심장에 통증이 생겼더라면 얼마나 끔찍했을까 상상하기 시작합니다(기분을 좋게 해 주는 상상입니다).

이도 저도 아니면 계속 달리면서 해가 떠오르는 걸 바라보는 방법이 있습니다. 내가 달리는 길은 동쪽으로 굽어 있어서 아침마다 하나님께서 일으키시는 기적을 제일 앞줄에서 마음껏 감상할 수 있습니다. 창조주께서 세상을 어둠에서 건져 올려 황금빛으로 변하게 만드시는 모습을 직접 목격한다면 기분이 어떨까요? 나의 마음가짐에도 그런 변화가 일어납니다. 통증은 사라지고 관절은 부드럽게 움직입니다. 어느새 달리기 코스는 절반을 넘게 마련이고 나머지 절반에는 훨씬 더 나은 인생이 기다리고 있습니다. 시선을 떠오르는 태양에 고정시키면 모든 것이 달라집니다.

"예수를 바라보자"는 게 히브리서의 가르침이 아니던가요? 다윗이 하고 싶은 얘기는 바로 "주께서 나와 함께하심이라. 주의 지팡이와 막대기가 나를 안위하시나이다"라고 한 바로 그 부분입니다.

예수님께서는 십자가에 달려 죽어야 하는 그 끔찍한 공포감을 어떻게 견뎌 내셨을까요? 주님은 엄청난 두려움을 들고 먼저 하나님을 찾아갔습니다. 시편 56편 3절 말씀의 본보기를 보여 주신 것입니다. "내가 두려워하는 날에는 주를 의지하리이다."

우리도 그렇게 해야 합니다. 인생의 겟세마네 동산을 피하지 마십시오. 다만 혼자서 동산에 들어가지 않도록 주의하십시오. 거기 머무는 동안에는 솔직하십시오. 땅바닥을 두드려도 좋습니다. 눈물을 흘려도 무방합니다. 땀에 피가 섞여 흐르더라도 앞서서 피땀을 흘렸던 분이 계셨음을 기억하십시오. 예수님이 하셨던 대로 따라 하십시오. 마음을 여십시오.

구체적으로 기도하십시오. 예수님도 그렇게 하셨습니다. "이 잔을 내게서 옮기시옵소서." 어떤 항공사의 어떤 비행기를 타고 가는지 분명한 정보를 하나님께 드리십시오. 몇 분 동안이나 연설을 하게 되는지 주님께 알려 드리십시오. 직장을 옮기는 문제에 대해 자질구레한 것까지 말씀드리십시오. 주님은 모든 얘기를 다 들어줄 만큼 시간이 넉넉합니다. 한없이 기다려 줄 만큼 마음이 너그럽습니다.

하나님께서는 우리가 느끼는 두려움을 어리석다거나 멍청한 짓으로 여기지 않으십니다. "기운 내!" 또는 "정신 차려!"라고 말씀하지 않으십니다. 주님은 항상 우리와 함께 계셨습니다. 그래서 우리가 어떤 느낌을 가지고 있는지 누구보다 정확히 알고 계십니다.

하나님께서는 우리에게 무엇이 필요한지 알고 계십니다. 그러므로 예수님이 그러셨던 것처럼 여지를 남겨 두고 기도해야 합니다. "만일 아버지의 뜻이어든…."

"이 잔을 내게서 옮기시옵소서"라는 예수님의 기도는 아버지의 뜻에 부합된 것이었을까요? 대답은 "예"이면서 동시에 "아니요"입니다. 하나님께서는 십자가를 치워 버리지는 않으셨지만 두려움을 거둬 가셨습니다. 폭풍우를 잠잠케 하지는 않으셨지만 선원들의 동요를 가라앉히셨습니다.

하나님께서는 틀림없이 우리에게도 똑같은 일을 행하실 것입니다.

"아무것도 염려하지 말고 다만 모든 일에 기도와 간구로, 너희 구할 것을 감사함으로 하나님께 아뢰라"(빌 4:6).

산이 얼마나 크고 높은지 재지 말고, 산을 옮길 능력을 가진 분에게 말씀드리십시오. 세상을 어깨에 짊어지고 가려고 끙끙거리는 대신, 우주를 지배하시는 분과 상의하십시오. 소망이란 먼 곳을 보는 행위입니다.

지금, 어디를 보고 있습니까?

더 깊은 나들이,
말씀을 거쳐 삶 속으로

본문 속으로 떠나는 여행

1. "예수님은 땅바닥에 엎드린 모습이었을 겁니다. 흙바닥에 얼굴을 대고 있을 수도 있습니다. 팔을 벌려 잡풀을 잔뜩 움켜쥔 장면인지도 모릅니다. 흐느껴 울며 일어났다 엎드리기를 되풀이하는 모습일 수도 있습니다. 주위에 늘어선 감람나무처럼 잔뜩 일그러진 얼굴일 겁니다. 예수님의 그런 모습을 받아들일 수 없습니까? 쉽게 생각하십시오. 그 밤에 주님이 내다보셨던 것과 똑같은 장면을 보았더라면 누구라도 그렇게 괴로워했을 것입니다."
   - ▶ 위의 글은 예수님께서 십자가에 달리기 전에 어떤 갈등을 겪으셨는지 묘사하고 있습니다. 주님의 마지막 순간을 상상해서 자신의 말로 적어 보십시오.
   - ▶ 예수님께서 이처럼 고통스러워하셨다는 점은 어떤 면에서 우리에게 도움이 됩니까?

2. "'사람들에 초점을 맞추지 말고 열려 있는 공간에 초점을 맞춰 봐.' 골프뿐 아니라 삶에도 그대로 적용할 수 있는 좋은 충고입니다. 두려움에 눈길을 주는 대신 해결에 초점을 맞추십시오."
   - ▶ 평생 동안 한 번도 마주치고 싶지 않은 가장 두려운 상황은 무엇입니까?
   - ▶ 그런 일들과 맞닥뜨린다면 어떻게 '열린 공간'에 초점을 맞출

수 있습니까? 어떻게 해결에 초점을 맞출 수 있습니까?

3. “인생의 겟세마네 동산을 피하지 마십시오. 다만 혼자서 동산에 들어가지 않도록 주의하십시오. 거기 머무는 동안에는 솔직하십시오. 땅바닥을 두드려도 좋습니다. 눈물을 흘려도 무방합니다. 땀에 피가 섞여 흐르더라도 앞서서 피땀을 흘렸던 분이 계셨음을 기억하십시오. 예수님이 하셨던 대로 따라하십시오. 마음을 여십시오.”

▶ 인생의 겟세마네 동산을 피하기 위해서 어떤 노력을 하고 있습니까? 최근의 경험이 있으면 나눠 보십시오.

▶ 그런 감정을 쉽게 표현하는 편입니까? 아니면 애써 감추는 편입니까?

4. “산이 얼마나 크고 높은지 재지 말고, 산을 옮길 능력을 가진 분에게 말씀드리십시오. 세상을 어깨에 짊어지고 가려고 끙끙거리는 대신, 우주를 지배하시는 분과 상의하십시오. 소망이란 먼 곳을 보는 행위입니다.”

▶ 얼마나 자주 ‘산이 얼마나 크고 높은지’ 재봅니까? 그런 태도가 올바르지 않은 까닭은 무엇입니까?

▶ 어떤 점에서 소망이란 ‘먼 곳을 보는 행위’라고 말할 수 있습니까? 기도는 소망을 회복하는 데 어떤 역할을 합니까? 자신의 경우를 나눠 보십시오.

말씀 속으로 떠나는 여행

1. 시편 56편 3-4절을 읽으십시오.

[3]내가 두려워하는 날에는 내가 주를 의지하리이다. [4]내가 하나님을 의지하고 그 말씀을 찬송하올지라. 내가 하나님을 의지하였은즉 두려워하지 아니하리니 혈육을 가진 사람이 내게 어찌하리이까.

▶ 시편 기자는 자신의 두려움을 어떻게 처리하고 있습니까? 시편 기자의 모범을 따를 수 있습니까?

▶ 시편 기자가 "혈육을 가진 사람"(4절)을 두려워하지 않는 까닭은 무엇입니까? 이것은 사람을 무시하는 표현입니까?

2. 이사야 41장 10-14절을 읽으십시오.

[10]두려워하지 말라. 내가 너와 함께함이라. 놀라지 말라. 나는 네 하나님이 됨이라. 내가 너를 굳세게 하리라. 참으로 너를 도와주리라. 참으로 나의 의로운 오른손으로 너를 붙들리라. [11]보라, 네게 노하던 자들이 수치와 욕을 당할 것이요 너와 다투는 자들이 아무것도 아닌 것같이 될 것이며 멸망할 것이라. [12]네가 찾아도 너와 싸우던 자들을 만나지 못할 것이요 너를 치는 자들은 아무것도 아닌 것 같고 허무한 것같이 되리니 [13]이는 나 여호와 너의 하나님이 네 오른손을 붙들고 네게 이르기를 두려워하지 말라. 내가 너를 도우리라 할 것임이니라. [14]버러지 같은 너 야곱아, 너희 이스라엘 사람들아 두려워하지 말라. 나 여호와가 말하노니 내가 너를 도울 것이라. 네 구속자는 이스라엘의 거룩한 이이니라.

▶ 하나님께서 이스라엘 백성들에게 두려워하지 말라(10절)고 말씀하시는 이유는 무엇입니까?

▶ 11-12절에서 하나님께서는 어떤 약속을 주십니까?

▶ 13절에서 주님은 이런 약속을 주신 이유를 어떻게 설명하십니까?

▶ 14절에서는 어떤 명령과 약속을 주십니까? 주님의 말씀이 오늘을 사는 우리에게 어떤 힘을 줍니까?

3. 요한1서 4장 16-19절을 읽으십시오.

16하나님이 우리를 사랑하시는 사랑을 우리가 알고 믿었노니 하나님은 사랑이
시라. 사랑 안에 거하는 자는 하나님 안에 거하고 하나님도 그의 안에 거하시
느니라. 17이로써 사랑이 우리에게 온전히 이루어진 것은 우리로 심판 날에 담
대함을 가지게 하려 함이니 주께서 그러하심과 같이 우리도 이 세상에서 그러
하니라. 18사랑 안에 두려움이 없고 온전한 사랑이 두려움을 내쫓나니 두려움
에는 형벌이 있음이라. 두려워하는 자는 사랑 안에서 온전히 이루지 못하였느
니라. 19우리가 사랑함은 그가 먼저 우리를 사랑하셨음이라.

▶ 두려울 때 우리는 무엇을 의지해야 합니까?(16절)

▶ 사도 요한은 16절에서 하나님을 어떻게 묘사하고 있습니까? 그것은 우리에게 어떤 영향을 미칩니까?

▶ 어떻게 "심판 날에 담대함을" 가질 수 있습니까?(17절)

▶ 18절에서 사도 요한은 두려움을 잠재울 수 있는 해독제로 무엇을 제시합니까? 이 해독제는 어떤 작용을 합니까?

▶ 어떻게 이 해독제를 여러 사람들에게 나눠 줄 수 있습니까? 우리가 정말 해독제를 가지고 있다는 사실을 어떻게 세상에 보여 줄 수 있습니까?

삶 속으로 떠나는 여행

1. 겟세마네 동산의 체험을 했던 시절에 관해 글을 써 보십시오. 어떤 일이 일어났고, 어떤 느낌이 들었으며, 무엇을 기도했고, 하나님께서 어떻게 일하셨는지 자세히 설명하십시오.

Traveling Light

13장

고요한 밤,
외로운 낮

외로움의 짐

주께서 나와 함께하심이라

시편 23:4

약국에서 일하면서 텍사스 주립대학에 다니던 스티브라는 친구가 있었습니다. 스티브의 주 업무는 오스틴 인근 지역 요양원들에 필요한 물품들을 가져다주는 일이었지만, 부수적으로 가게에서 멀지 않은 곳에 사는 개인들에게 주문품을 공급하는 일도 맡아 했습니다.

나흘에 한 번씩 스티브는 커다란 생수통을 어깨에 짊어지고 약국 뒤쪽으로 150미터쯤 떨어진 건물까지 배달을 나갔습니다. 주문자는 일흔 살 남짓 되어 보이는 할머니였는데, 어두컴컴하고 지저분한 아파트에서 썰렁하게 혼자 살고 있었습니다. 천장에서 늘어뜨린 전선에 알전구 하나가 매달려 달랑거렸습니다. 벽지는 꼬질꼬질 때가 묻고 풀기가 다해 거의 떨어진 상태였습니다. 커튼을 쳐 놓았기 때문이기도 했지만, 방 안은 어두웠습니다. 스티브는 생수통을 날라다 주고 대금을 받은 다음 인사를 하고 돌아나오곤 했습니다.

몇 주 동안 생수를 배달하면서 스티브는 점점 할머니의 주문이 이상하다고 생각하게 됐습니다. 알고 보니 할머니는 스티브가 배달하는 물로만 모든 필요를 해결하고 있었습니다. 빨래하고 씻고 마시는 물을 나흘에 한 번씩 오는 생수 배달부에게 의지하고 있었던 것입니다.

비정상적인 선택이었습니다. 시市 당국에서 공급하는 수돗물을 쓰면 비용을 훨씬 줄일 수 있었습니다. 시에서는 아마 한 달에 1만 5천 원, 많아야 2만 원 정도 요금을 부과했을 겁니다. 약국에서 생수를 가져다 쓰자면 그보다 매월 2만 원 정도는 지출을 더 늘려야 했습니다. 할머니는 왜 더 싼 물을 쓰지 않았던 걸까요?

해답은 배달 체계에 있었습니다. 물론 값으로 치자면 수돗물이 비교할 수 없이 쌌습니다. 하지만 시에서는 물만 보내 줄 뿐 사람은 보내 주지 않았습니다. 할머니는 아무도 만나지 않고 값싼 물을 쓰는 대신 비싼 돈을 내더라도 살아 있는 인간을 만날 수 있는 쪽을 택했던 것입니다.

이처럼 절절한 외로움을 느껴 본 적이 있습니까?

다윗은 그런 경험이 있었던 것 같습니다. 다윗이 쓴 시편 가운데는 한겨울 넓은 벌판에 혼자 서 있는 나무의 느낌이 나는 것들이 있습니다.

> 주여 나는 외롭고 괴로우니 내게 돌이키사 나에게 은혜를 베푸소서(시 25:16).

> 나는 탄식만 하다가 지치고 말았습니다. 밤마다 짓는 눈물로 침상을 띄우며, 내 잠자리를 적십니다. 사무친 울화로, 내 눈은 시력까지 흐려지고, 대적들 등쌀에 하도 울어서 눈이 침침합니다

(시 6:6-7, 새번역).

다윗은 외롭다는 것, 또는 따돌림 당한다는 것이 어떤 느낌인지 잘 알고 있었습니다.

> 그들이 병들었을 때에, 나는 굵은 베 옷을 걸치고, 나를 낮추어 금식하며 기도했건만! 오, 내 기도가 응답되지 않았더라면 더 좋았을 텐데! 친구나 친척에게 하듯이 나는 그들의 아픔을 함께 아파하고, 모친상을 당한 사람처럼 상복을 입고 몸을 굽혀서 애도하였다. 그러나 정작 내가 환난을 당할 때에, 오히려 그들은 모여서 기뻐 떠들고, 폭력배들이 내 주위에 모여서는 순식간에 나를 치고, 쉴 새 없이 나를 찢었다. 장애자를 조롱하는 망령된 자와 같이 그들은 나를 조롱하고 비웃으며, 나를 보고 이를 갈았다. 주님, 언제까지 보고만 계시렵니까? 내 목숨을 저 살인자들에게서 건져 주십시오. 하나밖에 없는 이 생명을 저 사자들에게서 지켜 주십시오(시 35:13-17, 새번역).

다윗은 외로움을 아는 사람이었습니다.

가족 가운데서 느끼는 외로움을 아는 사람이었습니다. 다윗은 이새의 여덟 아들 가운데 하나였습니다. 하지만 선지자 사무엘이 아들들을 보자고 했을 때 아버지는 다윗을 빠트렸습니다. 아이들을 헤아려 보고 나서 선지자는 혹시 어딘가에 다른 아들이 있느냐고 물었습니다. 그제야 이새는 마치 잃어버린 열쇠를 찾기라도 하려는 듯 손가락을 꼽아 보더니 말합니다. "아직 막내가 남았는데 그는 양을 지키나이다"(삼상 16:11).

이새가 말한 '막내'란 칭찬이 아닙니다. 실은 "철부지 꼬마가 하나 있긴 합니다만…"이라고 얘기한 것입니다. 누구라도 식구들 사이에서 '철부지 꼬마'로 통하던 시절이 있었을 겁니다. 그런데 정말 철부지 꼬마라면 누군가 지속적으로 챙겨 줘야 했던 게 아니었을까요? 하지만 사무엘이 아이들을 부르던 날, 철부지 꼬마 다윗은 방치된 상태였습니다. 식구들이 모두 모이는 자리에 혼자서만 빠졌다면 어떤 느낌이 들겠습니까?

다른 가문에 들어가 살게 된 뒤에도 상황은 나아질 게 없었습니다.

다윗을 왕족에 포함시킨 것도, 다시 내쫓아 버린 것도 사울왕의 생각이었습니다. 몸을 숙이고 피하지 않았더라면 다윗은 질투심으로 가득 찬 왕이 던진 창에 맞고 벽에 꽂히는 신세가 됐을 겁니다. 하지만 다윗은 용케도 몸을 피해 달아났습니다. 그리고 무려 10년 동안이나 도피 생활을 했습니다. 광야로 몸을 숨겼습니다. 동굴에서 자야 했고 사나운 짐승과 싸워 가며 목숨을 부지해야 했습니다. 미움을 받아 가며 승냥이처럼 쫓겨 다녔습니다.

다윗에게 외로움은 낯선 감정이 아니었습니다.

이제는 혼자서 외로움을 느낄 필요가 없다는 사실을 알았지만, 우리에게도 외로움은 낯선 감정이 아닙니다. 2천 년 전, 지구에는 불과 2억 5천만 명 정도가 살고 있었습니다. 지금 세계 인구는 50억이 넘습니다. 지구상에 존재하는 인구로 치료할 수 있는 일이었다면 오늘날에는 외로움이 훨씬 줄어들었을 겁니다. 하지만 외로움은 여전히 그대로입니다.

목회를 갓 시작했을 무렵, 주일 아침 예배 시간에 이렇게 기도한 적이 있었습니다. "하나님 우리에게 주신 친구들을 인하여 감사드립니다. 평생 만나도 다 못 만날 만큼 많이 주셨습니다." 예배가 끝나자 어느 성공한 사업가가 다가와서 얘기했습니다. "목사님에게는 보이지 않는 친구가 많은 모양이군요. 나는 그렇지 않습니다. 하나도 없어요." 이처럼 교회 안에 있으면서도 여전히 외로운 이들이 있습니다.

외로움이란 얼굴을 보지 못하는 데서 비롯되는 게 아닙니다. 외로움을 일으키는 요인은 친밀감의 결핍입니다. 혼자 있다고 해서 외로움이 생기지는 않습니다. 외로움은 혼자 있다고 느끼는 데서 생기는 감정입니다. 혼자서 죽음을 맞는 것 같은 느낌, 혼자서 질병과 싸우고 있는 것 같은 느낌, 혼자서 미래와 마주 선 것 같은 느낌이 외로움입니다.

한밤중 자리에 누워 있을 때든, 병원으로 달려가는 차 안에서든, 텅 빈 집 안의 고요함 가운데, 손님들로 북적거리는 식당의 소음 속에서는 '마음 써 주는 사람 하나도 없이 나 혼자뿐이구나'라고 생각하는 순간 외로움이 엄습합니다.

외로움의 보따리는 언제 어디서나 눈에 띕니다. 회의실과 술집 복도에도 지저분하게 널려 있습니다. 잔칫집에 갈 때도 끌고 들어가고 집에 돌아갈 때는 십중팔구 도로 가져갑니다. 야근하는 책상 머리에, 과식하는 식탁 한 켠에, 불면증에 시달리는 이의 머리맡에 외로움의 보따리는 놓여 있습니다. 다들 외로움을 떨쳐 내려고 갖은 노력을 다합니다. 외로움이야말로 한시 바삐 벗어 버리고 싶어 하는 짐입니다.

하지만 꼭 그래야 할까요? 그렇게 서둘러서 외로움을 팽개쳐야 할까요? 외로움 앞에서 유턴하기보다 외로움 쪽으로 방향을 잡으면 어떨까요? 외로움을 저주가 아니라 선물, 하나님의 선물로 만들 수는 없을까요?

"이봐요. 말도 안 돼요. 외로움이 마음을 얼마나 짓누르는지 알아요? 외로움이 나를 허전하고 우울하게 만든다고요. 외로움은 절대 선물이 될 수 없어요."

그럴 수도 있겠습니다만, 잠깐 같이 살펴볼까요? 나는 외로움이 우리를 주님께 주목하게 하시는 하나님의 방법이라고 생각합니다. 풀어서 설명하자면 이렇습니다. 친구한테 자동차를 빌린다고 생각해 봅시다. 나중에 보니 라디오는 고장이 났고 CD 플레이어만 작동이 됩니다. 당연히 친구가 모아 둔 CD를 하나하나 뒤적거리면서 들을 만한 노래(그냥 트로트라고 해 둡시다)가 있는지 찾아볼 것입니다. 하지만 아무것도 얻지 못했습니다. 친구는 자기 취향(클래식 음악이라고 해 두죠)의 CD만 잔뜩 꽂아 놓았습니다.

갈 길은 멀고, 혼잣말을 하는 것도 한두 시간이지, 금방 지쳐 버렸습니다. 결국 견디다 못해 CD에 손을 댑니다. 좋아하기로 치자면 스틸 기타 쪽이지만 높이 뽑아 올리는 테너 목소리가 들려옵니다. 우선은 그저 들어 줄 만한 수준입니다. 적어도 쥐 죽은 듯 조용한 것보다는 낫지 않겠습니까?

그런데 그것도 한참 듣노라니 점점 괜찮다는 생각이 듭니다. 팀파니가 쏟아 내는 리듬에 맞춰 심장이 뛰고 첼로 소리를 따라 고개를 흔듭니다. 얼마 뒤에는 이탈리아어로 된 아리아 소품을 따라 흥얼거리기까지 합니다. "어라, 이것도 괜찮은데!"

이제 한 가지 묻겠습니다. 클래식 음악도 듣기 좋다는 사실을 스스로 발견했습니까? 그렇지 않습니다. 그럼 어떻게 그걸 알게 됐습니까? 전에는 한 번도 들어 본 적이 없는 음악에 귀를 기울이게 된 까닭은 무엇입니까? 간단합니다. 달리 들을 음악이 없었기 때문입니다. 선택의 여지가 없었습니다. 빠져 나갈 구멍이 없었습니다. 마침내 침묵이 견디기 힘들 만큼 무거워진 순간, 평생 들어 본 일이 없었던 노래를 틀었던 것입니다. 하나님께서 얼마나 그분의 음악을 들려주고 싶어 하시는지 아십니까?

그분은 듣는 이들의 심장을 뛰게 만들 리듬과 눈물이 주르르 흐르게 만들 가사를 두루 갖추고 계십니다. 하늘의 별까지 날아가고 싶습니까? 주님은 그곳으로 데려가실 수 있습니다. 평온한 마음으로 자리에 눕고 싶습니까? 하나님의 음악은 영혼을 어루만져 줍니다.

하지만 하나님께서는 먼저 트로트의 여운을 깨끗이 쓸어 가십니다(트로트를 사랑하는 여러분, 용서하십시오. 그냥 예를 들었을 뿐입니다).

주님은 우리가 여태까지 사 모아 둔 CD를 한 장 한 장 던져 버리십니다. 친구가 등을 돌립니다. 직장의 형편이 나빠집니다. 배우자가 이해를 못합니다. 교회에서도 해결받지 못합니다. 가진 것이라곤 하나님 한 분만 남을 때까지 하나씩 모든 여지를 무너뜨리십니다.

정말 그러실까요? 두말하면 잔소립니다. "주께서 그 사랑하시는 자를 징계하시고 그의 받으시는 아들마다 채찍질하심이라"(히 12:6). 주위의 잡다한 소리들을 모두 끊을 필요가 있다면, 하나님께서는 그렇게 하실 것입니다. 하나님께서는 우리에게 그분의 음악을 들려주기를 원하십니다. 주님은 다윗이 찾았던 것을 우리도 찾아내며, 다윗이 했던 말을 우리도 할 수 있게 되기를 고대하십니다.

"주께서 나와 함께하심이라."

그렇습니다. 주님은 하늘에 계십니다. 맞습니다. 주님은 우주를 통치하십니다. 과연 주님은 별들 위에 군림하시며 깊은 물속에도 거하시는 분입니다. 그러나 무엇보다도 주님은 나와 함께, 바로 나와 함께 계십니다.

주님은 나와 함께 계십니다. 창조주께서 나와 함께 계십니다. 여호와께서 나와 함께 계십니다.

모세는 이렇게 선포했습니다. "주 우리의 하나님은 우리가 기도할 때마다 우리 가까이에 계시는 분이십니다. 이와 같은 하나님을 모신 위대한 민족이 어디에 또 있겠습니까?"(신 4:7, 새번역)

바울은 이렇게 외쳤습니다. "그는 우리 각 사람에게서 멀리 계시지 아니하도다"(행 17:27).

다윗도 그 사실을 알았습니다. "주께서 나와 함께하심이라."

푸른 풀밭에서였는지, 광야에서였는지, 왕궁에서였는지 알 수 없지만, 아무튼 어디에선가 다윗은 하나님의 약속이 그분의 진심이라는 사실을 깨달았습니다.

"너를 떠나지 아니하리라"(창 28:15).

"내 백성 이스라엘을 버리지 아니하리라"(왕상 6:13).

"여호와께서는 자기 백성을 버리지 아니하시며"(시 94:14).

"결코 너를 떠나지 아니하시며 버리지 아니하실 것임이라"(신 31:6).

다윗이 찾아낸 사실, "주님이 우리와 함께하신다"는 사실이야말로 성경이 전달하고자 하는 메시지입니다. 그리고 주님이 우리 곁에 계시는 까닭에 모든 것, 정말 모든 것이 달라졌습니다.

지금 죽음과 싸우고 있습니까? 하지만 혼자가 아닙니다. 주님이 함께 계십니다. 실직의 힘든 고비를 맞고 있습니까? 혼자가 아닙니다. 주님이 함께 계십니다. 결혼 생활이 삐거덕거리고 있습니까? 혼자가 아닙니다. 주님이 함께 계십니다. 빚에 시달리고 있습니까? 혼자가 아닙니다. 주님이 함께 계십니다.

밑줄을 그어 두십시오. "혼자가 아니다."

가족은 등을 돌릴 수 있어도 하나님은 아닙니다. 친구들은 배신할 수 있어도 하나님은 아닙니다. 막막한 벌판에 혼자 서 있는 느낌이 들 수도 있겠지만 사실이 아닙니다. 주님이 함께 계십니다. 그리고 그분이 함께 계시므로 모든 게 달라집니다. 우리도 달라집니다.

하나님께서는 'ㅁ'을 'ㄹ'로 바꾸셨습니다. '사망'이 '사랑'으로 바뀐 것입니다.

하나님께서 우리를 사랑하신다는 사실을 알면 다른 사람들의 사랑을 얻으려고 안달하지 않게 됩니다. 더 이상 쇼핑에 걸신이 들리기라도 한 것처럼 시장에서 이것저것 닥치는 대로 물건을 고르지 않게 됩니다. 한창 배가 고프던 참에 만만한 가게가 눈에 띄었다고 생각해 보십시오. 얼른 뛰어 들어가서 양이 찰 때까지 물건을 사들이지 않을까요? 자신에게 유익하고 필요한 물건인지 따위에는 관심도 없고, 그저 배를 채우는 데만 급급할 것입니다.

외로움에 시달리다 보면 배고픈 사람처럼 시렁에 물건들을 그득 채워 놓는 짓을 하게 될 수도 있습니다. 그게 필요해서가 아니라 사랑에 굶주렸기 때문입니다. 인생을 혼자 헤쳐 나가기 때문입니다. 세상에 적응하지 못할까 봐 겁이 나서 마약에 손을 댑니다. 무시를 당할까 두려워서 좋은 옷을 입으려고 합니다. 작아 보이는 게 무서워서 빚을 내어 큰 집을 삽니다. 주목받지 못할까 걱정이 돼서 야한 옷이나 시선을 끄는 옷을 입습니다. 혼자 잠드는 게 무서워서 누군가와 같이 자려고 합니다. 사랑받지 못하는 게 너무나 두려운 나머지 온갖 터무니없는 곳에서 사랑을 갈구합니다.

하지만 하나님의 완전한 사랑을 발견하는 순간 모든 게 달라집니다. "완전한 사랑은 두려움을 내쫓습니다"(요일 4:18, 새번역).

아직도 외로움이 하나님의 가장 좋은 선물일 수 있는 까닭을 모르겠습니까? 고독한 시간이 하나님께서 그분의 노래를 가르치는 방법이라면 외로움이야말로 정말 소중한 선물이 아닐까요? 나는 그렇게 생각합니다.

더 깊은 나들이,
말씀을 거쳐 삶 속으로

본문 속으로 떠나는 여행

1. "이제는 혼자서 외로움을 느낄 필요가 없다는 사실을 알았지만, 우리에게도 외로움은 낯선 감정이 아닙니다."
   ▶ '혼자 있다는 것'과 '외로움을 느낀다는 것'의 차이점은 무엇입니까?

▶ 혼자 있기를 싫어합니까? 왜 그렇습니까?

▶ 일반적인 경우에, 일주일에 몇 번 정도나 외로움을 느낍니까?

2. "외로움이란 얼굴을 보지 못하는 데서 비롯되는 게 아닙니다. 외로움을 일으키는 요인은 친밀감의 결핍입니다. 혼자 있다고 해서 외로움이 생기지는 않습니다."

▶ 비성적nonsexual 친밀감을 어떻게 정의하겠습니까? 절친하다고 말할 수 있는 친구는 모두 몇 명입니까? 그만하면 만족합니까?

▶ 외로움을 어떻게 처리하고 있습니까? 외로움을 느끼면 어떻게 합니까?

3. "외로움을 저주가 아니라 선물, 하나님의 선물로 만들 수는 없을까요? 나는 외로움이 우리를 주님께 주목하게 하시는 하나님의 방법이라고 생각합니다."

▶ 외로움은 하나님의 선물일 수도 있다는 말에 동의합니까?

▶ 하나님께서 외로움을 통하여 우리의 관심을 모으시는 까닭은 무엇입니까? 그분은 우리가 무엇에 주목하기를 원하십니까?

4. "하나님께서는 'ㅁ'을 'ㄹ'로 바꾸셨습니다. '사망'이 '사랑'으로 바뀐 것입니다. 하나님께서 우리를 사랑하신다는 사실을 알면 다른 사람들의 사랑을 얻으려고 안달하지 않게 됩니다."

▶ 하나님께서 한 사람 한 사람을 개인적으로 사랑하신다는 확신을 가지면 모든 것이 달라지는 까닭은 무엇입니까?

▶ 하나님의 사랑을 인식하게 되면 더 이상 친한 친구가 필요치 않게 됩니까?

▶ 다른 사람들의 사랑을 받고 싶어 하는 것과 절박하게 거기에 매달리는 것은 어떻게 다릅니까?

말씀 속으로 떠나는 여행

1. 시편 88편을 읽으십시오.

> 1여호와 내 구원의 하나님이여 내가 주야로 주 앞에서 부르짖었사오니 2나의
> 기도가 주 앞에 이르게 하시며 나의 부르짖음에 주의 귀를 기울여 주소서. 3무
> 릇 나의 영혼에는 재난이 가득하며 나의 생명은 스올에 가까웠사오니 4나는
> 무덤에 내려가는 자같이 인정되고 힘없는 용사와 같으며 5죽은 자 중에 던져
> 진 바 되었으며 죽임을 당하여 무덤에 누운 자 같으니이다. 주께서 그들을 다
> 시 기억하지 아니하시니 그들은 주의 손에서 끊어진 자니이다. 6주께서 나를
> 깊은 웅덩이와 어둡고 음침한 곳에 두셨사오며 7주의 노가 나를 심히 누르시
> 고 주의 모든 파도가 나를 괴롭게 하셨나이다. (셀라) 8주께서 내가 아는 자를
> 내게서 멀리 떠나게 하시고 나를 그들에게 가증한 것이 되게 하셨사오니 나는
> 갇혀서 나갈 수 없게 되었나이다. 9곤란으로 말미암아 내 눈이 쇠하였나이다.
> 여호와여 내가 매일 주를 부르며 주를 향하여 나의 두 손을 들었나이다. 10주
> 께서 죽은 자에게 기이한 일을 보이시겠나이까. 유령들이 일어나 주를 찬송하
> 리이까. (셀라) 11주의 인자하심을 무덤에서, 주의 성실하심을 멸망 중에서 선포
> 할 수 있으리이까. 12흑암 중에서 주의 기적과 잊음의 땅에서 주의 공의를 알
> 수 있으리이까. 13여호와여 오직 내가 주께 부르짖었사오니 아침에 나의 기도
> 가 주의 앞에 이르리이다. 14여호와여 어찌하여 나의 영혼을 버리시며 어찌하
> 여 주의 얼굴을 내게서 숨기시나이까. 15내가 어릴 적부터 고난을 당하여 죽게
> 되었사오며 주께서 두렵게 하실 때에 당황하였나이다. 16주의 진노가 내게 넘
> 치고 주의 두려움이 나를 끊었나이다. 17이런 일이 물같이 종일 나를 에우며
> 함께 나를 둘러쌌나이다. 18주는 내게서 사랑하는 자와 친구를 멀리 떠나게 하
> 시며 내가 아는 자를 흑암에 두셨나이다.

▶ 시편 88편을 쓴 기자는 어떤 사람이었을 것으로 짐작합니까?

▶ 하나님께서 왜 이 시편을 성경에 포함시키셨다고 생각합니까?

▶ 기자가 13-14절에서 이야기한 것 같은 감정을 느껴 본 적이 있습니까?

▶ 대부분의 시편들은 이런 식으로 끝을 맺지 않습니다. 기자가 이런 식으로 88편을 마무리한 까닭은 무엇입니까? 그것이 우리에게 위안을 줍니까?

2. 신명기 31장 6-8절을 읽으십시오.

> 6너희는 강하고 담대하라. 두려워하지 말라. 그들 앞에서 떨지 말라. 이는 네 하나님 여호와 그가 너와 함께 가시며 결코 너를 떠나지 아니하시며 버리지 아니하실 것임이라 하고 7모세가 여호수아를 불러 온 이스라엘의 목전에서 그에게 이르되 너는 강하고 담대하라. 너는 이 백성을 거느리고 여호와께서 그들의 조상에게 주리라고 맹세하신 땅에 들어가서 그들에게 그 땅을 차지하게 하라. 8그리하면 여호와 그가 네 앞에서 가시며 너와 함께하사 너를 떠나지 아니하시며 버리지 아니하시리니 너는 두려워하지 말라. 놀라지 말라.

▶ 하나님께서는 6절에서 이스라엘 백성들에게 어떤 명령을 내리셨습니까? 또 백성들을 어떻게 격려하고 있습니까?

▶ 7-8절에서 모세가 여호수아에게 명령과 격려를 되풀이하는 까닭은 무엇입니까? 이 말씀은 두려움을 다스리는 일에 관하여 어떤 사실을 제시하고 있습니까?

3. 요한복음 14장 16-18절, 마태복음 28장 16-20절을 읽으십시오.

16내가 아버지께 구하겠으니 그가 또 다른 보혜사를 너희에게 주사 영원토록
너희와 함께 있게 하리니 17그는 진리의 영이라. 세상은 능히 그를 받지 못하
나니 이는 그를 보지도 못하고 알지도 못함이라. 그러나 너희는 그를 아나니
그는 너희와 함께 거하심이요 또 너희 속에 계시겠음이라. 18내가 너희를 고아
와 같이 버려두지 아니하고 너희에게로 오리라(요 14:16-18).

16열한 제자가 갈릴리에 가서 예수께서 지시하신 산에 이르러 17예수를 뵈옵
고 경배하나 아직도 의심하는 사람들이 있더라. 18예수께서 나아와 말씀하여
이르시되 하늘과 땅의 모든 권세를 내게 주셨으니 19그러므로 너희는 가서 모
든 민족을 제자로 삼아 아버지와 아들과 성령의 이름으로 세례를 베풀고 20내
가 너희에게 분부한 모든 것을 가르쳐 지키게 하라. 볼지어다. 내가 세상 끝날
까지 너희와 항상 함께 있으리라 하시니라(마 28:16-20).

▶ 요한복음 14장 16절에서, 주님은 하나님 아버지께서 무슨 일을 행하시도록 구하겠다고 말씀하셨습니까?

▶ 요한복음 14장 18절에서 예수님께서는 무엇을 약속하셨습니까? 오늘날 그 약속은 어떻게 성취됐습니까?

▶ 마태복음 28장 18절에 나타난 예수님 말씀을 통해서 용기를 얻을 수 있는 까닭은 무엇입니까?

▶ 마태복음 28장 20절에 기록된 예수님의 마지막 말씀은 어떤 위로와 격려를 줍니까? 이 약속에 의지하며 살고 있습니까?

삶 속으로 떠나는 여행

1. 시간표를 잘 짜서 하나님과 단 둘이서만 보낼 수 있는 날을 하루쯤 비우십시오. 기도원이나 조용한 장소, 숲속 등 어디든지 누구의 방해도 받지 않고 하루 종일 혼자 지낼 수 있는 곳으로 가십시오. 성경을 펴고 어떻게 하면 오직 하나님과 시간을 보낼 수 있을지 계획을 세워 보십시오.

2. 믿는 친구들과 함께 팀을 만들어서 몸이 아파 누워 있는 교인들을 심방하십시오. 찾아가도 좋고 요양원을 방문해도 좋습니다. 잠깐 동안이라도 환자들의 외로움을 달래 주십시오.

Traveling Light

14장

수탉의 울음소리,
그리고 나

부끄러움의 짐

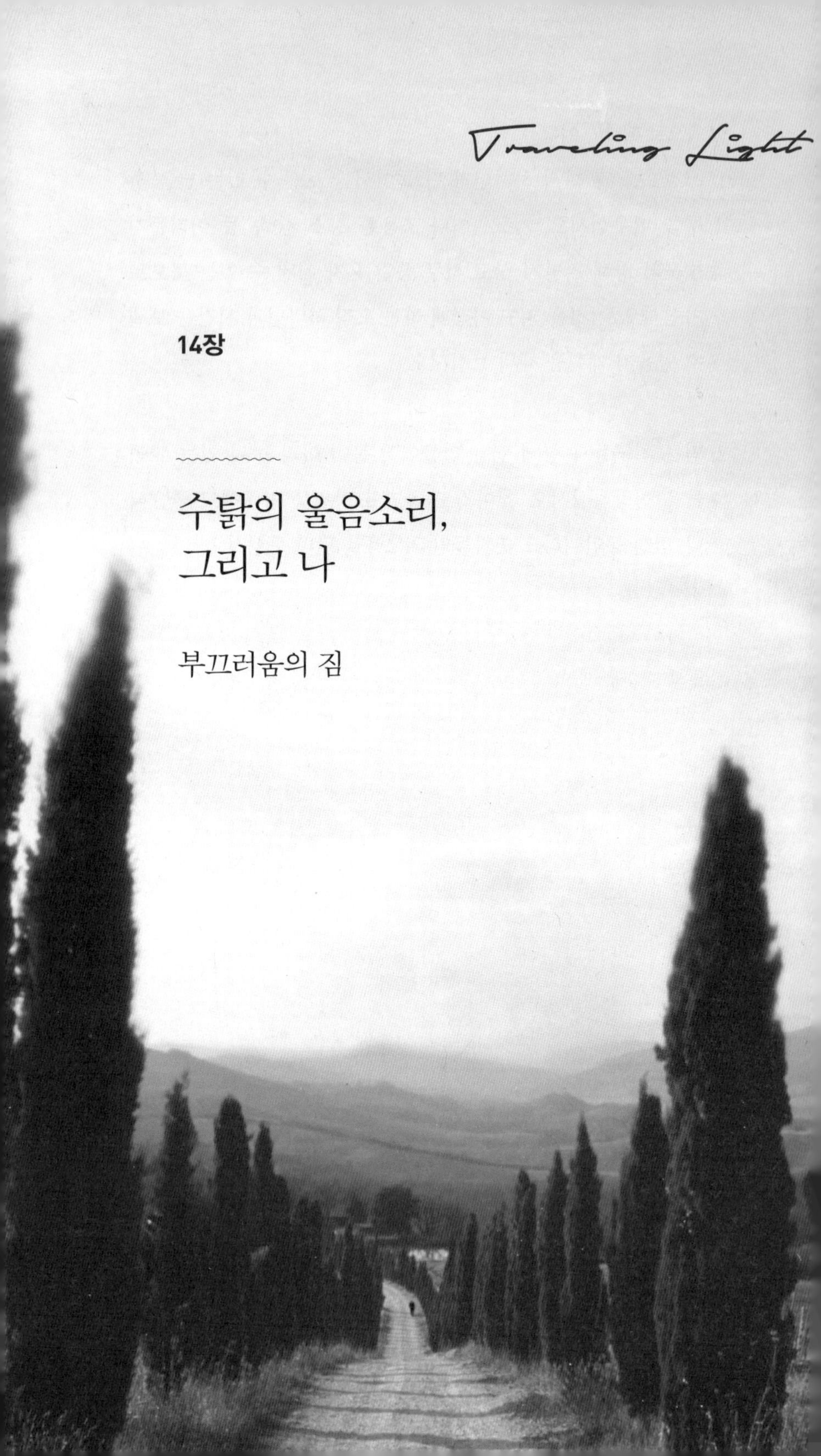

주께서 내 원수의 목전에서
내게 상을 차려 주시고
시편 23:5

저기 저쪽 어두컴컴한 구석에 서 있는 양반이 보이십니까? 저 양반이 베드로입니다. 사도 베드로 말입니다. 대단히 충동적인 인물, 열정의 사람 베드로가 바로 저 사람입니다. 한때는 물 위를 걷기까지 했습니다. 배에서 곧장 갈릴리 호수 위로 뛰어내렸었죠. 그리고 이제 머지않아 수천 명에 이르는 군중들에게 설교하게 될 것입니다. 친구들 앞에서든 적들의 목전에서는 한결같이 두려움이 없을 것입니다. 하지만 지난날 성난 파도 위를 걸었던 바로 그가 오늘밤에는 허둥지둥 몸을 숨기기에 바쁩니다. 장차 담대하게 복음을 외치게 될 베드로지만 지금은 숨 막히는 고통에 눈물을 뚝뚝 흘리고 있습니다.

훌쩍거리는 것도, 흐느끼는 것도 아닙니다. 베드로는 눈물을 쏟고 있습니다. 대성통곡을 터트립니다. 두툼한 손으로는 수염투성이 얼굴을 감쌉니다. 그가 악쓰는 소리가 예루살렘 밤거리에 길게 메아리칩니다. 도대체 무엇이 베드로의 마음을 갈가리 찢어 놓는 걸까요? 차마 입에도 담기 싫은 잘못을 저질렀던 까닭일까요? 절대로 어기지 않겠다던 맹세를 깨트렸기 때문일까요?

고작 몇 시간 전에 베드로는 "주여 내가 주와 함께 옥에도, 죽는 데도 가기를 준비하였나이다"라고 장담했습니다. 예수님의 대답은 "베드로야 내가 네게 말하노니 오늘 닭 울기 전에 네가 세 번 나를 모른다고 부인하리라"(눅 22:33-34)는 것이었습니다.

그리고 배신의 그 밤, 그리스도를 부인한 것만으로도 이미 형편없이 나쁜 짓을 저지른 셈인데, 그렇게 펄쩍 뛰면서 주님을 외면할 필요가 있었을까요? 한 번 부인한 정도라면 조금이라도 동정의 여지가 있었겠지만, 어떻게 세 번씩이나 되풀이한다는 말입니까? 그리고 세 번 부인한 것도 모자라서 저주까지 퍼붓다니요. "그가 저주하며 맹세하여 이르되 나는 그 사람을 알지 못하노라"(마 26:74).

이제 말할 수 없는 후회와 슬픔의 소용돌이에 휘말린 채 베드로는 숨어 있습니다. 눈물을 펑펑 쏟고 있습니다. 그리고 곧 다시 물고기를 잡으러 돌아갈 참입니다.

개중에는 베드로가 고기를 잡으러 간 것이 아니라고 생각하는 이들도 있습니다. 사실 그에게는 갈릴리로 돌아갈 이유가 있었습니다. 그리스도는 진작부터 부활하신 뒤에 제자들을 만나러 갈릴리로 가겠다고 말씀하셨기 때문입니다.

하지만 주님과 약속한 장소는 바다가 아니라 산이었습니다(마 28:16). 만나기로 한 곳이 산이라면, 제자들은 배 위에서 대관절 무얼 하고 있었던 걸까요? 아무도 고기를 잡으러 가라고 시키지 않았습니다. 그런데도 제자들은 그물을 던지러 갔습니다. 베드로가 "나는 물고기 잡으러 가노라"고 말하자 다른 제자들도 "우리도 함께 가겠다"고 화답합니다(요 21:3). 더구나 베드로는 어부 노릇을 그만둔 처지가 아니었던가요?

두 해 전, 예수님께서 사람 낚는 어부로 부르시자 그는 그물을 버려두고 주님을 좇았습니다. 그 뒤로는 고기를 잡으러 간 적이 없었습니다. 성경 어디서도 베드로가 다시 그물을 던지는 장면을 볼 수 없었습니다. 그런데 무엇 때문에 지금 고기를 낚으려고 하는 걸까요? 새삼스럽게 말입니다. 예수님께서는 죽음에서 부활하셨고, 베드로도 빈 무덤을 직접 목격했습니다. 이런 때에 고기를 잡으러 나가다니, 그게 말이 됩니까?

배가 고파서였을까요? 어쩌면 그게 정답일 수도 있겠습니다. 뱃속에서 쪼르륵 소리가 들리는 바람에 그물을 들고 나섰는지도 모르죠.

하지만 그게 아니라면 상한 마음을 견디다 못해서 그랬을 겁니다.

베드로는 자신이 그리스도를 부인했다는 사실을 덮어 둘 수가 없었습니다. 텅 빈 무덤으로도 그의 뇌리에 생생하게 남아 있는 수탉 울음소리까지 지울 수는 없었습니다. 그리스도는 다시 돌아오셨지만, 베드로는 괴로워하고 또 회의했습니다. "주님은 내가 한 짓을 다 아실 텐데, 설마 나 같은 놈을 다시 찾아오시겠어?"

우리도 베드로와 똑같은 괴로움과 회의를 품습니다. 절대로 어기지 않겠다는 맹세를 저버린 사람이 어디 베드로뿐이겠습니까?

"다시는 성적인 순결함을 잃지 않겠습니다."

"지금부터는 정말 혀에 재갈을 물려 놓겠습니다."

"이번 일로 진짜 많이 배웠습니다. 이제 더 이상 떳떳지 못한 짓을 하지 않겠습니다."

그러나 호언장담하는 목소리가 우렁차면 우렁찰수록 부끄러움도 커집니다.

유혹이 닥쳐오면 힘 한 번 못 써 보고 무너집니다.

이러니저러니 뒤에서 누군가를 헐뜯는 자리를 무시하고 지나치기는커녕 얼른 한몫 거듭니다.

진실을 굳게 지키기보다는 애매모호하게 흐려 버립니다.

그러다 닭이 울고 죄의식이 양심을 찌르는 순간 베드로와 더불어 어두컴컴한 구석에 나란히 서게 됩니다. 베드로가 흘렸던 것과 똑같은 눈물을 쏟은 뒤에, 베드로와 똑같은 행동을 합니다. 고기를 잡으러 나가는 것입니다. 옛 생활로 돌아가 버립니다. 예수 믿기 전의 습관으로 반전합니다. 영적인 동기에서 움직이는 게 아니라 본능이 시키는 대로 행동합니다. 그리고 회의에 가득 차서 묻습니다. "주님이 나 같은 인간도 받아 주실까?"

예수님께서는 지금도 그 질문에 답하고 있습니다. 여러분과 나를 포함해서 그리스도를 입에 올릴 때마다 목소리가 기어 들어가는 이들의 질문에 명쾌한 답을 주십니다. 해답은 갈릴리 바닷가에서 베드로에게 주신 선물 속에 있습니다. 예수님께서 무슨 일을 하셨는지 기억하십니까? 물을 가르셨던가요? 배를 금덩어리로 만드시고, 그물을 은으로 바꾸셨나요? 아닙니다. 주님은 훨씬 의미심장한 일을 하셨습니다. 음식을 다 차려 놓고 베드로를 아침상에 부르신 것입니다.

사실 주님과 나눈 식사는 그날 아침에 일어난 일련의 사건들 가운데 특별한 순간 하나에 지나지 않았습니다. 엄청나게 많은 물고기를 잡는 사건이 벌어졌고 제자들이 예수님을 알아보는 장면이 있었습니다. 베드로는 물에 첨벙 뛰어들고 제자들은 열심히 노를 저었습니다. 이어서 바닷가에 숯불을 피워 놓고 기다리시는 예수님을 발견하는 장면으로 넘어갑니다. 지글지글 생선이 익고 떡도 준비됐습니다. 그리고 지옥의 권세를 물리치고 하늘나라를 다스리는 분이 친구들을 불러 앉히고 어서 한 입 떼라고 권하십니다.

누구보다도 은혜에 감격스러워한 이는 베드로였습니다. 사탄에게 밀 까부르듯 농락당했던 그가 이제 주님의 손에서 떡을 받아먹고 있는 것입니다. 베드로는 그리스도가 차려 주신 밥상이 한량없이 기꺼웠습니다. 예수님께서는 바로 그 마귀와 사탄이 지켜보는 가운데 '원수의 목전에서 상을' 차려 주셨습니다.

물론 베드로는 그런 표현을 쓰지 않았을지도 모릅니다. 하지만 다윗은 "주께서 내 원수의 목전에서 내게 상을 차려 주시고"(시 23:5)라고 말합니다. 시편 23편의 목자가 양을 대하는 모습은 예수님께서 베드로를 대하시는 모습과 너무도 비슷합니다.

시편 23편 5절에서 다윗은 이미 산꼭대기에 올라 양들과 함께 즐거운 시간을 보내고 있습니다. 음침한 골짜기를 지나 초록색 풀밭이 펼쳐진 산록까지 양 떼를 잘 인도한 목자는 다음 임무를 잊지 않았습니다. 푸른 풀밭을 준비하는 일이 그것입니다.

산꼭대기는 낯선 땅이므로 목자는 신경 쓸 게 많습니다. 양들이 풀을 뜯을 초장은 평평한 곳이 이상적입니다. 고원의 평지, 또는 구릉 정도면 좋겠습니다. 그리고 독초가 있는지, 물이 넉넉한지 찾아보아야 합니다. 늑대라든가 살쾡이, 곰의 흔적도 살펴야 합니다.

목자는 땅속에 사는 누런 뱀, 까치독사에도 특별한 주의를 기울여야 합니다. 까치독사는 땅굴에 숨어 있다가 순식간에 튀어나와 양의 코를 물어뜯습니다. 상처를 통해 금방 독이 퍼져서 심하면 죽는 수도 있습니다. 독사의 피해를 막기 위해 목자는 뱀 구멍 입구를 따라 둥글게 기름을 칠합니다. 또 양의 코에도 기름을 발라 줍니다. 굴 초입에 먹인 기름은 땅을 미끄럽게 만들어서 뱀이 솟구쳐 빠져나오지 못하게 막아 줍니다. 양의 코에서 나는 기름 냄새는 뱀들을 멀리 쫓아내는 작용을 합니다. 목자는 대단히 실제적인 방식으로 양들을 위해 상을 차려 줍니다.[1]

목자가 양 떼를 위해 하는 일들을 목자 되신 예수님께서 우리를 위해 손수 해 주신다고 생각해 보십시오. 주님이 원수 마귀들을 모두 쫓아내고 편안히 먹고 쉴 수 있는 안전한 자리를 마련하신다고 생각해 보십시오. 베드로를 대하듯 우리를 대하신다고 생각해 보십시오. 실패의 심연, 그 밑바닥을 헤매는 우리를 밥상머리로 부르신다고 생각해 보십시오.

예수님께서 똑같은 일을 해 주셨다면 믿으시겠습니까?

십자가에 달리시기 바로 전날, 예수님께서는 제자들을 위해 상을 차리셨습니다.

> 예수께서 제자 중의 둘을 보내시며 이르시되 성내로 들어가라. 그리하면 물 한 동이를 가지고 가는 사람을 만나리니 그를 따라가서 어디든지 그가 들어가는 그 집 주인에게 이르되 선생님의 말씀이 내가 내 제자들과 함께 유월절 음식을 먹을 나의 객실이 어디 있느냐 하시더라 하라. 그리하면 자리를 펴고 준비한 큰 다락방을 보이리니 거기서 우리를 위하여 준비하라(막 14:12-15).

본문에서 누가 객실을 준비하는지 잘 보십시오. 예수님께서 널찍한 방을 예약하고 제자들을 안내해 줄 안내인까지 섭외해 두셨습니다. 가구가 잘 갖춰진 공간을 확보하고 음식을 차려 놓으셨습니다. 그럼 제자들은 무슨 일을 했습니까? 주님의 말씀에 충실하게 따르고 차린 음식을 열심히 먹었을 뿐입니다.

선한 목자 되신 주님이 손수 상을 차려 주셨습니다.

그뿐만 아니라 독사를 쫓아내셨습니다. 그날 밤, 제자들 가운데 하나가 식사를 다 마치지 못하고 나갔던 걸 기억하십니까? 성경은 "마귀가 벌써 시몬의 아들 가룟 유다의 마음에 예수를 팔려는 생각을 넣었더라"(요 13:2)고 말합니다.

예수님께서는 유다가 식사를 다 마치도록 내버려 두지 않으셨습니다. 예수님의 명령에 따라 유다는 방을 나갑니다. "예수께서 유다에게 이르시되 네가 하는 일을 속히 하라. … 유다가 그 조각을 받고 곧 나가니 밤이러라"(요 13:27, 30).

예수님께서 유다를 내보내는 장면에는 놀라운 복선이 깔려 있습니다. 원수의 목전에서 상을 차려 주셨던 것입니다. 유다는 만찬을 지켜보는 것까지는 허락받았지만, 식사에 참여할 수는 없었습니다.

"너는 여기 앉을 자격이 없어. 내 자녀들을 위한 자리거든. 내 아이들을 미혹해서 함정에 빠트릴 수는 있을지 몰라도, 절대로 자녀들과 나란히 앉을 수는 없어." 그만큼 주님은 우리를 사랑하십니다.

그럼에도 불구하고 여전히 의심을 떨쳐 내지 못하는 이들을 위해 예수님께서는 잔을 건네며 애정 어린 증표를 보여 주십니다.

'자녀들을 위한 자리에 나 같은 사람이 낄 수 있을까?'라고 걱정하는 '베드로들'이 되지 않도록 배려하신 것입니다. "너희가 다 이것을 마시라. 이것은 죄 사함을 얻게 하려고 많은 사람을 위하여 흘리는 바 나의 피 곧 언약의 피니라"(마 26:27-28).

주님은 "너희가 다 이것을 마시라"고 하셨습니다. 자신을 보잘것없는 존재로 여기는 이도 주님의 잔을 받아 마셔야 합니다. 염치없어 하는 이들도 그 잔을 마십니다. 무안해서 어쩔 줄 모르는 이들도 그 잔을 마십니다.

이 스스로 변변치 않은 존재로 생각하는 느낌, 염치없음, 무안함 따위의 감정들이 한꺼번에 닥쳐왔던 시절의 얘기를 나누고 싶습니다.

열여덟 살 무렵, 나는 과음이라는 수렁에 조금씩 빠져들고 있었습니다. 모든 신체 기관에 알코올에 대한 내성이 생겨서, 맥주 여섯 병을 마셔도 끄떡없거나 술기운을 아주 조금 느낄 정도였습니다.

그러나 스무 살 때, 하나님께서는 죽음 이후에 닥쳐올 지옥의 형벌에서는 물론, 당장 세상을 살아가면서 겪게 되는 지옥의 고통에서도 나를 구원해 주셨습니다. 그동안 오직 주님만이 내가 어디로 가고 있는지 알고 계셨을 뿐, 나 자신조차 아무것도 모르는 채 살았던 것입니다.

그런 까닭에 그리스도를 따르겠다고 결심하는 순간 더 이상 술을 마시지 않겠다고 다짐했습니다. 그렇게 술을 끊었습니다. 그런데 이상스럽게도 술을 마시고 싶다는 생각은 좀처럼 사라지지 않았습니다. 욕구가 집요하게 괴롭히거나 마음을 좀먹을 정도까지는 아니더라도, 일주일에 두세 번씩은 '끝내주는 맥주 맛'에 견딜 수 없을 만큼 유혹을 느꼈습니다. 알코올 성분을 없앤 맥주에는 조금도 끌리지 않았다는 점만 보더라도 그때까지 술에서 완전히 자유롭지 못했음을 알 수 있습니다. 알코올 성분이 없는 맥주는 맛이 없었습니다. 내게는 그저 천하에 쓸데없는 물건이었을 뿐입니다. 그러다가 스무 살이 넘으면서부터 술을 더 이상 중요한 문제로 여기지 않게 됐습니다.

하지만 2년 전, 술은 다시 핫 이슈로 떠올랐습니다. 경계수위를 조금 낮추었던 게 화근이었습니다. '바비큐를 먹으면서 맥주 한 잔쯤 곁들이는 정도야 어떻겠어?' 그러다가 얼마 뒤에는 멕시코 요리와 함께 맥주잔을 기울였습니다. 다음 한두 차례는 음식에 곁들이지 않고 그냥 맥주만 마셨습니다.

그렇게 두 달이라는 시간이 흘러가자 '술은 한 방울도 입에 대지 않는다'에서 '일주일에 한두 병만 마신다'로 발전했습니다. 남들에게는 전혀 문제될 게 없는 일인지 몰라도, 내게는 정말 큰 문제였습니다.

불길한 조짐을 느끼기 시작한 건 어느 무더운 금요일 오후였습니다. 매년 열리는 남성 사역자들을 위한 수양회에서 강의를 하던 중이었습니다. 이미 얘기한 것처럼 몹시 뜨거운 날씨였습니다. 정말 목이 말랐습니다. 소다수로는 풀 수 없는 갈증이었습니다. 그래서 음모를 꾸미기 시작했습니다. 도대체 어디에 가면 나를 아는 사람들에게 들키지 않고 맥주를 사 마실 수 있을까?

오직 그 생각에만 매달리다 결국 넘지 말아야 할 선을 지나치고 말았습니다. 최선은 부끄러운 짓을 감쪽같이 해내는 게 아니라 아에 손도 대지 않는 것이었습니다. 하지만 나는 막무가내로 음모를 실행에 옮겼습니다. 큰길에서 떨어진 한적한 편의점 앞에다 차를 대고 손님들이 다 돌아가기를 기다렸습니다. 그리고 가게에 들어가서 맥주를 산 다음 옆구리에 감추고 허겁지겁 자동차로 돌아왔습니다.

순간, 수탉이 울었습니다.

은근 슬쩍 눈치를 보며 빠져나가려는 내 귀에 울음소리가 들렸습니다. 지금 하는 짓이 올바르지 않음을 잘 알고 있었던 터라 또렷이 들을 수 있었습니다. 더욱 마음이 상했던 것은 바로 전날 밤에 무언가를 비밀로 감추고 싶어 하는 딸아이를 야단쳤다는 사실이었습니다. '그래 놓고 지금 내가 무슨 짓을 하고 있는 거지?'

나는 맥주병을 쓰레기통에 던져 버리고 하나님께 용서를 구했습니다. 며칠 뒤에 당시의 갈등을 장로들을 비롯한 교회 식구들과 나누면서 과거의 경험담 정도로 지나갈 수 있어서 다행이라고 생각했습니다.

그런데 그게 아니었습니다. 수치심이 끈덕지게 따라다니며 괴롭혔습니다. '하고많은 사람들 가운데 하필 내가 그런 짓을 하다니. 얼마나 많은 사람들이 내가 저지른 멍청한 짓 때문에 상처를 받았을까? 다른 때도 아니고 어쩌다가 사역자들을 위한 수양회 도중에 그런 짓을 했단 말인가! 이런 위선자 같으니라고!'

탕아가 된 기분이었습니다. 용서가 머릿속까지는 들어왔지만 그걸 약 45센티미터 아래 있는 심장으로 전달하도록 설계된 엘리베이터는 고장이 났습니다.

엎친 데 덮친 격으로 주일이 다가오고 있었습니다. 그리고 어느 순간 정신을 차려 보니 교인들 앞에 앉아서 설교할 순서를 기다리고 있었습니다. 다시 말하지만, 이 문제에 대해 하나님 앞에서 정직했습니다. 장로들 앞에서도 솔직했습니다. 자신을 속이지도 않았습니다. 그런데도 갈등은 계속됐습니다. '하나님께서 나 같은 인간이 설교하는 걸 원하실까?'

해결의 실마리는 '최후의 만찬'에 있었습니다. 주님이 제자들과 함께 나누셨던 만찬 말입니다. 베드로를 위해 식사를 준비하신 바로 그 예수님께서 내게도 똑같은 자리를 마련해 놓으셨습니다. 마귀를 이기신 선한 목자는 다시 한번 사탄을 누르셨습니다. 바닷가에 불을 피워 두고 기다리셨던 바로 그 구세주가 내 마음속에서 꺼져 가던 불씨를 되살리셨습니다.

"너희가 다 이것을 마시라." 나는 그 잔을 마셨습니다. 그렇게 주님이 차려 주신 상으로 돌아가 앉자마자 기분이 좋아졌습니다.

더 깊은 나들이,
말씀을 거쳐 삶 속으로

본문 속으로 떠나는 여행

1. "절대로 어기지 않겠다는 맹세를 저버린 사람이 어디 베드로뿐이겠습니까? '다시는 성적인 순결함을 잃지 않겠습니다.' '지금부터는 정말 혀에 재갈을 물려놓겠습니다.' '이번 일로 진짜 많이 배웠습니다.' '이제 더 이상 떳떳지 못한 짓을 하지 않겠습니다.' 그러나 호언장담하는 목소리가 우렁차면 우렁찰수록 부끄

러움도 커집니다."

▶ 베드로와 똑같은 실수를 저질렀던 경험을 이야기해 보십시오. 베드로처럼 절대로 하지 않겠노라 다짐했던 맹세를 저버린 적이 있습니까? 그래서 어떻게 됐습니까?

▶ 그렇게 어리석은 맹세를 하게 되는 까닭은 무엇입니까? 결국 어떤 결과를 얻게 됩니까?

2. "베드로가 흘렸던 것과 똑같은 눈물을 쏟은 뒤에, 베드로와 똑같은 행동을 합니다. 고기를 잡으러 나가는 것입니다. 옛 생활로 돌아가 버립니다. 예수 믿기 전의 습관으로 반전합니다. 영적인 동기에서 움직이는 게 아니라 본능이 시키는 대로 행동합니다. 그리고 회의에 가득 차서 묻습니다. 주님이 나 같은 인간도 받아 주실까?'"

▶ 영적인 실패를 경험한 뒤에 다시 고기를 잡으러 갔던 경험, 예수 믿기 전의 습관으로 돌아간 경험이 있습니까?

▶ '주님이 나 같은 인간도 받아 주실까?'라고 회의하게 되는 이유는 무엇입니까? 그런 식으로 생각하던 시절이 있습니까?

3. "예수님께서 유다를 내보내는 장면에는 놀라운 복선이 깔려 있습니다. 원수의 목전에서 상을 차려 주셨던 것입니다. 유다는 만찬을 지켜보는 것까지는 허락받았지만, 식사에 참여할 수는 없었습니다. '너는 여기 앉을 자격이 없어. 내 자녀들을 위한 자리거든. 내 아이들을 미혹해서 함정에 빠트릴 수는 있을지 몰라도, 절대로 자녀들과 나란히 앉을 수는 없어. 그만큼 주님은 우

리를 사랑하십니다."

▶ 예수님께서 유다에게 잔치 자리에 들어와 보도록 부르신 까닭은 무엇입니까? 왜 주님은 제자들이 다 모이기 전에 유다를 쫓아내지 않으셨습니까?

▶ 주님의 마지막 만찬이 개인적으로 어떤 의미를 갖는지 이야기해 보십시오. 예배를 드릴 때 어떤 마음이 듭니까?

4. "베드로를 위해 식사를 준비하신 바로 그 예수님께서 내게도 똑같은 자리를 마련해 놓으셨습니다. 마귀를 이긴 선한 목자는 다시 한번 사탄을 누르셨습니다. 바닷가에 불을 피워 두고 기다리셨던 바로 그 구세주가 내 마음속에서 꺼져 가던 불씨를 되살리셨습니다."

▶ 예수님께서 주님을 부인했던 베드로를 위해 식사를 준비하신 까닭은 무엇입니까? 왜 똑같이 주님을 배신했는데도 유다에게는 그렇게 하지 않으셨습니까? 베드로와 유다 사이에 어떤 차이가 있습니까?

▶ 베드로와 맥스 루케이도의 이야기는 참된 회개의 모습을 보여 줍니까? 그렇게 생각하는 이유는 무엇입니까? 주님은 참마음으로 회개하는 이들을 어떻게 대하십니까? 그 사실을 아는 것은 왜 중요합니까?

말씀 속으로 떠나는 여행

1. 요엘 2장 25-27절을 읽으십시오.

25내가 전에 너희에게 보낸 큰 군대 곧 메뚜기와 느치와 황충과 팥중이가 먹
은 햇수대로 너희에게 갚아 주리니 26너희는 먹되 풍족히 먹고 너희에게 놀라
운 일을 행하신 너희 하나님 여호와의 이름을 찬송할 것이라. 내 백성이 영원
히 수치를 당하지 아니하리로다. 27그런즉 내가 이스라엘 가운데에 있어 너희
하나님 여호와가 되고 다른 이가 없는 줄을 너희가 알 것이라. 내 백성이 영원
히 수치를 당하지 아니하리로다.

▶ 죄를 뉘우치는 백성들에게 하나님께서는 무엇을 약속하셨습니까?(25절)

▶ 26-27절 사이에 하나님께서 두 번씩이나 "내 백성이 영원히 수치를 당하지 아니하리로다"라고 말씀하시는 까닭은 무엇입니까?

2. 디모데후서 2장 15-16절을 읽으십시오.

15너는 진리의 말씀을 옳게 분별하며 부끄러울 것이 없는 일꾼으로 인정된 자
로 자신을 하나님 앞에 드리기를 힘쓰라. 16망령되고 헛된 말을 버리라. 그들
은 경건하지 아니함에 점점 나아가나니.

▶ 하나님께서는 15절에서 어떤 명령을 주셨습니까? 어떻게 이 명령에 순종할 수 있습니까?

▶ 15절은 어떻게 "부끄러울 것이 없는 일꾼"이 된다고 지적합니까?

▶ 16절은 어떻게 말합니까?

3. 히브리서 12장 2-3절을 읽으십시오.

2믿음의 주요 또 온전하게 하시는 이인 예수를 바라보자. 그는 그 앞에 있는 기쁨을 위하여 십자가를 참으사 부끄러움을 개의치 아니하시더니 하나님 보좌 우편에 앉으셨느니라. 3너희가 피곤하여 낙심하지 않기 위하여 죄인들이 이같이 자기에게 거역한 일을 참으신 이를 생각하라.

▶ 2절은 어떤 가르침을 줍니까? 어떻게 이 사실이 우리가 부끄러움에 빠지지 않도록 지켜 줄 수 있습니까?

▶ 예수님께서는 십자가의 수치에 대해 어떻게 반응하셨습니까?

▶ 주님이 십자가에서 보여 주신 모범에서 무엇을 배울 수 있습니까?

삶 속으로 떠나는 여행

1. 맥스 루케이도의 이야기에서 수치심이 하나님과의 교제를 어떻게 가로막는지 생각해 보십시오. 비슷한 짐을 지고 있지는 않은지 정직하게 자신을 살피십시오. 혹시 그런 짐이 있거든, 맥스의 용기 있는 사례를 좇아, 누구든 경건하고 신뢰할 만한 친구에게 그 '부끄러운 일'을 고백하십시오. 부끄러운 짐을 인정하고 벗어 버림으로써 짓누르는 부담을 떨쳐 내십시오. 그리고 하나님께서 베푸시는 잔칫상 앞에 기쁜 마음으로 다시 앉으십시오.

2. 기회가 있으면 유대인의 유월절 만찬에 참석해 보십시오. 고대 유월절 만찬이 갖는 메시아적 의미를 설명해 달라고 요청하십시오. 주님이 마지막으로 베푸신 만찬에 대해 깊이 감사하십시오.

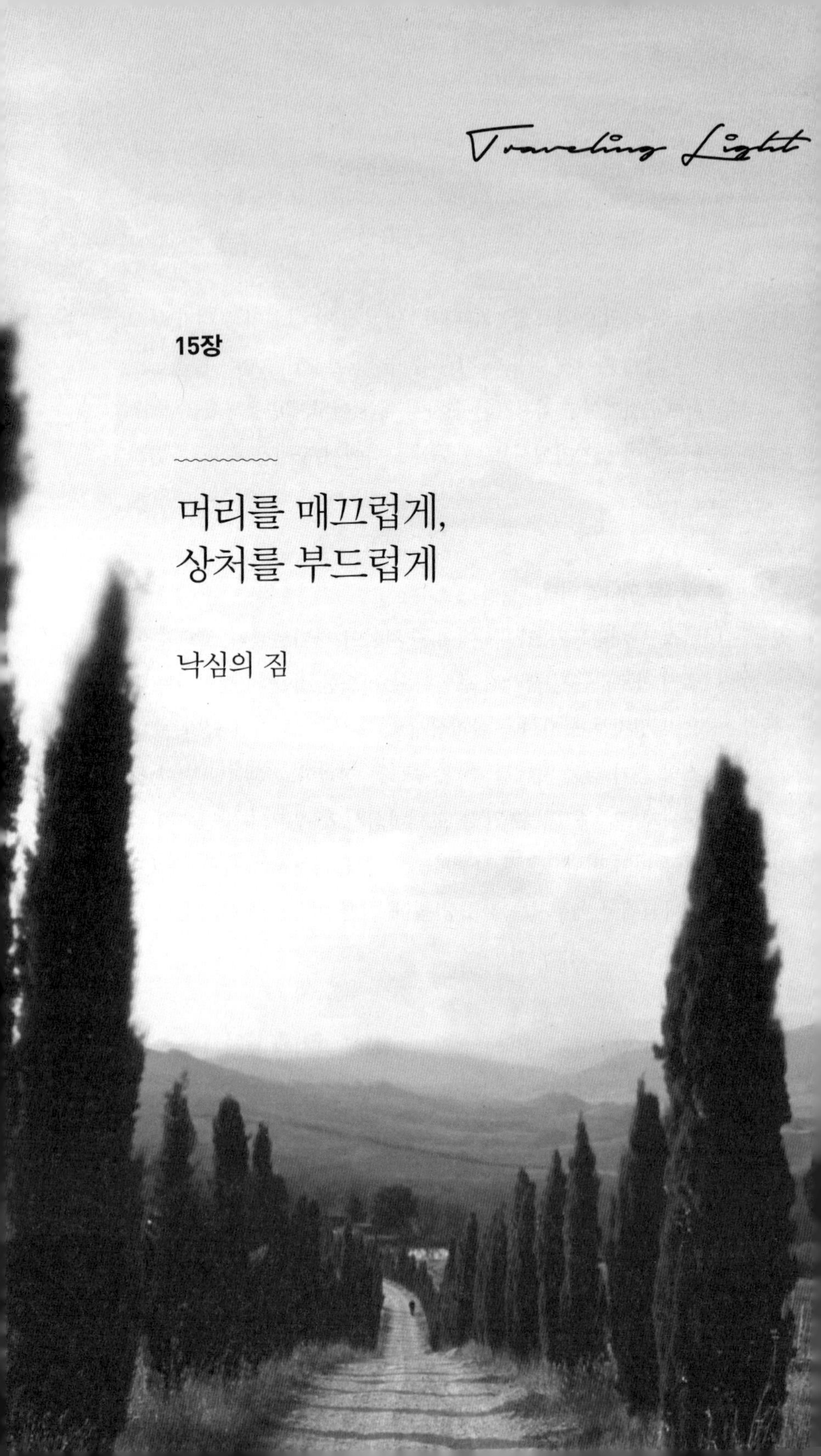

Traveling Light

15장

머리를 매끄럽게, 상처를 부드럽게

낙심의 짐

기름을 내 머리에 부으셨으니

시편 23:5

영어에서 'dis'라는 접두어는 모든 걸 바꿔 버립니다. dis를 붙이면 순종obey은 불순종disobey이 됩니다. 존경respect은 불경不敬, disrespect으로 변하고, 관심regard은 무관심disregard으로 바뀝니다. 능력ability은 무능력disability이 되고, 취업상태engage에 있다가도 무직disengage이 됩니다. 품위grace는 망신disgrace으로 모습이 달라집니다. 모두가 dis를 덧붙이면서 생긴 변화입니다.

아무리 뒤져 봐도 dis만큼 엄청난 영향력을 발휘하는 접두어는 없을 겁니다. 그리고 약속appointment이라는 단어 앞에 붙일 때만큼 dis의 위력이 강력해지는 경우도 찾아보기 힘들 겁니다.

우리는 대부분 약속을 좋아합니다. 심지어 구조적으로 약속이라는 말이 어울리지 않는 사람들까지도 약속을 선호합니다. 약속은 한 치 앞을 알 수 없는 세상에서 무언가 예측이 가능할 것 같은 느낌을 줍니다. 조금만 깊이 생각해 봐도 인간이 미래를 조절할 수 있다고 해 봐야 고작 기관차에서 궤도를 따라 움직이는 열차를 조작하는 정도에 지나지 않는다는 사실을 알 수 있을 텐데, 사노라면 그걸 자꾸 잊어버리고 마치 미래를 통째로 통제할 수 있을 것 같은 환상을 갖습니다.

약속appointment에 dis를 붙인 단어, 낙심disappointment은 인간이 미래를 통제할 수 없음을 상기시킵니다. 낙심은 이루어지지 않은 약속의 다른 이름입니다. 일어났으면 좋겠다고 생각했지만 결국 바라던 일은 일어나지 않았습니다. 건강해지기를 소망했는데 병에 걸렸습니다. 그만 물러나 쉬고 싶지만 일을 해야 합니다. 가정을 원하지만 이혼이 닥쳐왔습니다. 승진을 기대했는데 좌천을 당했습니다. 이젠 어떻게 해야죠? 이 실망감을 어떻게 달래야 할까요?

미스 해비셤의 예를 따를 수도 있습니다. 찰스 디킨스의 소설 《위대한 유산》에 나오는 미스 해비셤을 기억하시죠? 결혼식을 코앞에 두고 약혼자한테 버림받은 그녀에게 약속은 어긋난 기대이자 실망 그 자체였습니다. 미스 해비셤은 어떻게 반응했습니까? 즉시 집 안의 창문이란 창문은 죄다 닫아걸었고, 시계는 찾는 족족 모두 멈춰 세웠으며, 결혼 케이크를 테이블 위에 그대로 놔둬서 거미가 꼬여 들게 만드는가 하면 웨딩드레스가 누렇게 바랜 채 쭈글쭈글 시든 몸을 감싼 꼴이 될 때까지 다른 옷으로 갈아입지 않았습니다. 마음에 생긴 깊은 상처는 미스 해비셤의 삶까지 갉아먹었습니다.

여러분도 미스 해비셤과 똑같은 길을 걸으시겠습니까?

그게 아니라면 사도 바울의 모범을 따라가는 방법이 있습니다. 바울의 목표는 스페인으로 복음을 전하러 가는 것이었습니다. 그러나 하나님께서는 그를 스페인이 아니라 감옥으로 보내셨습니다. 로마 감옥에 주저앉은 그로서는 얼마든지 미스 해비셤 식의 선택을 할 수도 있었지만 그렇게 하지 않았습니다. 대신에, "여기 있는 동안 편지나 몇 통 써야겠다"고 생각했습니다. 성경에서 빌레몬서, 빌립보서, 골로새서, 에베소서 등을 볼 수 있는 것은 모두 그 덕분입니다.[1]

바울이 스페인에 갔더라면 틀림없이 거기서도 커다란 역사를 일으켰을 것입니다. 하지만 앞서 열거한 네 권의 서신서가 일으킨 역사에 비한다면 상대가 되지 않습니다.

여러분도 바울이 앉았던 그 자리에 머문 적이 있었을 겁니다. 분명 그런 시절이 있었습니다. 누구보다도 더 뜨거운 마음으로 스페인에 가기를, 대학에 합격하기를, 결혼하기를, 또는 독립하기를 열망했지만, 뜻밖에 실직이, 임신이, 부모님의 병환이 찾아왔던 시절이 있었습니다. 그리고 감옥에 갇혀 버렸습니다. 스페인은 영영 가 버리고 로마만 남았습니다. 약속은 가고 실망이 남았습니다. 고통이 남았습니다.

여러분은 어떻게 대처했습니까? 아니, 이렇게 묻는 게 더 좋을 것 같군요. 여러분은 어떻게 대처하고 있습니까? 나는 여러분한테 필요한 게 무언지 알고 있습니다. 바로 시편 23편 5절의 네 마디입니다. "기름을 내 머리에 부으셨으니."

무슨 상관이 있는지 모르시겠다고요? 기름이니 뭐니 하는 얘기가 인생에서 좌절을 겪으며 생긴 상처와 무슨 상관인지 감이 잡히지 않습니까?

양 키우는 법을 조금 공부해 보면 도움이 될 수도 있습니다. 옛날 이스라엘 목자들은 해충을 쫓아내고, 싸움을 막고, 상처를 치료하는 세 가지 용도로 기름을 사용했습니다.

사람에게는 곤충들이 귀찮은 존재일 뿐이지만, 양들에게는 생명을 위협할 만큼 치명적입니다. 파리, 모기, 각다귀 따위가 들끓는 여름은 가축들에겐 곧 고문의 세월이 될 수밖에 없습니다.

예를 들어 코파리를 생각해 봅시다. 코파리가 양의 콧속에 있는 부드러운 점막에 알을 낳는 데 성공하고 그 알이 구더기 비슷한 유충으로 자라면 양은 미쳐 날뛰게 됩니다. 어느 목자는 이렇게 설명합니다. "간질간질 괴롭고 성가신 느낌을 떨쳐 내려고 양들은 머리로 나무든, 바위든, 기둥이든, 덤불이든 가리지 않고 격렬하게 들이받습니다. 감염이 심한 경우, 양이 잠시나마 간지러움을 피해 보려고 애쓰다가 광포해져서 마침내 스스로 목숨을 끊는 극단적인 사례도 있습니다."[2]

코파리의 유충이 부화하면 양은 공황 상태에 빠집니다. 달리기도 하고 숨기도 합니다. 몇 시간씩 머리를 치켜들었다 내리기를 반복합니다. 먹을 생각을 하지 않습니다. 잠을 이루지 못합니다. 암컷은 젖을 내지 않고, 따라서 새끼양도 성장을 멈춥니다. 코파리가 불과 몇 마리만 있어도 양 떼는 혼란에 빠지고 심하면 몰사하기도 합니다.

이런 까닭에 목자들은 양에게 기름을 발라 줍니다. 머리에도 기름 비슷한 방충제를 골고루 칠합니다. 방충제 향기 때문에 곤충들이 얼씬거리지 못하게 되고 덕분에 양 떼는 평온하게 지낼 수 있습니다.

하지만 평온함은 짝짓기 철이 이르기 전까지뿐입니다. 양들은 일 년 내내 조용하고 온순한 동물이지만, 짝짓기 철이 되면 만사가 달라집니다. 숫양들은 뿔을 난폭하게 휘둘러 댑니다. 녀석들은 목장 주위를 활보하면서 자기 영역에 새로 들어온 암컷의 주의를 끌기 위해 고개를 길게 뺍니다.

암양의 눈길을 끌었다 싶으면 고개를 뒤로 젖히면서 말합니다. "아가씨, 내 짝이 되어 줄래요?" 그때쯤, 남자 친구가 나타나서 암양더러 아무 데나 안전한 곳에 가 있으라고 말합니다. "자기, 저쪽에 좀 가 있어 봐. 여기 있다간 다칠지도 몰라." 이어서 두 숫양은 머리를 낮췄다가 있는 힘껏 꽝하고 부딪칩니다. 난데없이 박치기 시합이 벌어지는 것입니다.

목자는 양들이 부상을 입지 않도록 기름을 발라 줍니다. 미끄럽고 기름기 많은 물질을 코와 머리에 문질러 줍니다. 이렇게 윤활제를 발라 주면 머리끼리 정통으로 부딪치지 않고 미끄러져 빗나가게 됩니다.

하지만 아무리 그래도 상처가 나는 경우가 있습니다. 바로 그런 상처 때문에 목자는 양들에게 기름을 발라 줍니다.

목자가 치료해 주어야 하는 상처들은 대부분 초장에 살다 보면 어쩔 수 없이 생기는 것들입니다. 가시덤불에 찔리기도 하고 날카로운 바위 모서리에 베이기도 합니다. 양들이 나무에 머리를 너무 세게 비비다가 생기는 상처도 있습니다. 이런저런 이유로 양들은 상처를 입습니다. 따라서 목자는 정기적으로, 잦게는 날마다 어디 베이거나 까진 데가 없는지 양들을 살펴보아야 합니다. 목자는 벤 자리가 덧나지 않기를 바랍니다. 오늘의 상처가 내일의 감염으로 연결되지 않기를 바랍니다.

상처가 깊어지기를 바라지 않기는 하나님도 마찬가집니다. 양들처럼 우리도 상처를 입습니다. 실망과 낙심이 꼬리에 꼬리를 물고 마음을 스쳐 가는 동안 생긴 상처들입니다. 조심하지 않으면 실망은 곧 쓰라린 통증으로 이어집니다. 양들이 그렇듯, 우리도 치료를 받아야 합니다. "그는 우리를 지으신 이요 우리는 그의 것이니 그의 백성이요 그의 기르시는 양이로다"(시 100:3).

상처를 입지 않도록 예방한다거나 기왕에 생긴 상처를 치료하는 처치는 양들에게만 필요한 게 아닙니다. 인간들 역시 서로에게 분을 품고 머리를 힘껏 들이받다가 상처를 입습니다. 살아가면서 마주치는 실망 중에는 사소한 서운함에서 시작되는 경우가 적지 않습니다. 우리가 가진 문제들 가운데 상당 부분은 사자만큼 커다란 어려움이 덮쳐 오기 때문이 아니라, 오히려 벌레 떼처럼 일상적으로 마주치는 좌절, 자잘한 충돌, 상심 따위가 공격해 오는 데서 비롯됩니다.

다 같이 모여서 저녁 먹는 자리에 초대받지 못할 수도 있습니다. 원하던 팀에 들어가지 못할 수도 있습니다. 장학금을 놓칠 수도 있습니다. 정말 열심히 일했지만 상사가 알아주지 않는 경우도 있습니다. 모처럼 새 옷을 차려입었는데 남편이 무심하게 지나쳐 버리기도 합니다. 엉망진창이 된 마당을 치우지 않고 그냥 내버려 두는 이웃이 있을 수도 있습니다. 점점 화가 나고, 우울해지고, 마음이 상합니다.

양들처럼 우리도 제대로 잠을 이루지 못합니다. 잘 먹지도 못합니다. 되풀이해 가며 머리로 나무를 들이받습니다.

혹은 다른 사람을 들이받기도 합니다. 놀라운 것은 인간들이 서로에게 정말 야박하게 군다는 사실입니다. 가장 깊이 패인 상처 가운데 몇 개는 다른 사람과 있는 힘껏 박치기를 하는 과정에서 생긴 흔적입니다.

양 떼의 경우에서 보듯, 그 밖의 상처들은 목장에서 생활하노라면 자연스럽게 생기는 것들입니다. 하지만 형편은 양 떼들이 머무는 목장 쪽이 훨씬 더 낫습니다. 양 떼들은 가시와 엉겅퀴에 상처를 입지 않도록 조심하면 그만입니다. 우리는 노쇠하고 병드는 문제와 맞서야 합니다. 배신과 불의한 일을 겪기도 합니다. 설령 질릴 때까지 세상에 살 수 있는 사람이라 해도, 이런저런 형태의 깊고 깊은 상처를 피해 갈 길은 없습니다.

그러므로 양이 그러하듯 우리도 상처를 입게 마련입니다. 그리고 양들이 그러하듯 우리에게도 목자가 있습니다. 앞서 읽었던 시편 100편 3절 말씀이 기억나십니까? "우리는 그의 것이니 그의 백성이요 그의 기르시는 양이로다." 하나님께서는 목자가 양을 위해 하는 일들을 우리에게 해 주십니다. 주님이 우리를 돌보십니다.

복음서들이 한결같이 가르치는 사실이 있는데, 바로 예수님은 '선한 목자'라는 것입니다. 주님은 스스로 "나는 선한 목자"라고 선언하셨습니다. "선한 목자는 양들을 위하여 목숨을 버리거니와"(요 10:11).

예수님께서도 제자들을 보호하기 위해 기름을 발라 주셨습니다. 주님은 제자들을 위해 기도하셨습니다. 제자들을 파송하기 전에 단단히 채비를 갖춰 주셨습니다. 비유에 감춰진 비밀을 풀어 보이셨습니다. 제자들 사이의 시비를 멈추게 하시고 두려움을 잠재우셨습니다. 선한 목자였기에 그분은 제자들이 낙담하지 않도록 보호하셨습니다.

예수님께서는 상처를 미리 막으셨을 뿐 아니라 불가피하게 다친 곳을 치료하기도 하셨습니다. 앞을 보지 못하는 이의 눈을 만져 주셨습니다. 한센병 걸린 이를 만져 주셨습니다. 이미 숨이 멎은 소녀를 만져 주셨습니다. 예수님께서 양 떼를 돌보십니다. 진리를 찾아 헤매는 니고데모의 마음도 주님이 만져 주셨습니다. 삭개오의 열린 마음도 만져 주셨습니다. 막달라 마리아의 상한 마음도 어루만져 주셨습니다. 글로바의 혼란스러운 마음도 만져 주셨습니다. 바울의 완고한 마음과 베드로의 통회하는 마음도 만져 주셨습니다. 예수님께서 양 떼를 돌보십니다. 그리고 그분이 우리도 돌보아 주실 것입니다.

물론 우리가 자신을 맡길 때만 그분은 개입하십니다. 하지만 어떻게 해야 주님께 자신을 맡길 수 있습니까? 절차는 아주 간단합니다.

우선 하나님 앞에 나아가십시오. 다윗은 자기 상처를 아무에게도 보이지 않고 오직 하나님께만 의탁했습니다. 그는 "주께서… 기름을 내 머리에 부으셨으니"라고 말합니다. '주님의 선지자가'라든지, '주님의 선생들이', 또는 '주님의 상담원들이'라고 말하지 않습니다. 물론 선지자나 교사, 상담원들이 우리를 하나님께로 인도할 수 있습니다. 주님을 더 잘 이해하는 데 도움을 줄 수도 있습니다. 하지만 아무도 하나님께서 하시는 일을 대신할 수 없습니다. 오직 하나님만이 상처를 치료하실 수 있기 때문입니다. 하나님은 '상처 입은 마음'을 고치십니다(시 147:3, 공동번역).

실망의 짐을 하나님 앞에 내놓은 적이 있습니까? 이웃이나 친척, 친구들과는 실망한 마음을 나누신 일이 있을 겁니다. 하지만 그걸 하나님께 드렸던 경험이 있습니까? 사도 야고보는 "너희 중에 고난당하는 자가 있느냐. 그는 기도할 것이요"(약 5:13)라고 말합니다.

실망의 보따리를 들고 누군가를 찾아가기 전에 먼저 하나님께 나아가십시오.

인간의 상처 때문에 하나님을 성가시게 만들어선 안 된다고 믿는 이가 있을지도 모릅니다. '뭐니 뭐니 해도 하나님께서는 기근이라든지 전염병, 전쟁 따위를 신경 쓰느라 바쁘실 거야. 내 사소한 문제까지 돌아보실 틈이 있을 리가 없지'라고 생각할 수도 있습니다.

그건 하나님께서 결정하실 문제입니다. 주님은 결혼식장에 포도주를 마련해 주는 일까지 살피셨습니다. 베드로의 세금 문제에도 관심을 가지고 동전을 마련해 주셨습니다. 우물가의 여인에게도 마음을 쓰고 질문을 던지셨습니다. "하나님께서는 여러분을 돌보고 계십니다"(벧전 5:7, 새번역).

첫 번째 단계는 올바른 대상 앞에 서는 것입니다. 예수님께 나아가십시오.

두 번째 단계는 합당한 태도를 취하는 것입니다. 하나님 앞에 엎드리십시오. 기름 부음을 받으려면, 양은 꼼짝 않고 서서 머리를 낮추고 목자의 처분에 자신을 맡겨야 했습니다. 베드로는 이렇게 말합니다. "그러므로 하나님의 능하신 손 아래에서 겸손하라. 때가 되면 너희를 높이시리라"(벧전 5:6).

우리는 하나님 앞에 나아가서 그저 간구할 뿐, 요구할 수 없습니다. 넘치는 소망과 가난한 심령으로 그분 앞에 서는 것입니다. 마음의 소원을 말하지만 주님의 의를 구합니다. 그리고 하나님께서 스페인 선교 대신 로마 감옥을 주신다 해도 받아들입니다. 하나님께서 그 밤낮 부르짖는 택하신 자들의 원한을 풀어 주시며 오래 참지 않으신다(눅 18:7)는 사실을 잘 알고 있기 때문입니다.

하나님께 나아가서 그 앞에 엎드린 뒤에는 주님께 맡겨야 합니다.

양은 어째서 기름이 파리를 쫓아내는지 모릅니다. 어떻게 기름이 상처를 치료하는지도 알지 못합니다. 사실 양이 아는 것이라곤 목자가 늘 함께하며 돌봐 준다는 것뿐입니다. 그리고 우리 역시 이것만 알고 있으면 그만입니다. "여호와여 나의 영혼이 주를 우러러보나이다. 나의 하나님이여 내가 주께 의지하였사오니"(시 25:1-2).

가라… 엎드리라… 맡기라.

이 정도라면 한번 시도해 볼 만하지 않습니까?

더 깊은 나들이,
말씀을 거쳐 삶 속으로

본문 속으로 떠나는 여행

1. "낙심은 이루어지지 않은 약속의 다른 이름입니다. 일어났으면 좋겠다고 생각했지만 결국 바라던 일은 일어나지 않았습니다. 건강해지기를 소망했는데 병에 걸렸습니다. 그만 물러나 쉬고 싶지만 일을 해야 합니다. 가정을 원하지만 이혼이 닥쳐왔습니다. 승진을 기대했는데 좌천을 당했습니다."

   ▶ 최근에 당한 낙심스러운 일은 무엇입니까?

▶ 그런 일이 닥쳤을 때 어떻게 대처했습니까?

2. "양들처럼 우리도 상처를 입습니다. 실망과 낙심이 꼬리에 꼬리를 물고 마음을 스쳐 가는 동안 생긴 상처들입니다. 조심하지 않으면 실망은 곧 쓰라린 통증으로 이어집니다. 양들이 그렇듯, 우리도 치료를 받아야 합니다."

▶ 꼬리를 물고 이어지는 실망스러운 일들은 마음에 어떤 상처를 남깁니까?

▶ 어떤 종류의 일을 겪을 때 가장 쓰라린 고통을 느낍니까? 그 고통을 어떻게 처리합니까?

3. "우리가 가진 문제들 가운데 상당 부분은 사자만큼 커다란 어려움이 덮쳐 오기 때문이 아니라, 오히려 벌레 떼처럼 일상적으로 마주치는 좌절, 자잘한 충돌, 상심 따위가 공격해 오는 데서 비롯됩니다."

▶ 일상 속에서 마주치는 자잘한 일들 가운데 어떤 것들이 우리를 가장 깊은 좌절 속에 빠트립니까?

▶ 벌레 떼처럼 공격해 오는 일상적인 좌절, 자잘한 충돌, 상심 따위에 시달리는 사람이 있다면 어떻게 도울 수 있습니까?

4. "예수님께서 양 떼를 돌보십니다. 그리고 그분이 우리도 돌보아 주실 것입니다. 물론 우리가 자신을 맡길 때만 그분은 개입하십니다. 하지만 어떻게 주님께 자신을 맡길 수 있습니까? 절차는 아주 간단합니다. 우선 예수님 앞에 나아가십시오. 두 번

째 단계는 합당한 태도를 취하는 것입니다. 하나님 앞에 엎드리십시오. 마지막으로 주님께 맡겨야 합니다."

▶ 어떻게 예수님 앞에 나아갈 수 있습니까? 예수님 앞에 나아간다는 것은 무슨 뜻입니까?

▶ 하나님 앞에 엎드리는 것이 꼭 필요한 까닭은 무엇입니까? 하나님 앞에 엎드린다는 것은 무슨 뜻입니까?

▶ 하나님께 맡긴다는 것은 어떤 의미입니까? 실제로 어떻게 주님께 맡길 수 있습니까?

말씀 속으로 떠나는 여행

1. 시편 22편 2-5절을 읽으십시오.

> 2내 하나님이여 내가 낮에도 부르짖고 밤에도 잠잠하지 아니하오나 응답하
> 지 아니하시나이다. 3이스라엘의 찬송 중에 계시는 주여 주는 거룩하시니이
> 다. 4우리 조상들이 주께 의뢰하고 의뢰하였으므로 그들을 건지셨나이다. 5그
> 들이 주께 부르짖어 구원을 얻고 주께 의뢰하여 수치를 당하지 아니하였나
> 이다.

▶ 2절에서 다윗은 무엇 때문에 낙심해서 괴로워하고 있습니까? 다윗과 똑같은 느낌을 받았던 적이 있습니까?

▶ 3-5절에서 다윗은 이 실망감과 어떻게 싸우고 있습니까?

▶ 4-5절은 옛사람들이 하나님을 의지한 결과 어떻게 됐다고 말합니까? 이 말씀은 우리에게 어떤 위로를 줍니까?

▶ 예수님께서는 십자가에 달리셨을 때 이 시편을 인용하셨습니다. 시편 22편은 주님께 실망에 대해 무엇을 가르쳐 주겠습

니까?

2. 로마서 5장 1-5절을 읽으십시오.

[1]그러므로 우리가 믿음으로 의롭다 하심을 받았으니 우리 주 예수 그리스도
로 말미암아 하나님과 화평을 누리자. [2]또한 그로 말미암아 우리가 믿음으로
서 있는 이 은혜에 들어감을 얻었으며 하나님의 영광을 바라고 즐거워하느니
라. [3]다만 이뿐 아니라 우리가 환난 중에도 즐거워하나니 이는 환난은 인내를,
[4]인내는 연단을, 연단은 소망을 이루는 줄 앎이로다. [5]소망이 우리를 부끄럽게
하지 아니함은 우리에게 주신 성령으로 말미암아 하나님의 사랑이 우리 마음
에 부은 바 됨이니.

▶ 어떻게 우리는 하나님으로 더불어 화평을 누릴 수 있습니까?(1절)

▶ 이 화평은 어떤 유익을 줍니까?(2절) 이것은 우리에게 어떤 느낌을 줍니까?

▶ 환난과 소망 사이에는 무슨 관계가 있습니까?(3-5절)

▶ 소망이 우리를 실망시키지 않는 까닭은 무엇입니까?(5절) 일상생활 가운데서 이 사실은 어떤 의미를 갖습니까?

3. 시편 147편 1-3절을 읽으십시오.

[1]할렐루야. 우리 하나님을 찬양하는 일이 선함이여 찬송하는 일이 아름답고
마땅하도다. [2]여호와께서 예루살렘을 세우시며 이스라엘의 흩어진 자들을 모
으시며 [3]상심한 자들을 고치시며 그들의 상처를 싸매시는도다.

▶ 이스라엘 백성들은 낙심의 문제를 어떻게 처리했습니까?(1절)

▶ 3절에 따르면 하나님께서는 주님의 백성들을 어떻게 격려하셨습니까?

▶ 하나님께서 어떻게 상한 마음을 치료하십니까? 자신의 삶 가운데서 일어난 하나님의 치유하심에 대해 이야기해 봅시다.

삶 속으로 떠나는 여행

1. 삶 속에서 겪었던 대단히 낙심스러운 일들의 목록을 만들어 보십시오. 커다란 일부터 써 내려가십시오. 기도하면서 그것들을 하나님 앞에 내려놓으십시오. 하나씩 빠짐없이 그분에게 드리십시오.

2. 시간과 열정을 바쳐서 정기적인 기도 시간을 가지십시오. 시간을 정하고, 장소를 정하고, 기간을 정하고, 하나님께 간구해야 할 것과 감사해야 할 것들을 정리하십시오. 그리고 실행에 옮기십시오.

16장

복숭아 조림을 담그는 계절

질투의 짐

내 잔이 넘치나이다

시편 23:5

교회 식구 가운데 세어러라는 분이 2주일 전에 담갔다면서 복숭아 조림을 한 병 선물했습니다. 세상을 다 뒤져 봐도 그 양반이 담근 복숭아 조림보다 맛있는 음식은 많지 않을 겁니다. 만에 하나, 총살형을 당하는 일이 생긴다 해도 '마지막 담배' 따위는 거들떠보지도 않겠지만, 대신 세어러가 만든 복숭아 조림을 준다면 그걸 먹고 기운을 내서 당당하게 죽음을 맞을 자신이 있습니다. 조림을 한 스푼 떠서 입에 넣으면 천국의 맛을 보는 기분입니다.

하지만 세어러의 선물은 오래가질 않는다는 게 문제입니다. 병 바닥이 점점 드러나는 걸 볼 때마다 마음이 서글퍼집니다. 길 잃은 카우보이가 물통을 쳐들고 흔들어 보듯, 머지않아 남아 있는 마지막 한 방울까지 긁어내려고 병을 흔들어 댈 게 뻔합니다.

솔직히 말해서 그날이 오는 게 두렵습니다. 마지막 순간이 점점 닥쳐온다는 사실 자체가 내 행동에 영향을 미칩니다. 혹시 한 스푼이라도 내 복숭아 조림을 노리는 자가 있다면, 필경 클린트 이스트우드의 으르렁거리는 대사를 다시 듣게 될 겁니다. "이봐, 꿈도 꾸지 말라고!"

내가 세어러의 남편 케이스였다면 이런 문제 따위는 없을 게 분명합니다. 먹고 싶은 대로 복숭아 조림을 먹을 수 있을 테니 말입니다. 딸그락 딸그락 숟가락으로 병 바닥을 긁는 소리가 난들 케이스가 눈 하나 깜짝 할까요? 그럴 리가 없습니다. 복숭아 조림을 무제한 공급받을 수 있는데 뭐가 아쉽겠습니까.

어떤 이들은 케이스가 소화할 수 있는 분량 이상으로 과도하게 조림을 차지하고 있다고 말할 것입니다. 그렇게 잔뜩 가지고 있으면서도 너무 적은 양을 나눠 줬다고 생각하는 이도 있겠지요. "냉장실 가득 복숭아 조림을 가지고 있으면서 겨우 한 병이 뭐야! 복숭아 조림 나라로 들어가는 열쇠를 자기 혼자 독차지할 셈인가? 아니면 자기를 조림 나라 주인으로 임명한 사람이 있기라도 한 거야? 누가 케이스를 복숭아 조림 왕국의 왕으로 삼았지? 불공평하기 짝이 없군. 이건 옳지 않아. 사실, 생각하면 생각할수록…."

하지만 정확하게 뭐가 잘못된 겁니까? 이런 생각을 하는 것 자체가 문제입니다. 의식의 흐름을 거슬러 올라가 보면 그 끝에는 치명적인 질투의 손가방이 있기 때문입니다.

실생활에서는 보지 못했더라도, 최소한 스파이 영화에선 구경한 적이 있을 겁니다. 암살범은 손가방을 가지고 뒤편 계단을 통해 건물 꼭대기 층 빈방으로 들어갑니다. 혹시 지켜보는 눈이 있는지 확인한 뒤에 가방을 엽니다. 완충재로 만든 틀 안에 분해된 소총 부품들이 보입니다. 망원 조준경, 개머리판 따위의 여러 부품들이 저격수의 손길이 닿기를 기다리고 있습니다. 암살범은 총을 조립하고 나서 살해할 대상이 도착하기를 기다립니다.

희생자는 어떤 사람들입니까? 암살범보다 무엇이든 더 많이 가진 이들은 누구라도 저격 대상입니다. 금붙이를 더 많이 가진 사람, 더 좋은 차를 타는 사람, 더 넓은 사무실을 가진 사람, 더 많은 교인을 거느린 사람은 모두 암살 리스트에 올라갑니다. 질투는 무언가를 더 많이 가진 상대를 조준경의 십자선 위에 올려놓습니다. "여러분은 욕심을 부려도 얻지 못하면 살인을 하고, 탐내어도 가지지 못하면 다투고 싸웁니다"(약 4:2, 새번역).

"진심으로 얘기하는 건데, 절대로 그런 짓은 하지 않을 겁니다. 사람을 죽이다니요"라고 말하고 싶습니까?

그렇고말고요. 총으로 살인을 하지는 않겠죠. 하지만 혀로는 어떨까요? 째려보는 눈초리로는 어떨까요? 뒤에서 수군거리는 입방아로는 어떨까요? 그래서 잠언 6장 34절에서는 "투기로 분노하여 원수 갚는 날"이란 표현을 썼습니다. 지금 눈길이 누군가에게 머물러 있습니까? 조심하십시오. 지혜자는 "질투를 하면 뼈까지 썩는다"(잠 14:30, 새번역)고 지적합니다.

시기심을 진정시켜 줄 억제제가 필요하십니까? 질투를 가시게 할 해독제를 구하십니까? 지금 공부하고 있는 시편 23편은 바로 그 억제제, 또는 해독제를 제시하고 있습니다. 손에 넣지 못한 복숭아 조림을 안타까워하지 말고 손에 쥐고 있는 풍성한 잔을 기뻐하라는 것입니다.

"내 잔이 넘치나이다"(시 23:5).

잔에 포도주가 가득 차서 흘러넘치고 있습니다. 본문에서 보는 그대롭니다. 포도주는 잔의 테두리까지 차오르고 마침내 넘쳐서 밖으로 쏟아져 내립니다. 포도주의 양이 얼마나 넉넉하던지 잔을 가득 채우고도 남습니다. 다윗은 하나님께서 주고 싶어 하시는 축복을 다 담기에는 우리 마음의 잔이 너무도 작다고 말합니다. 정말로 잔을 가득 채우고 급기야 테이블 위로 넘쳐흐를 때까지 하나님께서는 은혜를 붓고 또 부어 주십니다.

지금부터 100여 년 전 D. L. 무디의 친구이자 영국의 침례교 목사인 마이어F. B. Meyer는 이런 글을 남겼습니다.

> 하나님께서 더할 나위 없이 풍성한 은총을 우리 잔에 부어 주셨으니 어찌 잔이 넘치지 않겠는가? 주님과 함께 있으면 소는 항상 살진 소가 되고, 옷은 가장 멋진 옷으로 변한다. 기쁨을 표현하자면 말이 모자라고, 그 평안은 인간이 헤아릴 수 있는 수준을 넘었다. 하나님의 사랑 안에서는 시샘의 여지가 없다. 약을 조제하는 의사는 필요한 성분을 정밀하게 측정한 다음 한 방울 한 방울 조심스럽고도 정확하게 약제를 떨어뜨려 가며 용량을 조절하지만, 주님은 그런 방식으로 은혜를 베푸시는 분이 아니다. 하나님의 방법에는 일관된 특징이 있는데, 엄청난 은혜를 차고 넘치도록 아낌없이 부어 주신다는 것이다.[1]

'하나님께서 모자라게 주시면 어떻게 할까?' 따위는 걱정할 필요가 없습니다. 우리들의 잔에는 늘 은혜가 넘쳐흐릅니다.

질문을 하나 하겠습니다. 아주 중요한 질문입니다. 무언가 조금씩 줄어드는 것들에 눈길을 주는 데서 질투가 비롯된다면, 영원히 변치 않는 것에 초점을 맞추고 살면 어떻게 될까요? 소유하지 못한 것을 생각하기 때문에 시샘이 일어나는 것이라면 넉넉히 가진 것에 주목한다면 만족을 얻을 수 있을까요?

한번 그렇게 해 봅시다. 그리고 무슨 일이 일어나는지 살펴봅시다. 지금부터 성경 말씀에 의지해서 우리 삶 속에 흘러넘치는 하나님의 은혜를 두 개만 골라서 몇 줄 짤막한 글로 토를 달아보겠습니다.

하나님께서 주신 풍성한 은혜. "율법이 들어온 것은 범죄를 더하게 하려 함이라. 그러나 죄가 더한 곳에 은혜가 더욱 넘쳤나니"(롬 5:20). 넘친다는 말에는 잉여, 풍부, 과잉이라는 의미가 깔려 있습니다. 태평양에 사는 물고기가 혹시 바다가 마를까 걱정하는 게 가당키나 한 일입니까? 한마디로 웃기는 일입니다. 태평양에는 언제나 엄청난 물이 넘실거리기 때문입니다. 종달새가 하늘에 날아다닐 공간이 있을지 염려할 필요가 있습니까? 그럴 이유가 없습니다. 하늘은 넓고 또 넓기 때문입니다.

크리스천이 주님이 베푸시는 사랑의 잔이 빌까 봐 조바심치는 게 바른 태도입니까? 그런 사람이 있을 수도 있습니다. 하나님의 풍성한 은혜를 깨닫지 못하는 사람이라면 말입니다. 여러분은 어떻습니까? 하나님께서 주신 잔에 그분의 사랑이 흘러넘치고 있음을 늘 실감하고 있습니까? 아니면 혹시 잔이 말라버릴까 봐 언제나 전전긍긍하고 있습니까? 주님이 서명하신 보증서의 만기가 지나 버렸습니까? 저지른 실수가 너무 커서 하나님의 은혜를 기대할 염치가 없습니까?

문득 사도 바울 같은 인물도 그런 문제로 두려워한 적이 있었는지 궁금해집니다. 사도가 되기 전, 바울은 '살인자 사울'이었습니다. 전에는 그리스도인들을 격려하러 다니는 게 아니라 잡아 죽이러 다녔습니다. 그런 전력을 가진 바울의 새 삶은 어떤 모습이었을까요? 자기 때문에 부모를 잃은 아이들을 만나기도 했을까요? 잠들 때마다 그들의 얼굴이 꿈에 나타났을까요? 늘 "하나님, 나 같은 놈도 용서해 주십니까?"라고 묻곤 했을까요?

해답은 바울이 디모데에게 쓴 편지 내용 중 "우리 주님께서 나에게 은혜를 넘치게 부어 주셔서, 그리스도 예수 안에서 얻는 믿음과 사랑을 누리게 하셨습니다"(딤전 1:14, 새번역)라고 말한 부분에서 찾을 수 있습니다.

하나님은 은혜를 베푸시기에 인색한 분이 아닙니다. 싸구려 잔이거나 이가 빠진 잔이라 할지라도 거기다가 넘치도록 사랑을 부어 주십니다. 어디를 가나 '최우수 고객' 대접을 받지 못하는 사람도 하나님의 품에서는 한없이 너그러운 용서를 경험할 수 있습니다. "여호와께로 돌아오라. 그리하면 그가 긍휼히 여기시리라"(사 55:7).

소망. 그렇기 때문에 우리 잔에는 소망이 넘쳐흐릅니다. "소망의 하나님이 모든 기쁨과 평강을 믿음 안에서 너희에게 충만하게 하사 성령의 능력으로 소망이 넘치게 하시기를 원하노라"(롬 15:13).

세상을 살면서 하늘나라의 소망을 품는다는 것은 어릴 적 할머니 댁 지하실에 스며들던 빛살과도 같습니다. 내가 복숭아 조림을 그토록 좋아하게 된 것은 할머니 덕분이었습니다. 할머니는 직접 복숭아 조림을 담가서 집 옆 지하 창고 속에 넣어 두었습니다. 땅 속 깊은 곳이어서 내려가자면 나무 계단을 이용해야 했습니다. 베니어합판으로 사방에 벽을 댔고 흙냄새가 났습니다.

어린 시절, 나는 종종 창고 안에 들어가 문을 걸어 잠그고 깜깜

한 데서 얼마나 오래 버틸 수 있는지 시험하곤 했습니다. 창고 안에는 실낱 같은 빛줄기조차 새어들지 않았습니다. 거기서 숨소리, 심장 뛰는 소리를 들으며 쥐 죽은 듯 앉아 있다가 더 이상 견딜 수 없게 되면 후다닥 계단을 뛰어 올라가서 지하실 문을 활짝 열어젖힙니다. 순간, 엄청난 빛 뭉치가 지하실로 쏟아져 들어옵니다. 얼마나 커다란 변화입니까! 방금 전까지 아무것도 볼 수 없었는데, 눈 깜짝할 새에 모든 걸 다 볼 수 있다니 말입니다.

지하 창고로 빛이 밀려들 듯, 하나님께서 주시는 소망은 폭포처럼 세상에 쏟아져 들어옵니다. 병든 자에게는 치유의 광선을 비추십니다. 가족을 잃은 이들에게는 다시 만날 약속을 주십니다. 죽어 가는 생명을 위해서는 부활의 불씨를 피워 올리십니다. 혼란에 빠진 이들에게는 말씀의 빛으로 이끄십니다.

하나님께서 소망을 주십니다. 그러므로 좀 여위게 태어났든 튼튼하게 태어났든 문제될 게 없습니다. 피부색이 검든 희든 상관없습니다. 무엇 때문에 졸업장을 세어 보고 이력서를 비교합니까? 다른 사람들이 높은 자리에 앉든 말든 문제될 게 무엇입니까? 우리는 하나님과 같은 상에 앉습니다. 그리고 주님이 흘러넘치도록 우리 잔을 채우십니다.

다윗 시대에 '흘러넘치는 잔'은 강한 상징성을 가지고 있었습니다. 고대 근동에서 잔치를 베푸는 주인은 '넘치는 잔'으로 손님에게 마음을 표현했습니다. 잔이 가득 차 있는 한, 손님은 자신이 환영받고 있다고 믿을 수 있었습니다. 반면에 잔이 빈 채로 채워지지 않으면 주인이 이제 그만 돌아갈 때가 됐다는 뜻을 넌지시 드러내는 것으로 봐야 했습니다. 그러나 주인이 정말로 함께 즐기고 싶은 손님들인 경우에는 흘러넘칠 때까지 잔을 채웁니다. 포도주가 잔 끝까지 차올라도 따르기를 멈추지 않습니다. 입술이 닿는 턱을 넘어서 식탁을 흥건히 적시도록 술을 붓습니다.[2]

자신의 식탁이 펑 젖어 있음을 느끼며 살고 있습니까? 하나님께서는 우리가 그분 곁에 머물기를 원하십니다. 그래서 우리 잔에 기쁨을 차고 넘치도록 부어 주십니다. 은혜를 넉넉히 채워서 넘치게 하십니다. 그렇다면 우리 마음은 감사가 흘러넘쳐야 하지 않겠습니까?

지금부터 얘기하려는 아이의 마음은 감사가 넘쳤습니다. 기억해 두십시오. 처음부터 그랬던 건 아닙니다. 처음에는 남을 부러워하는 마음만 가득했을 뿐입니다. 하지만 곧 감사가 그 자리를 대신했습니다.

아이는 커다란 댐 아래 계곡에서 아버지와 함께 살고 있었습니다. 아버지는 매일 산꼭대기에서 일을 하다가 저녁이면 손수레에 흙을 잔뜩 싣고 돌아오곤 했습니다. 그리고 늘 똑같은 말을 했습니다. "얘야, 흙을 자루에 담아서 집 앞에 쌓아 두거라."

아버지가 시키는 대로 따르면서도 아이는 불만이 많았습니다. 흙을 나르는 일이 지겨웠습니다. 이젠 흙 자루만 봐도 신물이 났습니다. 다른 부모들은 자식들에게 온갖 좋은 것들을 주는데, 아버지는 왜 흙덩이만 가져오시는 걸까? 이웃 또래들은 장난감이며 놀잇감이 많았지만, 아이에게는 흙뿐이었습니다. 또래들이 가진 장난감들을 볼 때마다 울컥 화가 치밀곤 했습니다. 아이는 중얼거렸습니다. "이건 정말 불공평해."

마침내 아이는 아버지에게 볼멘소리로 투덜거렸습니다. "다른 집 애들은 재미있는 놀잇감도 많은데, 난 고작 흙밖에 없잖아요!" 아버지는 빙그레 웃으며 아이의 어깨를 감싸 쥐고 말했습니다. "얘야, 날 믿거라. 네게 가장 좋은 걸 준 거야."

아이로서는 믿기 어려운 얘기였습니다. 그 뒤로도 아버지는 날마다 흙을 날라왔습니다. 아이도 날마다 흙을 자루에 채워야 했습니다. 다시 흙을 가지러 나가면서 아버지는 습관처럼 아이에게 일렀습니다. "흙 자루를 힘닿는 데까지 높이 쌓거라, 알겠지?" 아이는 열심히 자루를 채워서 집 앞에다 높다랗게 쌓아올렸습니다. 얼마 후에는 벽이 높아져서 그 너머가 보이지 않을 정도가 됐습니다.

어느 날, 아버지는 아들에게 말했습니다. "더 열심히 일해야겠다. 시간이 모자랄 것 같구나." 아들을 재촉하면서도 아버지는 연신 어두워지는 하늘을 쳐다보았습니다. 아이도 검은 하늘을 바라보다가 아버지께 무슨 구름인지 물어보려고 몸을 돌렸습니다. 순간, 허공을 가르는 천둥소리와 함께 하늘이 열렸습니다. 빗줄기가 얼마나 거세게 쏟아졌던지, 하마터면 아버지가 빗속으로 뛰어나가는 걸 보지 못할 뻔했습니다. "얘야, 계속 흙 자루를 쌓아 올려라!" 아이가 서둘러 삽을 잡으려는데, 멀리서 무언가 무너져 내리는 듯한 굉음이 들렸습니다.

엄청나게 불어난 강물은 댐을 무너뜨리고 계곡 아래 작은 마을로 거침없이 밀려들었습니다. 성난 물결이 닿는 곳마다 순식간에 모든 게 휩쓸려 나갔지만, 아버지와 아들은 흙 자루로 쌓은 제방 덕분에 시간을 벌 수 있었습니다. "서둘러야겠다. 얼른 나를 따라 오너라!"

아이와 아버지는 뒤편으로 집을 빠져나간 뒤에 산기슭까지 달려가서 굴속에 몸을 숨겼습니다. 뒷문을 나서서 허겁지겁 언덕을 기어오르고 마침내 새로운 은신처에 들어가기까지 정말 눈 깜짝할 새에 벌어진 일이었습니다.

"이제 됐다. 여기라면 안전할 거야." 아버지가 아들에게 말했습니다.

아이는 그제야 아버지가 여태까지 무슨 일을 해 왔는지 알 수 있었습니다. 아버지는 피난처를 마련하고 있었습니다. 아들이 원하는 걸 주기보다 아들에게 필요한 걸 주었던 것입니다. 무사히 도망치게 해 주었고 안전한 안식처를 마련해 주었습니다.

하나님 아버지께서도 그렇게 해 주십니다. 우리를 보호하기 위해 은혜의 장벽을 튼튼하게 둘러치십니다. 우리를 구원하기 위해 확실한 피난처를 준비하십니다. 이런 우리가 누구를 부러워하겠습니까? 우리보다 더 많이 가진 이가 세상에 어디 있겠습니까? 이제 다른 사람이 가진 것을 흘끔거리기보다 우리가 가진 걸 먼저 세어 봐야 하지 않겠습니까? 누군가를 시샘하는 대신 그들이 우리를 얼마나 부러워할지 헤아려야 하지 않겠습니까? 제발 총을 버리고 잔을 드십시오. 모든 잔을 채우고 남을 만큼 하나님의 은혜는 풍성합니다.

한 가지만큼은 분명합니다. 최후의 폭풍이 몰아치는 날 아버지의 집에 안전히 머물게 되면, 하나님께서 자기가 원하는 걸 주시지 않았다고 섭섭해하지 않을 것입니다. 주님이 베풀어 주신 것에 감격해서 말을 잊게 될 것입니다.

본문 속으로 떠나는 여행

1. "질투는 무언가를 더 많이 가진 상대를 조준경의 십자선 위에 올려놓습니다."
   - ▶ 누군가에게 질투를 느꼈던 순간에 대해 이야기해 보십시오. 무엇이 질투를 촉발했습니까?
   - ▶ 어째서 사람들은 더 많은 것을 원하는 것입니까? 자신이 가진 것에 만족하며 살지 못하도록 방해하는 것은 무엇입니까?

2. "무언가 조금씩 줄어드는 것들에 눈길을 주는 데서 질투가 비롯된다면, 영원히 변치 않는 것에 초점을 맞추고 살면 어떻게 될까요? 소유하지 못한 것을 생각하기 때문에 시샘이 일어나는 것이라면 넉넉히 가진 것에 주목한다면 만족을 얻을 수 있을까요?"
   - ▶ 위의 두 가지 질문에 답하십시오.
   - ▶ 자신이 가진 것 가운데 '영원히 변치 않는 것'을 찾아보십시오. 어떤 것들이 있습니까?
   - ▶ '넉넉히 가진 것'의 목록을 만드십시오. 하나님의 공급하심에 대해 무엇을 알 수 있습니까?

3. "하나님은 은혜를 베푸시기에 인색한 분이 아닙니다. 싸구려 잔이거나 이가 빠진 잔이라 할지라도 거기다가 넘치도록 사랑

을 부어 주십니다. 어디를 가나 '최우수 고객' 대접을 받지 못하는 사람도 하나님의 품에서는 한없이 너그러운 용서를 경험할 수 있습니다."

▶ 하나님께서 베푸신 은혜에 대해 얼마나 자주 생각합니까? 그분의 사랑에 대해서는 어떻습니까?

▶ 지난 한 주 동안 하나님께서 어떤 은혜를 주셨습니까? 지난달, 작년에는 어땠습니까?

4. "한 가지만큼은 분명합니다. 최후의 폭풍이 몰아치는 날 아버지의 집에 안전히 머물게 되면, 하나님께서 자기가 원하는 걸 주시지 않았다고 섭섭해하지 않을 것입니다. 주님이 베풀어 주신 것에 감격해서 말을 잊게 될 것입니다."

▶ 하나님 아버지의 집에 무사히 들어가는 순간을 상상하십시오. 주위를 한번 둘러보십시오. 주님이 무엇을 주셨습니까?

▶ 장차 하나님과 더불어 영원히 사는 모습을 묵상하는 것은 현재의 문제를 처리하는 데 어떤 도움을 줍니까?

말씀 속으로 떠나는 여행

1. 잠언 14장 30절, 23장 17절을 읽으십시오.

평온한 마음은 육신의 생명이나 시기는 뼈를 썩게 하느니라(잠 14:30).

네 마음으로 죄인의 형통을 부러워하지 말고 항상 여호와를 경외하라(잠 23:17).

▶ 잠언 14장 30절은 시기하는 것을 무엇에 비유하고 있습니까?

▶ 어떤 경우에 믿는 사람들은 죄인들을 부러워합니까?(잠 23:17)

▶ "죄인의 형통을 부러워하지 말고 항상 여호와를 경외하라"는 것은 무슨 뜻입니까?

2. 야고보서 3장 13절부터 4장 5절까지 읽으십시오.

> 13너희 중에 지혜와 총명이 있는 자가 누구냐. 그는 선행으로 말미암아 지혜
> 의 온유함으로 그 행함을 보일지니라. 14그러나 너희 마음속에 독한 시기와 다
> 툼이 있으면 자랑하지 말라. 진리를 거슬러 거짓말하지 말라. 15이러한 지혜는
> 위로부터 내려온 것이 아니요 땅 위의 것이요 정욕의 것이요 귀신의 것이니
> 16시기와 다툼이 있는 곳에는 혼란과 모든 악한 일이 있음이라. 17오직 위로
> 부터 난 지혜는 첫째 성결하고 다음에 화평하고 관용하고 양순하며 긍휼과 선
> 한 열매가 가득하고 편견과 거짓이 없나니 17화평하게 하는 자들은 화평으로
> 심어 의의 열매를 거두느니라. 4:1너희 중에 싸움이 어디로부터 다툼이 어디로
> 부터 나느냐. 너희 지체 중에서 싸우는 정욕으로부터 나는 것이 아니냐. 2너희
> 는 욕심을 내어도 얻지 못하여 살인하며 시기하여도 능히 취하지 못하므로 다
> 투고 싸우는도다. 너희가 얻지 못함은 구하지 아니하기 때문이요 3구하여도
> 받지 못함은 정욕으로 쓰려고 잘못 구하기 때문이라. 4간음한 여인들아 세상
> 과 벗된 것이 하나님과 원수 됨을 알지 못하느냐. 그런즉 누구든지 세상과 벗
> 이 되고자 하는 자는 스스로 하나님과 원수 되는 것이니라. 5너희는 하나님이
> 우리 속에 거하게 하신 성령이 시기하기까지 사모한다 하신 말씀을 헛된 줄로
> 생각하느냐.

▶ 야고보 사도는 14절의 "독한 시기"를 무엇과 대비시키고 있습니까?

▶ 시기는 어디서 옵니까?(15절)

▶ 시기에는 항상 무엇이 따라다닙니까?(16절)

▶ 영적으로 형제가 된 이들 사이에서 싸움과 다툼을 일으키는 요인은 무엇입니까?(4:1)

▶ 하나님께서도 스스로 시기한다고 말씀하십니다(4:5). 하나님의 시기와 인간의 질투는 어떻게 다릅니까?

3. 디도서 3장 3-7절을 읽으십시오.

> 3우리도 전에는 어리석은 자요 순종하지 아니한 자요 속은 자요 여러 가지 정욕과 행락에 종노릇 한 자요 악독과 투기를 일삼은 자요 가증스러운 자요 피차 미워한 자였으나 4우리 구주 하나님의 자비와 사람 사랑하심이 나타날 때에 5우리를 구원하시되 우리가 행한 바 의로운 행위로 말미암지 아니하고 오직 그의 긍휼하심을 따라 중생의 씻음과 성령의 새롭게 하심으로 하셨나니 6우리 구주 예수 그리스도로 말미암아 우리에게 그 성령을 풍성히 부어 주사 7우리로 그의 은혜를 힘입어 의롭다 하심을 얻어 영생의 소망을 따라 상속자가 되게 하려 하심이라.

▶ 사도 바울은 그리스도인이 되기 전의 자신을 어떤 모습으로 그리고 있습니까?(3절) 바울이 질투했던 것은 무엇이었습니까?(3절)

▶ 하나님께서는 어떻게 우리를 질투에서 구원하셨습니까?(4-5절)

▶ 6절은 하나님께서 성령을 얼마만큼 부어 주셨다고 말합니까? 이 말씀은 질투의 싹을 잘라 버리는 것과 어떤 연관이 있습니까?

▶ 하나님께서 우리를 구원하신 목적은 무엇입니까?(7절) 이 진리를 묵상하는 것은 질투를 없애는 데 어떤 도움을 줄 수 있습니까?

삶 속으로 떠나는 여행

1. 세로로 금을 그어서 종이를 2단으로 나누십시오. 왼쪽에는 다른 사람들이 가진 것 가운데 자신이 부러워하는 것들을 적어 내려가십시오. 오른쪽에는 하나님께서 풍성하게 공급해 주신 것들을 적고, 생각나는 대로 관련된 성경 말씀으로 토를 다십시오. 예를 들어서, 왼쪽에다 "더 건강해졌으면 좋겠다"고 썼으면 오른쪽에는 "역사로 우리의 낮은 몸을 자기 영광의 몸의 형체와 같이 변케 하시리라"(빌 3:20)고 적는 식입니다.

2. 지역에 있는 무료 급식소나 노숙자 쉼터에서 식사 준비를 돕는 봉사 활동을 하십시오. 추수감사절이나 크리스마스처럼 특별한 날을 선택하지 마십시오(보통 그런 시기에는 돕는 손길들이 넘쳐 나게 마련입니다). 봉사 활동을 하면서 하나님께서 자신에게 베풀어 주신 것을 생각해 보십시오.

Traveling Light

17장

하나님, 집요한 사랑의 추적자

의심의 짐

내 평생에 선하심과 인자하심이
반드시 나를 따르리니
시편 23:6

에릭 힐은 찬란한 미래를 열어 가는 데 필요한 모든 조건을 갖추고 있었습니다. 갓 대학을 졸업했으며 스물여덟 살 꽃다운 나이에 건장한 체구와 부드러운 미소를 지녔습니다. 모든 식구가 에릭을 사랑했고 또래 여자아이들은 그의 시선을 끌고 싶어 했습니다. 이미 여러 회사들로부터 함께 일하자는 제의를 받아 놓고 있었습니다.

그러나 그는 겉으로는 이처럼 아무 걱정이 없어 보였지만, 속으로는 주체할 수 없는 번민을 품고 있었습니다. 도저히 잠재울 수 없는 목소리가 그를 괴롭혔습니다. 아무리 애써도 떨쳐 버릴 수 없는 환상 때문에 괴로워했습니다. 모든 고뇌를 떨쳐 버리고 싶은 욕심에 에릭은 도시의 번잡함을 뒤로하고 길을 떠났습니다.

1982년 2월, 우중충하게 비가 내리던 어느 날 뒷문을 통해 집을 빠져나간 에릭은 다시는 돌아오지 않았습니다.

여동생 데비는 오빠의 커다란 뒷모습이 느릿느릿 큰길 쪽으로 사라지던 것을 생생하게 기억했습니다. 당연히 돌아올 줄 알았지만 결국 에릭은 나타나지 않았습니다. 전화라도 걸어 주었으면 하는 바람도 무너졌습니다. 오빠를 찾을 수 있을 것만 같았는데 끝내 만날 수가 없었습니다. 에릭이 어디를 헤매고 다니는지 아는 이는 오직 본인과 하나님뿐인데, 두 쪽 다 소재를 알려 주려 하지 않았습니다. 아는 것이라고는 에릭이 무슨 음성인가를 들었다는 게 전부였습니다. 음성은 에릭에게 특별한 '사명'을 부여했습니다. 텍사스주 샌안토니오로 이어지는 고속도로를 따라 가면서 쓰레기를 주우라는 것이었습니다.

10번 고속도로를 지나는 통근자들에게 에릭의 여윈 몸과 수염 덥수룩한 얼굴은 아주 낯익은 모습이 됐습니다. 그는 아직 건물이 들어서지 않은 땅 한구석에 움을 파고 살았습니다. 찢어진 바지와 다 해진 셔츠로 옷을 만들어 입었습니다. 여름에는 낡은 모자 하나로 따가운 햇살을 피했고, 겨울에는 커다란 비닐봉지를 어깨에 둘러서 냉기를 덜었습니다. 비바람에 그대로 노출된 피부와 구부정한 어깨 때문에 마흔넷이라는 실제 나이보다 두 배는 늙어 보였습니다. 누구라도 16년을 길거리에서 산다면 그렇게 될 겁니다.

데비가 마지막으로 에릭을 본 후로 정말 긴 세월이 흘렀습니다. 두 가지 사건이 벌어지지 않았더라면 데비는 영원히 오빠를 볼 수 없었을지도 모릅니다. 첫 번째 사건은 에릭이 살던 공터에 자동차 판매 대리점이 들어서게 된 것이고, 두 번째 사건은 에릭이 참을 수 없는 복부 통증으로 쓰러진 것입니다. 자동차 판매 대리점은 에릭에게서 보금자리를 빼앗아 갔으며 복부 통증은 거의 생명을 앗아 갈 뻔했습니다.

응급 구조대에게 발견될 당시, 에릭은 배를 움켜쥔 채 공처럼 몸을 구부리고 길가에 쓰러져 있었습니다. 몇 가지 검사를 해 본 뒤에 병원에서는 암이라는 진단을 내렸습니다. 말기였습니다. 이제 살 수 있는 날이 몇 달밖에 남지 않았습니다. 연락이 가능한 가족이나 친척이 없으므로 혼자 쓸쓸하게 죽음을 맞을 수밖에 없었습니다. 에릭의 보호관찰을 맡은 변호사는 누군가 그를 찾는 사람이 있을 거라는 생각을 떨쳐 버릴 수가 없었습니다. 그래서 '성씨가 힐Hil이며 갈색 머리칼을 가진 성인 남자'를 찾는 이가 있는지 인터넷을 샅샅이 뒤졌고, 결국 데비와 연락이 닿았습니다.

변호사가 들려준 얘기들은 기억과 대개 맞아떨어졌지만, 데비는 직접 대면해서 만나 보기 전에는 오빠라고 확신할 수 없었습니다.

데비는 텍사스로 날아갔습니다. 남편과 두 자녀까지 데리고 호텔에 숙소를 정한 다음 오빠를 찾아 나섰습니다. 에릭은 이미 퇴원한 상태였지만 병원 원목에게서 오빠가 어디에 살고 있는지 들을 수 있었습니다. 마침내 데비 일행은 도심에서 멀지 않은 어느 건물에 기대어 앉아 있는 에릭을 찾아냈습니다. 일행이 다가서자 에릭은 자리에서 일어났습니다. 과일을 권하자 싫다고 했습니다. 주스를 권해도 마다했습니다. 공손한 태도를 잃지 않으면서도 자신들이 가족이라고 주장하는 데비 내외와 아이들에 대해서는 별다른 감흥이 없어 보였습니다.

하지만 데비가 천사 모양이 달린 핀을 달아 주겠다고 하자 거기에는 관심을 드러내며 좋아했습니다. 에릭이 자기 셔츠에 천사 핀을 달아 줘도 좋다고 허락하는 순간, 데비는 16년 만에 오빠를 만져 볼 수 있었습니다.

원래 데비는 일주일만 머물 생각이었습니다. 하지만 한 주가

다 지났는데도 떠날 수가 없었습니다. 결국 남편만 돌아가고 데비는 남았습니다. 봄이 가고, 여름이 가고, 에릭의 병세도 어느 정도 호전됐지만 동생은 여전히 오빠 곁에 머물렀습니다. 나중에는 아파트를 세내어 집에서 자녀들을 가르치면서 에릭을 따라다녔습니다.

쉬운 일이 아니었습니다. 오빠는 동생을 알아보지 못했습니다. 누군지 전혀 모르는 눈치였습니다. 때로는 욕설을 퍼붓기도 했습니다. 동생의 아파트에는 한사코 묵으려 하지 않았습니다. 동생이 만들어 주는 음식도 먹으려 하지 않았습니다. 대화도 거부했습니다. 그저 자기 움집에 살면서 늘 하던 일(?)을 하고 싶어 할 따름이었습니다. '도대체 웬 여자가 날 이렇게 귀찮게 하는 거야?'라고 생각하는 것 같았습니다.

그래도 데비는 에릭을 포기하지 않았습니다. 동생은 오빠가 아직 상황을 파악하지 못하고 있을 뿐이라고 이해했습니다. 그렇게 데비는 오빠 곁을 떠나지 않았습니다.

어느 여름 날, 나는 우리 교회를 찾아온 그녀를 만났습니다. 데비의 얘기를 다 듣고 나서 누구나 궁금해할 만한 질문을 했습니다. "어떻게 그렇게 오래도록 포기하지 않을 수 있습니까?"

그녀가 대답했습니다. "이상할 게 없어요. 에릭은 제 오빠니까요."

나는 데비에게 그렇게 열심히 오빠를 놓치지 않고 따라다니는 걸 보니 내가 아는 어느 분이 생각난다고 말해 주었습니다. 데비의 심정을 들으며 그분의 심정이 느껴졌습니다. 방황하는 이들을 찾아 헤매며 집을 지키는 그분의 온유한 마음을 체감할 수 있었습니다. 연민이 넘치는 그분은 고통 속에 허우적대는 형제자매 생각에 견딜 수 없이 괴로워했습니다. 결국 데비처럼 그분도 집을 나섰습니다. 그리고 데비가 그랬던 것처럼 마침내 자기 핏줄을 찾아냈습니다.

예수님께서 만나러 오셨을 때, 우리도 에릭처럼 행동했습니다. 스스로의 한계 때문에, 구원하러 오신 예수님을 알아보지 못했습니다. 주님이 함께 계신다는 사실 자체를 의심하기까지 했습니다. 심지어 지금도 가끔씩은 회의에 빠집니다.

예수님께서는 그런 의심들을 어떻게 처리하셨습니까? 변함없이 우리를 따라다님으로 해결하셨습니다. 데비가 에릭을 쫓아 다니듯, 하나님께서는 우리를 놓치지 않으셨습니다. 하나님이 아버지라는 사실을 결국 깨달을 때까지, 설령 평생이 걸린다 해도 그분의 추적은 멈추지 않습니다.

"진실로 주님의 선하심과 인자하심이 내가 사는 날 동안 나를 따르리니, 나는 주님의 집으로 돌아가 영원히 그곳에서 살겠습니다"(시 23:6, 새번역).

이 말씀은 세상에 존재하는 어떤 문장보다 달콤한 글입니다. 다른 성경으로도 한번 읽어 볼까요?

"내 평생에 선하심과 인자하심이 반드시 나를 따르리니 내가 여호와의 집에 영원히 살리로다"(개역개정).

"주의 선하심과 한결같은 사랑이 평생에 나를 따를 것이니 내가 여호와의 집에서 영원히 살리라"(현대인의성경).

"진실로 선하심과 자비하심이 내 생애의 모든 날 동안 나를 따르리니 내가 주의 전에 영원히 거하리로다"(한글 킹제임스성경).

시편 23편 6절을 읽는다는 것은 곧 보물 상자의 뚜껑을 여는 일입니다. 낱말 하나하나가 반짝거리면서 우리 의심을 정면으로 반박하는 것만 같습니다. 진실로-주님의-선하심과-인자하심이-내가-사는-날 동안-나를-따르리니-나는-주님의-집으로-돌아가-영원히-그곳에서-살겠습니다. 경찰 특공대가 테러리스트들을 순식간에 진압하듯 이 낱말들은 한데 뭉쳐서 우리 의구심을 깨끗이 쓸어가 버립니다.

첫 단어, '진실로'부터 살펴볼까요? 다윗은 "**어쩌면** 주님의 선하심과 인자하심이 내가 사는 날 동안 나를 따르리니"라고 말하지 않았습니다. "**가능한** 한 주님의 선하심과 인자하심이 내가 사는 날 동안 나를 따르리"라고도 얘기하지 않았습니다. "**내 예감대로** 주님의 선하심과 인자하심이 내가 사는 날 동안 나를 따르리니" 라고 기록하지도 않았습니다. 얼마든지 그런 식으로 표현할 수도 있었지만 그렇게 하지 않았습니다.

다윗은 약속을 반드시 지키며 언제나 확실한 증거를 보여 주시는 주님, 변치 않는 하나님을 믿었습니다. 다윗이 먼 후손인 사도 야고보의 글을 읽었더라면 아주 좋아했을 겁니다. 야고보는 하나님을 묘사하면서 "아주 조그마한 변화도, 모순의 그림자도 없습니다"(약 1:17, 필립스 성경)라고 했습니다.

사람의 기분은 다반사로 바뀌지만 하나님의 심기는 변하지 않습니다. 사람의 마음은 변덕을 부리지만 하나님의 마음은 한결같습니다. 사람의 사랑은 점점 약해지지만 하나님의 사랑은 조금도 줄어들지 않습니다. 심지어 사람이 신의를 저버릴 때조차 그분은 신실함을 잃지 않으십니다. 하나님께서는 자신을 부인할 수 없으시기 때문입니다(딤후 2:13). 이처럼 변함이 없으신 하나님인 까닭에 우리는 "진실로, 주님의 선하심과 인자하심이 내가 사는 날 동안 나를 따르리니"라고 고백할 수 있는 것입니다.

'진실로' 다음에는 어떤 말이 나옵니까? 바로 '주님의 선하심과 인자하심이'라는 말입니다. 주님이 앞장서서 양 떼를 이끄는 목자라면, 선하심과 인자하심은 무리의 후미를 지키는 두 마리의 양몰이 개라고 할 수 있습니다. 본문은 분명 '선하심과 인자하심'이라고 했습니다. '선하심이'라고만 하지 않았습니다. 우리는 인자하심에 기대야 할 죄인들이기 때문입니다. '인자하심이'라고만 하지도 않았습니다. 우리는 선하심이 필요한 연약한 존재들이기 때문입니다. 그러므로 선하심과 인자하심이 모두 필요합니다. 어떤 이는 "선하심은 모든 필요를 채우며 인자하심은 모든 허물을 덮는다. 하나님께서는 선하심으로 우리를 준비시키고 인자하심으로 용서하신다"고 썼습니다.[1]

선하심과 인자하심은 하나님의 양 떼를 지키는 거룩한 경호원들입니다. 그 둘로도 믿음이 굳세게 서지 않는다면 '내가 사는 날 동안'에 주목해 보십시오.

얼마나 광대한 말씀입니까! 그 크기를 좀 보십시오. 하루하루, 평생 동안 하나님의 선하심과 인자하심이 주의 자녀들을 따라다닌다는 말씀입니다. 앞날을 한번 내다보십시오. 무엇이 보입니까? 집에서 젖먹이들과 씨름하는 모습이 보일 뿐입니까? 바로 그 곁에 하나님께서 함께 계실 것입니다. 꿈도 희망도 없이 일만 하는 모습만 보입니까? 하나님께서 그 곁에 머무실 것입니다. 주님이 동행하실 것입니다. 외로움에 찌든 나날이 보입니까? 그분이 붙들어 주실 것입니다. 하나님의 선하심과 인자하심이 평생 동안 따라다닐 것입니다. '얼마 동안'이 아닙니다. '가능한 한 오래'나 '거의 일생 동안'도 아닙니다.

우리가 평생을 사는 동안 하나님께서는 무슨 일을 하십니까? (여기가 바로 내가 가장 좋아하는 대목입니다.) 주님은 우리를 '따라다니는 일'을 하십니다.

이런 식으로 하나님을 묘사하다니, 정말 놀랍지 않습니까? 우리는 한자리에 머물러 계시는 하나님에만 익숙해 왔습니다. 하나님은 하늘 보좌에 앉아 우주를 통치하고 운명을 결정하는 분이었습니다. 그러나 다윗은 늘 움직이며 역동적으로 활동하는 하나님 상像을 제시합니다. 감히 다윗을 흉내 내도 될까요? 하나님을 '항상 우리의 뒤를 따라다니는 분'으로 상상해도 괜찮겠습니까? 집요하게 따라다니는 하나님, 끈질기게 추적하는 하나님으로 그려도 좋겠습니까? 어디 숨어 있어도 찾아내서 그분 편으로 끌어들이는 하나님으로 기억해도 될까요? '선하심과 인자하심'을 품고 평생 동안 따라다니는 분으로 말입니다.

성경에서 이런 식으로 하나님을 묘사한 경우가 또 있을까요? 우리를 따라다니는 하나님으로 그린 적이 있습니까? 성경에는 그런 표현들이 여러 차례 등장합니다. 성경의 첫 번째 책 세 번째 장을 넘어가기도 전에 추적자 역할을 하는 하나님의 모습을 볼 수 있습니다.

아담과 이브는 덤불 뒤에 몸을 감췄습니다. 한편으로는 몸을 가리려는 것이었고, 다른 한편으로는 죄를 숨기려는 생각이었습니다. 하나님께서 아담과 이브가 스스로 찾아올 때까지 기다리셨습니까? 그렇지 않습니다. 금세 "네가 어디 있느냐?" 하고 묻는 하나님 음성이 에덴동산에 울려 퍼졌습니다(창 3:9). 하나님께서는 바로 그 질문으로 인간의 마음을 쫓는 대대적인 추적을 시작하셨습니다. 하나님의 추적은 우리가 "네가 어디 있느냐?"는 말씀을 읽는 순간까지, 그리고 그 이후로도 영원히 계속됩니다.

하나님의 추적에 관해서라면 모세도 할 얘기가 많습니다. 고개를 돌려 떨기나무에서 불꽃이 이는 걸 보았을 때, 모세는 벌써 40년째 광야에 묻혀 살고 있던 참이었습니다. 하나님께서 광야까지 그를 따라오신 것입니다.

요나도 같은 얘기를 들려줍니다. 고개를 돌려 폭풍우가 이는 걸 보았을 때, 요나는 배를 타고 도망치는 중이었습니다. 하나님께서는 바다까지 그를 쫓아오셨습니다.

예수님의 제자들은 하나님께서 따라다니며 보호하신다는 게 어떤 느낌인지 잘 알고 있었습니다. 빗물에 흠뻑 젖은 채 떨고 있던 제자들은 고개를 돌려 주님이 자기들 쪽으로 걸어오시는 걸 보았습니다. 하나님께서는 폭풍을 뚫고 제자들을 따라오신 것입니다.

이름을 알 수 없는 사마리아 여인도 그랬습니다. 고개를 돌려 구세주를 보고 그분의 말씀을 듣던 그 시간, 그녀는 인생에서도, 우물가에서도 혼자일 수밖에 없는 처지였습니다. 그러나 하나님께서는 그녀가 고통스러운 길을 걷는 동안 내내 따라오셨습니다.

밧모섬에 갇혀 있던 사도 요한은 고개를 돌려 하늘이 열리기 시작하는 걸 보았습니다. 하나님께서 유배지까지 따라오신 것입니다.

사흘째 숨이 끊어졌던 나사로는 머리를 들고 고개를 돌려 예수님께서 서 계신 걸 보았습니다. 하나님께서는 죽음 깊은 곳까지 따라오셨습니다.

주님을 부인하고 고기를 잡으러 고향에 돌아갔던 베드로는 자기 이름을 부르는 소리를 듣고 고개를 돌려 아침을 짓고 계신 예수님을 보았습니다. 하나님께서 실패를 개의치 않고 베드로를 찾아오신 것입니다.

하나님은 끝까지 추적하시는 분입니다. 바로 뒤에 그분이 따라오고 있다고 느껴 본 적이 있습니까? 우리는 주님의 기척을 놓쳐버리기 일쑤입니다. 에릭처럼, 돕는 손길이 지척에 있는데도 깨닫지 못합니다. 하지만 그분은 어김없이 찾아오십니다.

친절을 베풀어 주는 낯선 사람의 모습으로 오실 수도 있습니다. 일몰의 장엄함을 통해 오실 수도 있습니다. 사랑의 신비를 통해 오실 수도 있습니다. 어린아이가 던지는 질문을 통해서, 서로를 끔찍이 아끼는 부부의 마음을 통해서 오실 수도 있습니다. 상황에 딱 맞아떨어지는 말씀을 들으며, 또는 시의적절한 도움을 받으며 하나님의 임재를 느껴 본 적이 있습니까?

그런 경험이 있다면, 이제 의심을 버리십시오. 그 무거운 짐을 내려놓으십시오. 다시는 의심의 짐을 지고 비틀거리지 마십시오. 우리는 더 이상 불안정한 삶의 추종자들이 아닙니다. 조마조마한 마음의 단골손님이 아닙니다. 하나님을 믿을 수 있기 때문입니다. 처음부터 지금까지, 주님은 변함없이 우리에게 사랑을 베풀고 계십니다. 이제 우리의 의심을 그분에게 맡겨야 하지 않을까요?

"믿고 맡긴다는 게 어디 쉬운 일인가?"라고 되묻고 싶습니까? 쉽지 않을 수도 있습니다. 하지만 생각만큼 어렵지도 않습니다.

이렇게 한번 해 보시겠습니까?

감정이 아니라 믿음에 의지하십시오. 날마다 신령한 감정을 가지고 사십니까? 십중팔구 그렇게 살지는 못할 것입니다. 그러나 느낌은 하나님의 임재에 영향을 미치지 못합니다. 하나님이 가깝게 느껴지지 않는 날에는 감정이 아니라 믿음에 의지하십시오. 하나님의 선하심과 인자하심은 죽는 날까지 우리를 따를 것입니다.

사람의 눈으로가 아니라 하나님의 눈으로 자신의 가치를 평가하십시오. 누가 보더라도 에릭 힐은 집 없이 떠도는 부랑자였습니다. 하지만 데비에게만큼은 피를 나눈 형제였습니다. 살다 보면 누구나 집도 없고, 갈 곳도 없고, 도와주는 사람도 없고, 사랑해 주는 이도 없이 외로운 방랑자처럼 지내는 시절이 있게 마련입니다. 혹시 그런 시절이 온다면 이 한 가지 분명한 사실을 기억하십시오. 하나님께서는 우리를 사랑하십니다. 그분은 우리를 따라다니십니다. 왜 그렇습니까? 우리는 주님의 가족이기 때문입니다. 주님은 평생 동안 우리를 따라다니실 것입니다.

작은 그림이 아니라 큰 그림을 보십시오. 에릭의 집은 없어졌습니다. 건강도 사라졌습니다. 그러나 모든 상황이 비극적으로 돌아가는 가운데서도 가족들만큼은 그에게로 돌아왔습니다. 우리의 가정이나 건강도 위험에 노출될 가능성이 있습니다. 그런 일이 생길 경우 일차적으로 나타나는 결과는 고통입니다. 하지만 장기적으로 보면, 여태까지 알지 못했던 하나님을 만나게 될지도 모릅니다. 평생 동안 떠나지 않고 따라 다니시는 하나님 아버지 말입니다.

어찌됐든, 에릭 힐은 생의 마지막 장을 가장 화려하게 장식했습니다. 세상을 떠나기 며칠 전에는 데비가 누이동생이라는 사실을 인식했습니다. 그렇게 해서 에릭은 가정을 되찾았던 것입니다.

우리 모습도 에릭과 다르지 않습니다. 에릭처럼 우리도 처음에는 도움의 손길을 내미는 분을 의심합니다. 그러나 하나님께서는 데비처럼 좀처럼 노하기를 더디하며 곁을 떠나지 않으십니다. 에릭처럼 우리는 하나님의 선물을 받아들이지 않습니다. 하지만 하나님께서는 데비처럼 꾸준히 선물을 주십니다. 하나님께서는 우리에게 천사를 보내 주십니다. 옷깃에 달고 다니는 장식품 천사가 아닙니다. 앞길을 인도해 주는 진짜 천사입니다.

그리고 무엇보다도 하나님께서는 자기 자신을 선물로 주셨습니다. 우리가 하나님의 집 대신 다 쓰러져 가는 오막살이를, 주님의 은혜 대신 쓰레기를 선택한다 해도 그분은 여전히 우리 뒤를 따라오실 것입니다. 하나님은 절대로 우리 곁을 떠나지 않으십니다. 한없이 참으며 끈질기게 우리를 따라오십니다. 신실하게 자리를 지키십니다. 하나님께서는 자신이 어떤 분인지 알려 주고 본향으로 인도하도록 믿고 맡길 만한 존재라는 확신을 심어 주기 위해 모든 노력을 아끼지 않으십니다.

우리 평생에 하나님의 선하심과 인자하심이 정녕 우리를 따를 것입니다.

본문 속으로 떠나는 여행

1. "예수님께서 만나러 오셨을 때, 우리도 에릭처럼 행동했습니다. 스스로의 한계 때문에 구원하러 오신 예수님을 알아보지 못했습니다. 주님이 함께 계신다는 사실 자체를 의심하기까지 했습니다. 심지어 지금도 가끔씩은 회의에 빠집니다."

▶ 하나님의 임재를 의심한 적이 있습니까? 그랬다면, 그 이유는 무엇이었습니까?

▶ 우리의 어떤 한계가 구원하러 오신 예수님을 알아보지 못하도록 가로막습니까? 그런 한계를 어떻게 극복할 수 있습니까?

2. "주님이 앞장서서 양 떼를 이끄는 목자라면, 선하심과 인자하심은 무리의 후미를 지키는 두 마리의 양몰이 개라고 할 수 있습니다."

▶ 선하심과 인자하심의 차이는 무엇입니까? 또 어떤 공통점을 가지고 있습니까?

▶ 지금 당장의 삶을 생각할 때, 어느 부분에 하나님의 선하심과 인자하심이 필요합니까? 자신의 필요를 하나님께 고백하는 시간을 가지십시오.

3. "감정이 아니라 믿음을 의지하십시오. 사람의 눈으로가 아니라 하나님의 눈으로 자신의 가치를 평가하십시오. 작은 그림이 아

니라 큰 그림을 보십시오."

▶ 때때로 믿음보다 감정에 의존하는 까닭은 무엇입니까? 어떻게 그런 실수를 미리 막을 수 있습니까?

▶ 잠깐 시간을 내서 하나님의 눈으로 자신의 가치를 평가해 보십시오. 성경에서 하나님께서는 우리에 대해 무어라고 말씀하십니까?

▶ 어떻게 작은 그림이 아니라 큰 그림을 볼 수 있습니까?

4. "무엇보다도 하나님께서는 자기 자신을 선물로 주셨습니다. 우리가 하나님의 집 대신 다 쓰러져 가는 오막살이를, 주님의 은혜 대신 쓰레기를 선택한다 해도 그분은 여전히 우리 뒤를 따라오실 것입니다."

▶ 하나님께서 자기 자신을 우리에게 선물로 주셨다는 사실을 어떻게 알 수 있습니까? 그 사실을 어떻게 확신할 수 있습니까?

▶ 하나님께서는 자신이 스스로 존재하는 분임을 분명하게 알려 주기 위해 주님의 권능을 어떻게 사용하십니까? 하나님을 그분의 집으로 우리를 인도하실 믿을 만한 분으로 확신하게 만드는 가장 큰 요인은 무엇입니까?

말씀 속으로 떠나는 여행

1. 야고보서 1장 5-8절을 읽으십시오.

[5]너희 중에 누구든지 지혜가 부족하거든 모든 사람에게 후히 주시고 꾸짖지

아니하시는 하나님께 구하라. 그리하면 주시리라. [6]오직 믿음으로 구하고 조금도 의심하지 말라. 의심하는 자는 마치 바람에 밀려 요동하는 바다 물결 같으니 [7]이런 사람은 무엇이든지 주께 얻기를 생각하지 말라. [8]두 마음을 품어 모든 일에 정함이 없는 자로다.

▶ 5절은 어떤 이들에게 주는 말씀입니까? 이 말씀을 받을 자격이 있습니까?

▶ 5절 말씀은 어떤 것들을 약속합니까?

▶ 5절의 약속에 대해서 6절은 어떤 전제 조건을 제시합니까?

▶ 야고보 사도는 하나님의 약속을 의심하는 이들을 무엇에 비유하고 있습니까? 어떤 면에서 야고보 사도의 비유가 적합하다고 생각합니까?

▶ 7-8절에는 어떤 경고가 들어 있습니까? "두 마음을 품어 모든 일에 정함이 없는 자"는 어떻게 됩니까? 이처럼 심각한 사태를 바로잡을 수 있는 방법은 무엇입니까?

2. 유다서 20-22절을 읽으십시오.

[20]사랑하는 자들아 너희는 너희의 지극히 거룩한 믿음 위에 자신을 세우며 성령으로 기도하며 [21]하나님의 사랑 안에서 자신을 지키며 영생에 이르도록 우리 주 예수 그리스도의 긍휼을 기다리라. [22]어떤 의심하는 자들을 긍휼히 여기라.

▶ 20절은 어떤 가르침을 줍니까? 이 가르침을 어떻게 실천할 수 있습니까?

▶ 21절이 가르치고 있는 것은 무엇입니까? 미래에 일어날 어떤

사건이 말씀에 순종할 수 있도록 힘을 줍니까?

▶ 22절은 어떤 자세를 요구합니까? 이렇게 명령한 까닭은 무엇입니까? 이 명령에 어떻게 순종할 수 있습니까?

3. 로마서 14장 19-23절을 읽으십시오.

> [19]그러므로 우리가 화평의 일과 서로 덕을 세우는 일을 힘쓰나니 [20]음식으로
> 말미암아 하나님의 사업을 무너지게 하지 말라. 만물이 다 깨끗하되 거리낌으
> 로 먹는 사람에게는 악한 것이라. [21]고기도 먹지 아니하고 포도주도 마시지
> 아니하고 무엇이든지 네 형제로 거리끼게 하는 일을 아니함이 아름다우니라.
> [22]네게 있는 믿음을 하나님 앞에서 스스로 가지고 있으라. 자기가 옳다 하는
> 바로 자기를 정죄하지 아니하는 자는 복이 있도다. [23]의심하고 먹는 자는 정죄
> 되었나니 이는 믿음을 따라 하지 아니하였기 때문이라. 믿음을 따라 하지 아
> 니하는 것은 다 죄니라.

▶ 사도 바울은 19절에서 어떻게 명령하고 있습니까? 그렇게 명령한 목적은 무엇입니까? 당신은 얼마나 그 명령에 잘 따르고 있습니까?

▶ 어떻게 음식으로 인하여 누군가를 무너뜨리는 것이 가능합니까?(20절)

▶ 21절과 의심은 어떤 상관이 있습니까?

▶ 22절에서 바울이 명령한 것은 무엇입니까? 이 말씀은 어떤 사람에게 복이 있다고 말합니까?

▶ 23절은 크리스천의 삶 전체에 영향을 미칠 만한 유용한 지침을 줍니다. 그것은 무엇입니까? 여기서 어떤 원칙을 제시하고 있습니까?

삶 속으로 떠나는 여행

1. 의심과 의문 사이에는 커다란 차이가 있다는 사실을 알아야 합니다. 의심은 하나님의 약속과 그분의 선하신 성품을 믿지 않습니다. 이에 반해서 의문은 하나님께서 도저히 가능할 것 같지 않은 엄청난 일들을 어떻게 이뤄 가실지 단지 궁금해할 뿐입니다. 하나님께서 누가복음 1장 5-20절에서 사가랴에게 내리셨던 처분과 누가복음 1장 26-38절에서 마리아에게 보이셨던 반응 사이의 차이점을 면밀히 살펴보면 의심과 의문의 차이를 느낄 수 있습니다. 사가랴와 마리아는 기적적으로 자녀를 갖는 사건에 대해 비슷한 질문("내가 이것을 어떻게 알리요"와 "어찌 이 일이 있으리이까")을 했지만, 한쪽은 정죄를 받고 다른 한쪽은 축복을 받았습니다. 왜 이런 차이가 생겼는지 생각해 보십시오.

18장

날마다 더 가까이, 천국으로 또 집으로

향수의 짐

내가 여호와의 집에 영원히 살리로다

시편 23:6

지난 20년 동안 줄곧 개를 한 마리 기르려는 마음이 있었습니다. 그것도 아주 커다란 놈으로 키우고 싶었습니다. 하지만 그때마다 항상 문제가 생겼습니다. 아파트가 너무 작기도 했고, 수입이 부족하기도 했습니다. 딸아이들이 너무 어려서 개를 데려올 수 없었던 적도 있었습니다. 특히 아내의 시큰둥한 반응이 가장 큰 장애였습니다. 아내의 논리인즉, 진작부터 침을 줄줄 흘리거나 여기저기 튀기고 다니는 야수와 살고 있는데 뭐하러 똑같은 녀석을 하나 더 데려오겠느냐는 것이었습니다. 결국 조그만 개를 키우는 쪽으로 타협을 봤습니다.

쏠티를 좋아하긴 했지만 역시 작은 개들은 진정한 '견공'이라고 할 수 없었습니다. 녀석들은 짖는 게 아니라 깽깽거립니다. 밥을 먹는 게 아니라 깨작거립니다. 핥는 게 아니라 코를 박고 킁킁댑니다. 쏠티를 좋아하긴 했지만 진짜 개를 기르고 싶었습니다. '인간의 가장 좋은 친구'라는 이름에 걸맞은 품종이라면 얼마나 좋을까요. 투실투실한 발과 엄청난 식탐에다가 쩝쩝거리며 얼굴을 핥아 댈 줄 아는 타입이어서 올라타거나 붙들고 씨름을 할 수 있다면 신날 겁니다.

세어러가 태어나기 전까지는 내 열정을 알아주는 식구가 아무도 없었습니다. 하지만 세어러는 달랐습니다. 우리 둘은 가족 투표에서 극적인 승리를 이끌어 냈습니다. 아내는 아예 포기해 버렸고, 나는 세어러와 함께 적당한 녀석을 찾기 시작했습니다. 그리고 마침내 사우스캐롤라이나주에 사는 어느 신앙 돈독한 여성이 골든 리트리버를 키우고 있다는 사실을 알아냈습니다. 녀석들은 태어날 때부터 영감 있는 찬양과 기도에 둘러싸여 자랐음에 틀림없습니다(물론, '견공'들이 비스킷을 먹을 때 십일조를 뗐는지 그냥 먹었는지는 정확히 알 수 없습니다만). 게다가 그 집 안주인이 내가 쓴 책을 읽더라는 조련사의 얘기를 듣고 나서는 더 이상 주저할 이유가 없었습니다. 책을 고르는 안목이 그처럼 탁월하다면 개인들 얼마나 잘 키웠겠습니까?

그래서 강아지 한 마리를 미리 주문했습니다. 송금하고 난 다음 바로 강아지 이름을 '몰리'라고 지었습니다. 집안 한 귀퉁이를 비우고 강아지 베개도 가져다 두었습니다. 강아지는 아직 태어나지도 않았는데 이름을 짓고, 값을 치르고, 집 안에 머물 곳을 준비했던 것입니다.

똑같은 일이 우리에게도 일어났습니다. 세상에 첫 울음을 터트리기 훨씬 전에 주님이 우리를 사셨고, 이름을 붙여 주셨고, 우리가 머물 방에 '주인 있음'이란 명패를 걸어 두셨습니다. 우리와 몰리 사이에는 냄새나 식사 습관 이상의 공통점이 있습니다(우리가 개와 같다는 뜻이 아니라 말하자면 그렇다는 얘깁니다. 아시죠?).

우리나 몰리나 길을 떠나기 위해서는 훈련이 필요합니다. 우리는 '젖떼기'라든가 '훈련' 따위의 용어보다는 '성숙'이나 '성화'라는 표현을 더 좋아하지만 결국은 모두 똑같은 말들입니다. 지금 우리는 주님의 집에서 살기 위한 훈련을 받고 있습니다. 언제 출발할지, 어떤 비행기를 타고 갈지는 모르지만 언젠가 주인이신 주님을 뵙게 될 것이라고 장담할 수 있습니다. 바로 이것이 다윗이 결론적으로 제시하는 약속입니다.

"내가 여호와의 집에 영원히 살리로다"(시 23:6).

우리는 어디서 영원히 살게 됩니까? 여호와의 집입니다. 그렇다면 주님의 집이 우리가 살 '영원한 집'이라고 할 때, 세상의 집은 어떤 의미를 갖습니까? 맞습니다. 잠시 머물다 가는 임시 거처입니다. 진정한 의미에서 우리 집이라고 말할 수 없습니다. "우리의 시민권은 하늘에 있는지라"(빌 3:20).

그렇게 보면 우리가 느끼는 향수병'을 이해할 수 있습니다. 집에 가고 싶어서 몸살이 난 적이 있습니까? 내게는 그런 경험이 있습니다. 열아홉 살 무렵 나는 조지아주 북쪽 지방에서 직장에 다니면서 여름을 보내고 있었습니다. 그쪽 동네 주민들은 아주 좋은 사람들이기는 했지만 방문 판매원을 쌍수를 들고 환영할 정도는 아니었습니다. 그해 여름에는 고향집이 너무나도 그리운 나머지 뼈가 녹아 버릴 것 같은 순간들을 몇 차례씩 넘겨야 했습니다.

한번은 한적한 시골길을 가다가 그런 순간을 만났습니다. 밤이 제법 깊었는데 길을 찾을 수가 없었습니다. 차를 세우고 손전등과 지도를 꺼내다 보니 오른쪽에 농가 한 채가 있었습니다. 집 안에는 식구들이 모여 있었습니다. 전에도 한 번 만난 적이 있는 사람들이어서 그들이 가족인 줄 알 수 있었습니다. 커다란 유리 창

너머로 어머니와 아버지, 어린 아들과 딸이 보였습니다. 화가라면 당장 그 장면을 캔버스에 옮겼을 겁니다.

어머니는 식탁 위에 놓인 접시에 음식을 나누고, 아버지는 꼬마들에게 무슨 얘긴가를 해 주고 있었습니다. 곧이어 아이들의 웃음이 터졌습니다. 내가 할 수 있는 일이라곤 초인종을 누르고 혹시 밥 한 끼 얻어먹을 수 있겠느냐고 부탁해 보는 게 전부였습니다. 고향집이 너무 멀게만 느껴졌습니다.

여러분 가운데도 그날 밤, 내가 받았던 그 느낌을 경험한 이들이 있을 겁니다.

남편이 세상을 떠나는 순간.

자녀를 땅에 묻고 돌아서는 길에.

가슴에 멍울이 있다거나 폐에 반점이 있다는 사실을 알고 나서.

개중에는 가정이 산산조각난 뒤부터 줄곧 집에서 너무 멀리 떨어져 나왔다는 느낌을 갖게 된 이들도 있을 것입니다.

살아가면서 지나치게 되는 굽이들과 모퉁이들은 한 가지 사실, 즉 지금 사는 이곳은 집이 아니라는 점을 일깨워 줍니다. 여기는 고국故國이 아닙니다. 우리는 죽음과 질병의 이곳 언어를 능숙하게 구사할 줄 모릅니다. 낯선 문화에 마음이 산란해지고, 시끄러운 소리들 때문에 잠을 이루지 못합니다. 집에서 멀리 떠나왔다는 사실이 실감납니다.

향수는 우리가 지고 간다 하더라도 하나님께서 상관치 않으시는 짐 가운데 하나입니다. 어차피 우리는 몰리처럼 다른 집에 가서 살 준비를 하고 있습니다. 그리고 '그린베이에서 날아온 앵무새'처럼 언제까지나 여기서 살 수 없다는 사실을 잘 알고 있습니다.

앵무새의 이름은 푸치였습니다. 주인에게서 도망쳐 나온 푸치는 동물보호협회의 보살핌을 받고 있었습니다. 임자가 쉬 나타나지 않자 수 글리슨 부인이 푸치를 돌보게 됐습니다. 둘은 아주 사이좋게 지냈습니다. 금방 친구가 돼서 함께 이야기를 나누기도 하고 목욕도 같이 했습니다. 그러던 어느 날, 도저히 믿을 수 없는 일이 일어났습니다. 그 조그만 앵무새가 포르르 글리슨 부인에게 날아와서는 귓가에 부리를 대고 속삭였던 것입니다. "그린베이, 사우스 오네이다 스트리트 1500번지."

글리슨 부인은 깜짝 놀라서 어안이 벙벙해졌습니다. 조사를 해 본 결과 그런 주소가 실제로 존재한다는 사실이 밝혀졌습니다. 부인은 주소지에 있는 집을 찾아가서 존 스트루번츠라는 일흔아홉 살의 노인을 만났습니다.

"앵무새를 기르세요?" 부인이 물었습니다.

"한동안 길렀죠. 하지만 아쉽고 슬프게도 잃어버리고 말았습니다."

푸치를 보여 주자 노인은 감격해서 어쩔 줄 몰랐습니다.

"이제야 말씀이지만, 사실 이 녀석은 전화번호까지 외우고 있답니다!"[3]

말도 안 되는 얘기라고 생각하십니까? 그렇지 않습니다. 우리에게도 뇌리에 새겨진 영원한 주소가 있습니다. 하나님께서는 사람에게 '영원을 사모하는 마음'을 주셨습니다(전 3:11). 잘 생각해 보십시오. 우리는 아직 집에 도착한 게 아닙니다.

그러므로 고향집에서 사는 것처럼 행동하지 않도록 조심하십시오. 향수의 짐을 너무 일찍 내려놓지 마십시오. 고속버스 벽에다가 그림 액자를 거시겠습니까? 휴게소 한 켠에다 침실을 지으시겠습니까? 여객기 안에다 킹사이즈 침대를 들여놓으시겠습니까?

혹시 지금 이 세상을 본향으로 여기며 사십니까? 세상은 언젠가 이르게 될 그 고향이 아닙니다. 지상 최대의 비극은 고향에서 멀리 떨어져 있으면서도 향수를 느끼지 못한다는 것, 집을 나와 떠돌면서도 아무 불편함을 느끼지 않는다는 것입니다. 하늘나라를 향한 갈망을 억누르지 마십시오. 오히려 본향을 향한 그리움을 불러일으키십시오.

하나님의 집은 우리가 영원히 살 집입니다. "내가 여호와의 집에 영원히 살리로다"(시 23:6).

얼마 전에 친구 부부가 어린아이 둘을 입양했습니다. 둘 중에 나이가 위인 크리스토퍼는 세 살배기 꼬마답지 않게 새로 살게 된 집과 전에 살던 집의 차이를 정확하게 알고 있었습니다. 녀석은 집에 찾아오는 모든 손님들에게 말했습니다. "여기가 영원히 살 내 집이에요."

크리스토퍼와 똑같은 고백을 할 수 있다면 얼마나 좋겠습니까. '영원히 살 집'이라고 말할 수 있다면 말입니다. 지금 사는 집은 영원토록 머물 거처가 아닙니다. 생일은 여기서 영원히 살 게 아님을 분명하게 일깨워 줍니다.

이 책을 쓰는 동안 나는 마흔여섯 번째 생일을 맞았습니다. 이젠 태어난 날보다 아흔 살에 더 가까워졌습니다. '나이가 들면 이러니저러니'하던 얘기들이 모두 현실이 됐습니다. 예전에 비해서 우쭐거리는 일이 줄어들고 고개를 숙이는 경우가 늘었습니다. 20년 전에 가졌던 것들을 그대로 유지하고 있지만, 지금은 다들 낡고 약해졌습니다. 일전에는 양말이 흘러내려서 발목께 주름이 잡힌 줄 알고 잡아 펴려고 봤더니 맨발이더군요. 데이브 베리를 인용하자면, 나이를 먹는다는 것은 이런 것입니다.

> … 치아 문제, 장기臟器 기능 이상, 근육 퇴화, 정서 불안, 기억력 감퇴, 시력과 청력 상실, 발기부전, 중풍, 종양, 팔다리 기능 저하, 관상동맥 이상, 죽음. 치질은 기본.[2]

나이를 먹는다는 것. 그건 즐거운 일이 아닙니다. 나이 먹는 걸 피해 보려고 사람들은 가능한 한 모든 방법을 동원합니다. 몸을 치장하기도 하고, 건강을 유지하기 위해 노력하고, 신체에 손상을 입지 않도록 지키고 싶어 합니다. 물론 이 모두가 당연히 해야 할 일들입니다. 몸은 하나님의 선물이기 때문입니다. 우리는 그 선물을 지킬 책임이 있습니다. 하지만 동시에 현실 감각을 잃지 말아야 합니다. 몸은 죽어야 합니다. 그래야 새로운 몸으로 살 수 있습니다. "혈과 육은 하나님 나라를 이어 받을 수 없고 또한 썩는 것은 썩지 아니하는 것을 유업으로 받지 못하느니라"(고전 15:50).

나이를 먹는 것은 하나님의 섭리입니다. 이것은 우리들이 본향을 바라보도록 만드시는 하나님의 방법이기도 합니다. 노화 과정은 되돌릴 수 없지만, 우리의 태도는 바꿀 수 있습니다. 나이를 먹어 가는 과정을 튤립이 자라가는 과정을 보듯 하면 어떨까요?

튤립 구근이 죽어 간다고 애통해하는 사람을 본 적이 있습니까? 구근이 생기를 잃어버리기 시작했다고 눈물을 뿌리는 정원사를 만난 기억이 있습니까? 당연히 없을 겁니다. 망가진 구근의 몸매를 받쳐 주는 보정 속옷이나 꽃잎의 주름을 펴 주는 크림을 사는 법도 없고 이파리 성형 수술을 받지도 않습니다. 아무도 튤립 구근이 죽어 간다고 슬퍼하지 않습니다. 도리어 기뻐합니다. 튤립을 좋아하는 사람들은 구근이 약해지면 대단히 즐거워합니다.

"저것 좀 봐. 꽃이 피려고 해!"

하늘나라도 마찬가지가 아닐까요? 천사들이 우리 몸을 가리키며 얘기하고 있을지도 모릅니다. 우리 육신이 연약해질수록 천사들은 더 즐거워합니다. "저 아줌마 좀 봐! 병원에 입원했네. 곧 꽃이 피겠어." "심장이 나쁜 저 남자를 잘 봐. 곧 집에 돌아오겠는걸?"

"우리까지도 속으로 탄식하여 양자 될 것 곧 우리 몸의 구속을 기다리느니라"(롬 8:23).

지금 몸에 아무 문제가 없다고 생각하십니까? 그렇지 않습니다. 바울은 우리 몸을 일러 "비천한 몸"(빌 3:21, 새번역)이라고 합니다. 다른 번역도 마찬가집니다.

"낮은 몸"(개역성경).

"썩어질 몸"(메시지).

"천한 몸"(현대인의성경).

우리도 저마다 나름대로의 형용사들을 붙여 볼 수 있습니다. 어떤 말로 자기 몸을 표현하겠습니까? 암에 걸린 몸? 관절염에 걸린 몸? 보기 흉한 몸? 불구가 된 몸? 하루가 다르게 불어나는 몸? 표현은 달라도 속에 담긴 뜻은 '이 몸은 약하디 약하다는 것' 하나입니다. 우리 몸은 숨을 쉬기 시작하는 그 순간부터 늙어 가기 시작합니다.

그런데 하나님 말씀에 기대어 생각해 보면 이 모두가 주님이 세우신 계획 가운데 일부입니다. 주름살 하나하나, 아픈 곳 하나하나는 마지막 단계에 한 걸음 더 가까이 다가가도록 해 줍니다. 거기에 이르면 예수님께서 우리의 평범한 육신을 영원히 죽지 않는 몸으로 바꿔 주십니다. 고통도 없고, 눌림도 없고, 질병도 없고, 끝도 없습니다.

여기는 영원히 살 집이 아닙니다. 잠시 동안 머물 거처에 지나지 않습니다. 주님의 집 문을 열고 들어서는 순간 모든 의미를 잃어버립니다.

몰리를 생각해 봅시다. 우리 집에 온 지 몇 달 지나지 않아서 몰리는 집을 나갔습니다. 하루는 밤늦게 집에 돌아왔는데 평소와는 달리 사방이 조용했습니다. 몰리가 달아나 버렸던 것입니다.

녀석은 아무도 모르게 살짝 집을 빠져나갔습니다. 우리는 당장 몰리를 찾아 나섰지만 집에서 멀리, 아주 멀리 가버린 듯했습니다. 강아지 기르는 걸 싫어하는 사람들에게는 지금부터 하는 얘기가 이상하게 들릴지도 모릅니다. 하지만 애완용 강아지를 좋아하는 이들이라면 충분히 이해할 겁니다. 왜 우리가 길을 헤매며 달아난 강아지 이름을 외치고 다녔는지, 왜 밤 10시 30분에 차를 몰고 동네를 뒤지고 다녔는지, 왜 구멍가게마다 포스터를 붙이고 다녔는지, 왜 식구들을 불러서 기도 모임을 가졌는지(정말 가족 기도회를 열었습니다), 왜 출판사 직원들에게 기도를 부탁하는 한편 몰리를 키운 사육사에게 조언을 구하는 이메일을 보냈는지, 그리고 녀석이 다시 나타났을 때 색종이를 뿌리며 잔치를 벌였는지 이해할 수 있으리라 믿습니다.

녀석이 돌아온 전말은 이렇습니다. 다음 날 아침, 아내는 딸아이들을 학교에 데려다주러 가다가 청소차를 보았습니다. 아내는 미화원들에게 몰리처럼 생긴 개가 있는지 눈여겨봐 달라고 부탁해 놓고 어머니 기도 모임을 인도하기 위해 서둘러 집으로 돌아왔습니다. 얼마 뒤에 어머니들이 막 도착하는 참이었는데, 청소차가 우리 집 쪽 길로 들어섰습니다. 그리고 미화원이 문을 열어 주자마자 몰리가 뛰쳐나왔던 것입니다. 이렇게 몰리는 집으로 돌아왔습니다.

아내가 소식을 전해 주려고 전화를 했지만 목소리를 거의 알아들을 수 없었습니다. 부엌에서 나는 왁자지껄한 소리 때문이었습니다. 기도 모임에 참석했던 어머니들이 몰리의 무사 귀환을 축하하는 소리였습니다.

이 얘기에서 많은 상징적인 의미를 찾아낼 수 있습니다. 예를 들자면 하늘나라를 떠나 잃은 양을 찾아 나서신 주님, 기도로 얻은 승리, 쓰레기에서 찾은 귀한 물건, 그리고 무엇보다도 집에 들어서자마자 쏟아지는 환영 같은 것들입니다. 몰리와 우리 사이에는 공통점이 있습니다. 집으로 돌아오면 큰 잔치가 벌어진다는 사실입니다.

이제 짐이라곤 단 하나만 남았습니다. 죄책감의 짐은 아닙니다. 죄책감은 갈보리 십자가 앞에다 버렸습니다. 죽음에 대한 공포의 짐도 아닙니다. 그건 빈 무덤에 남겨 두고 왔습니다.

마지막까지 끈덕지게 남아 있는 보따리의 정체는 고향집을 그리워하는 마음, 하나님께서 주신 바로 그 마음입니다. 마침내 주님을 만나는 날이 오면 그제야 '향수의 짐'을 내려놓게 될 것입니다. 전장에서 돌아온 병사가 아내를 보자마자 더플백을 던져 버리듯, 하나님 아버지를 만나자마자 그리움의 보따리를 내려놓게 됩니다.

주위에서는 우리를 사랑하는 이들이 소리치며 기뻐합니다. 우리를 알고 있는 사람들은 손뼉치며 환호하느라 시끌벅적합니다. 하지만 주님이 우리더러 고개를 들라 하시고 "집에 잘 왔다"고 말씀하시는 순간 모든 좌중은 잠잠해질 것입니다.

그리고 주님이 못 자국 난 손으로 우리 눈에서 모든 눈물을 씻기실 것입니다. 그때부터 우리는 주님의 집에서 살게 됩니다. 영원히.

더 깊은 나들이,
말씀을 거쳐 삶 속으로

본문 속으로 떠나는 여행

1. "살아가면서 지나치게 되는 굽이들과 모퉁이들은 한 가지 사실, 즉 지금 사는 이곳은 집이 아니라는 점을 일깨워 줍니다. 여기는 고국故國이 아닙니다. 우리는 죽음과 질병의 이곳 언어를 능숙하게 구사할 줄 모릅니다. 낯선 문화에 마음이 산란해지고, 시끄러운 소리들 때문에 잠을 이루지 못합니다. 집에서 멀리 떠나왔다는 사실이 실감납니다."
   - ▶ 지금 사는 이곳이 진정한 집이 아니라는 사실을 자주 잊어버리는 까닭은 무엇입니까?
   - ▶ 어떻게 이 땅에서 나그네와 같은 자세를 유지할 수 있습니

까? 기꺼이 그런 삶을 받아들일 수 있습니까?

2. "향수는 우리가 지고 간다 하더라도 하나님께서 상관치 않으시는 짐 가운데 하나입니다. 어차피 우리는 몰리처럼 다른 집에 가서 살 준비를 하고 있습니다. 그리고 '그린베이에서 날아온 앵무새'처럼 언제까지나 여기서 살 수 없다는 사실을 잘 알고 있습니다."
   - ▶ 하늘나라를 향한 '향수'를 느끼고 있습니까?
   - ▶ 하나님께서는 어떻게 다른 집을 준비해 두셨습니까?

3. "세상은 언젠가 이르게 될 그 고향이 아닙니다. 지상 최대의 비극은 고향에서 멀리 떨어져 있으면서도 향수를 느끼지 못한다는 것, 집을 나와 떠돌면서도 아무 불편함을 느끼지 않는다는 것입니다. 하늘나라를 향한 갈망을 억누르지 마십시오."
   - ▶ 세상에 살면서 느끼는 실망감의 대부분은 집을 나와 떠돌면서도 아무 불편함을 느끼지 못한다는 사실에서 비롯된다는 사실에 대해 어떻게 생각합니까?
   - ▶ 어떻게 하면 이 세상에서 살면서 마치 고향에 사는 듯 편안하게 여기게 되는 오류에 빠지지 않을 수 있습니까? 실천 가능한 실제적인 대책들을 이야기해 보십시오.

4. "주름살 하나하나, 아픈 곳 하나하나는 마지막 단계에 한 걸음 더 가까이 다가가도록 해 줍니다. 거기에 이르면 예수님께서 우리의 평범한 육신을 영원히 죽지 않는 몸으로 바꿔 주십니다.

고통도 없고, 눌림도 없고, 질병도 없고, 끝도 없습니다."

▶ 어떻게 우리 몸은 여기가 영원한 집이 아니라는 사실을 알려 줍니까?

▶ 고통 없는 영원한 몸을 가질 수 있다는 소망은 단지 실현 불가능한 희망 사항일 뿐이며 세상에 있는 동안 충분히 즐기는 편이 낫다고 말하는 이들에게 어떻게 반응하겠습니까?

말씀 속으로 떠나는 여행

1. 빌립보서 1장 20-23절을 읽으십시오.

> 20나의 간절한 기대와 소망을 따라 아무 일에든지 부끄러워하지 아니하고 지
> 금도 전과 같이 온전히 담대하여 살든지 죽든지 내 몸에서 그리스도가 존귀하
> 게 되게 하려 하나니 21이는 내게 사는 것이 그리스도니 죽는 것도 유익함이
> 라. 22그러나 만일 육신으로 사는 이것이 내 일의 열매일진대 무엇을 택해야
> 할는지 나는 알지 못하노라. 23내가 그 둘 사이에 끼었으니 차라리 세상을 떠
> 나서 그리스도와 함께 있는 것이 훨씬 더 좋은 일이라 그렇게 하고 싶으나.

▶ 사도 바울은 20절에서 자신의 간절한 소망이 무엇이라고 말합니까? 그는 어떤 일에 도전하고 있습니까?

▶ 21절 말씀을 자신의 말로 다시 설명해 보십시오.

▶ 22절에 따르면, 바울은 어떤 딜레마에 빠져 있었습니까? 무엇 때문에 슬퍼했습니까?

▶ 23절에 나타난 "끼었으니"라는 표현은 무슨 뜻입니까? 어디에 끼었습니까? 이것이 더욱 좋은 까닭은 무엇입니까?

2. 빌립보서 3장 17절부터 4장 1절까지 읽으십시오.

17형제들아 너희는 함께 나를 본받으라. 그리고 너희가 우리를 본받은 것처럼
그와 같이 행하는 자들을 눈여겨보라. 18내가 여러 번 너희에게 말하였거니와
이제도 눈물을 흘리며 말하노니 여러 사람들이 그리스도의 십자가의 원수로
행하느니라. 19그들의 마침은 멸망이요 그들의 신은 배요 그 영광은 그들의 부
끄러움에 있고 땅의 일을 생각하는 자라. 20그러나 우리의 시민권은 하늘에 있
는지라. 거기로부터 구원하는 자 곧 주 예수 그리스도를 기다리노니 21그는 만
물을 자기에게 복종하게 하실 수 있는 자의 역사로 우리의 낮은 몸을 자기 영
광의 몸의 형체와 같이 변하게 하시리라. 4:1그러므로 나의 사랑하고 사모하는
형제들, 나의 기쁨이요 면류관인 사랑하는 자들아 이와 같이 주 안에 서라.

▶ 사도 바울은 18-19절에서 그리스도의 원수들을 어떻게 묘사하고 있습니까?

▶ 그리스도의 원수들과 주님을 믿는 사람들 사이의 가장 큰 차이점은 무엇입니까?(20절)

▶ 크리스천들은 누구를 기다리고 있습니까?(20-21절) 그분이 어떤 일을 행하시길 기대합니까?

▶ 이 진리를 묵상하는 것이 믿는 사람들에게 어떤 영향을 끼칩니까?(4:1) 각자 자신에게 미치는 영향을 적어 보십시오.

3. 고린도전서 15장 50-57절을 읽으십시오.

50형제들아 내가 이것을 말하노니 혈과 육은 하나님 나라를 이어 받을 수 없
고 또한 썩는 것은 썩지 아니하는 것을 유업으로 받지 못하느니라. 51보라 내
가 너희에게 비밀을 말하노니 우리가 다 잠 잘 것이 아니요 마지막 나팔에 순
식간에 홀연히 다 변화되리니 52나팔 소리가 나매 죽은 자들이 썩지 아니할

것으로 다시 살아나고 우리도 변화되리라. 53이 썩을 것이 반드시 썩지 아니할
것을 입겠고 이 죽을 것이 죽지 아니함을 입으리로다. 54이 썩을 것이 썩지 아
니함을 입고 이 죽을 것이 죽지 아니함을 입을 때에는 사망을 삼키고 이기리
라고 기록된 말씀이 이루어지리라. 55사망아 너의 승리가 어디 있느냐. 사망아
네가 쏘는 것이 어디 있느냐. 56사망이 쏘는 것은 죄요 죄의 권능은 율법이라.
57우리 주 예수 그리스도로 말미암아 우리에게 승리를 주시는 하나님께 감사
하노니 58그러므로 내 사랑하는 형제들아 견실하며 흔들리지 말고 항상 주의
일에 더욱 힘쓰는 자들이 되라. 이는 너희 수고가 주 안에서 헛되지 않은 줄
앎이라.

▶ 사도 바울은 50절에서 어떤 것들을 서로 대비시키고 있습니까? 이것은 우리에게 어떤 중요성을 갖습니까? 이것이 중요한 까닭은 무엇입니까?

▶ 51-52절에서 바울은 어떤 비밀에 대해 언급합니까?

▶ 그리스도를 믿는 이들은 하늘나라에서 어떤 의복을 입게 됩니까?(53절) 이것이 중요한 까닭은 무엇입니까?

▶ 54-57절 말씀을 자신의 말로 다시 적어 보십시오. 자신이 여든 살 노인의 몸으로 이 말씀을 기록하고 있다고 상상해 보십시오.

▶ 향수병을 앓고 있습니까? 향수병에 걸린 이유는 무엇입니까? 또는 왜 향수를 느끼지 않습니까?

삶 속으로 떠나는 여행

1. 사복음서와 사도행전을 읽으면서 주 예수님의 부활하신 몸에 대해 공부하십시오. 어떤 사실을 알게 됐습니까? 우리도 부활한 뒤에 주님과 똑같은 몸으로 똑같이 움직이게 될 것입니다.

맺음말

루브르박물관에서 난 졸았습니다. 세상에서 가장 유명한 박물관이자 파리에서 제일 유명한 건물에서 말입니다. 관광객들이 '껌뻑 죽는' 동안 나는 코를 골아 가며 '꾸벅' 졸았던 것입니다. 벤치에 앉아서 머리를 벽에 기댄 채 턱을 가슴에 묻고 깊이 잠들었습니다.

넓은 방에는 왕실의 보물들이 전시되어 있었습니다. 벽에는 렘브란트의 작품들이 걸렸습니다. 반 고흐의 작품은 한 층 위에 있었습니다. 한 층 아래에는 밀로의 비너스 상이 서 있었습니다. 당연히 스타를 동경하는 10대처럼 눈을 크게 뜨고 감상을 해야 마땅한 일이었습니다.

아내는 그랬습니다. 할인 판매 행사장을 누비는 알뜰 주부의 눈초리를 생각하면 맞을 겁니다. 가이드를 따라 박물관을 도는 단체 관광객이 있으면 당장 따라붙었습니다. 버튼을 눌러 보도록 되어 있는 전시물이 있으면 빠짐없이 눌렀습니다. 전단이 비치되어 있으면 반드시 뽑아 읽었습니다. 구경에 정신이 팔려서 밥 먹을 생각도 잊은 듯했습니다.

나 말입니까? 모나리자 앞에 5분을 서 있었던 게 전부입니다.

물론 알고 있습니다. 창피한 일이죠.

최소한 내 뒤를 따라오던 관람객처럼은 행동해야 했었습니다. 내가 가물가물 잠에 빠져들고 있을 때, 그 친구는 17세기 네덜란드 화가가 그린 꽃 그림 앞에 서 있었습니다. 얼마 뒤에 일어나 보니 여전히 그림을 쳐다보는 중이었습니다. 난 다시 눈을 감았습니다. 그리고 다시 눈을 떴을 때, 그 친구는 아직도 움직이지 않고 있었습니다.

나는 그 친구 쪽으로 몸을 숙이고 가능한 한 감동적인 울림이 나도록 노력하며 물었습니다. "대단하지 않습니까?" 대꾸가 없었습니다. 다시 물었습니다. "명암 처리가 정말 대가의 솜씨죠?" 여전히 묵묵부답. "이 그림이 명품이라고 생각하세요?" 이번엔 한숨을 푹 내쉴 뿐이었습니다. 그러나 말이 없어도 그 친구가 어떻게 생각하는지는 알 수 있었습니다. '미개한 얼간이 같으니라고!'

그 친구 생각이 맞습니다. 난 '미개한 얼간이'였습니다. 하지만 내 탓만은 아닙니다. 나도 그 친구만큼 17세기 회화 작품을 좋아합니다. 백번 양보해서 그 친구만큼은 아니더라도 아무튼 좋아하는 건 사실입니다. 평소 같았으면 최소한 졸지는 않았을 겁니다.

그러나 그날은 달랐습니다. 왜 내가 루브르박물관에서 졸았는지 아십니까?

짐 때문이었습니다. 배낭 위에다가 아기까지 업고 다녔던 까닭입니다. 식구들의 짐 보따리들을 죄다 지고 다니느라 지칠 대로 지쳤습니다. 우리는 〈오페라의 유령〉 순회공연에 나선 뮤지컬팀보다 더 많은 옷 가방을 끌고 다녔던 것입니다.

아내와 딸아이들만 나무랄 일이 아닙니다. 식구들이야 모두 나를 보고 따라했을 뿐입니다. 혹시 기억하십니까? 언제 어디서라도 수중 결혼식과 볼링 대회를 치를 수 있을 정도로 온갖 잡동사니를 챙겨 들고 집을 나서는 사람, 그게 바로 나입니다. 그런 식으로라면 혼자 여행하기도 힘들 텐데, 다섯 명이 그렇게 길을 떠난다고 생각해 보십시오. 당장 탈진 상태에 빠지는 게 당연합니다.

내가 가벼운 차림으로 여행하는 법을 배웠을 것 같지 않습니까?

여러분에게도 얘기해 드리죠. 함께 짐을 꾸려 볼까요? 우선 가죽 가방들을 다 빼 버릴 겁니다. 인생을 살면서 졸음에 빠진다는 것은 루브르박물관을 관람하다 선잠이 드는 것과는 전혀 차원이 다른 얘깁니다.

잘 아시겠지만, 삶의 한가운데서 잠드는 일은 얼마든지 일어날 수 있습니다. 사실 우리는 하나님의 갤러리에 살고 있습니다. 하늘은 주님의 캔버스이고 인간은 그분의 대표 작품입니다. 사방 천지에 주님의 예술적인 솜씨가 깔려 있습니다. 불타는 석양이 그렇고, 일렁이는 파도가 그렇습니다.

우리의 영혼은 사랑이 시작되고 은혜가 전달되는 하나님의 스튜디오입니다. 온갖 기적들이 반딧불이처럼 우리 주위에 난무합니다. 영혼을 만져 주시는 손길을 느끼고, 심령이 변하고….

그런데 하품이 납니다. 내내 졸고 있다가 모든 걸 놓쳐 버립니다. 어쩔 수가 없습니다. 지난날의 죄 짐을 끌고 돌아다니기가 너무 고달프기 때문입니다. 목에는 염려의 부대 자루가 고리에 걸린 채 매달려 있습니다. 죽음에 대한 공포를 짊어진 것만으로도 등뼈가 휠 것 같습니다.

이런 짐들은 삶의 묘미를 놓쳐 버리게 만들고도 남습니다. 주일 아침마다 많은 이들이 인생의 매력을 놓쳐 버립니다. 주일이면 선량한 크리스천들이 교회당 안에 모여 앉아서 감기는 눈꺼풀과 처절한 싸움을 벌이곤 합니다. 육신의 눈은 아니더라도 최소한 마음의 눈은 깨어 있고 싶어 합니다.

여기서 우리는 무얼 놓치고 있습니까? 하나님께서 우리가 드리는 찬양을 받으려고 하늘 보좌에서 친히 내려오셨다는 사실을 놓치고 있습니다. 그렇지 않았더라면 예배당 의자 위에라도 올라가서 하늘로 손을 뻗쳤을 것입니다.

우리는 무얼 놓치고 있습니까? 하나님께서 성도들 가운데서 우리를 만나고 계신다는 사실을 놓치고 있습니다. 사소한 음식이나 선물로 서로를 쿡쿡 찔러서 감격이 사라진 기절 상태에서 깨어나게 해야 합니다.

또 무얼 놓치고 있습니까? 하나님 말씀입니다. 폭발성이 강한 폭약 다루듯 말씀을 다뤘어야 했습니다. 눈을 똑바로 뜨고 들여다보았어야 했습니다. 하지만 지난 한 주 동안 불만이 가득 들어 있는 트렁크를 끌고 시내를 온통 휘젓고 다니다시피 했습니다. 게다가 어제는 밤새 무겁디무거운 낙심의 배낭을 이리저리 굴리느라 잠도 제대로 못 잤습니다.

이제 이 짐 꾸러미들을 벗어 버립시다. 단번에 그리고 영원히 주님께 맡겨 버립시다. 그분 말씀에 의지합시다. "수고하고 무거운 짐 진 자들아 다 내게로 오라. 내가 너희를 쉬게 하리라"(마 11:28).

왜소한 잡신에서 벗어나 쉬십시오. 이제 '여호와'를 알았기 때문입니다.

자기 신뢰의 보따리를 던져 버리고 쉬십시오. 이제 여호와께서 목자가 되시기 때문입니다.

한없는 욕구의 짐을 내려놓고 쉬십시오. 이제 부족함이 없기 때문입니다.

피로의 짐을 내버리고 쉬십시오. 주님이 우리를 푸른 풀밭에 누이시기 때문입니다.

걱정 근심의 짐을 떨쳐 내고 쉬십시오. 주님이 우리를 인도하시기 때문입니다.

절망의 짐을 밀쳐 내고 쉬십시오. 주님이 영혼을 소생시키시기 때문입니다.

죄의 짐을 내버리고 쉬십시오. 주님이 의의 길로 인도하시기 때문입니다.

교만의 짐을 풀어 던지고 쉬십시오. 모든 일이 주님 덕분이기 때문입니다.

사망의 음침한 골짜기에서 벗어나 쉬십시오. 주님이 동행하시기 때문입니다.

깊은 슬픔의 짐을 내려놓고 쉬십시오. 주님이 이끌어 주시기 때문입니다.

두려움의 짐에서 벗어나 쉬십시오. 주님이 안위하시기 때문입니다.

외로움의 짐을 풀어놓고 쉬십시오. 주님이 함께 계시기 때문입니다.

부끄러움의 짐을 내던지고 쉬십시오. 주님이 원수의 목전에서 상을 차려 주시기 때문입니다.

낙심의 짐을 떼어 버리고 쉬십시오. 주님이 기름으로 머리에 바르셨기 때문입니다.

질투의 짐을 치워 버리고 편히 쉬십시오. 하나님께서 잔이 넘치게 하시기 때문입니다.

의심의 짐을 집어던지고 쉬십시오. 주님이 정녕 우리를 따르시기 때문입니다.

향수의 짐에서 벗어나 쉬십시오. 장차 여호와의 집에 영원히 거할 것이기 때문입니다.

혹시 오랜 습관을 버리지 못하고 날이 밝자마자 어제 내버렸던 짐 보따리들을 되짚어 진다 하더라도, 다시 내려놓으십시오. 더 이상 쓸데없는 짐 꾸러미들을 짊어지지 않게 되는 그 감미로운 순간이 올 때까지 내려놓고 또 내려놓으십시오.

마침내 어느 날 짐을 다 내려놨다는 생각이 들면, 가벼운 차림으로 나들이 길에 나설 수 있거든, 그리하여 삶의 신비를 곰곰이 생각해 볼 여유가 생기거든 부탁 하나 들어주십시오.

루브르박물관 전시실 아래쪽으로 내려가서 왼쪽으로 도십시오. 자주색 줄 뒤에 서서 차례를 기다리십시오. 그리고 모나리자를 천천히, 자세히 살펴보고 나서 얘기해 주십시오. 거기 뭐 대단한 게 있습디까?

제2장 삶의 중심 잡기

1. 히브리어 성경은 첫 단어 여호와를 묘사하는 데만 무려 54개의 단어를 사용하고 있다.
2. AD 200년경 신학자들은 하나님을 뜻하는 YHWH(야훼에 해당하는 히브리어 4자음) 바로 아래에다 '아도나이*adonai*'라는 표현을 병기하기 시작했다. 독자들에게 '아도나이'라고 읽도록 배려한 것이다. 19세기 중엽 독일 신학자들이 어떤 언어에도 존재한 바 없던 단어 '여호와*Jehovah*'를 만들어낼 때까지 *YHWH*는 여전히 감히 입에 올릴 수 없는 이름이었다.
3. Nathan Stone, *Names of God* (Chicago: Moody Press, 1944), 20.
4. Donald W. McCullough, *The Trivialization of God: The Dangerous Illusion of a Manageable Deity* (Colorado Springs: NavPress, 1995), 66.
5. Ibid., 54.

제3장 내 식대로 해 보렵니다

1. Rick Reilly, *The Life of Reilly* (New York: Total Sports Illustrated, 2000), 175-177.

제4장 욕구의 감옥

1. Randy C. Alcorn, *Money, Possessions, and Eternity* (Wheaton, Il.:

Tyndale Publishers, 1989), 55.

2. Chris Seidman, *Little Buddy* (Orange, Calif.: New Leaf Books, 2001). 138. 저자 허락 아래 인용.
3. Rick Atchley, "I Have Learned the Secret," audiotape 7 of the 1997 Pepperdine Lectures (Malibu, Calif., 1997). 저자 허락 아래 사용.
4. 저자 허락 아래 인용.

제5장 내가 너를 쉬게 하리라

1. Robert Sullivan, "Sleepless in America," *Life*, February 1988, 55-66 and *Prime Time Live*, 2 March 1998.
2. Sullivan, "Sleepless," 63.
3. Ibid.
4. Phillip Keller, *A Shepherd Looks at Psalm 23* (Grand Rapids, Mich.: Zondervan Publishing, 1970; reprint, in Phillip Keller: The Inspirational Writings, New York: Inspirational Press, 1993), 28-29(페이지는 개정판 기준).
5. Helmut Thielicke, *Encounter with Spurgeon*, trans. John W. Doberstein (Philadelphia: Fortress Press, 1963; reprint, Grand Rapids, Mich.: Baker Book House, 1975), 220(페이지는 개정판 기준).

제6장 '큰일인데'와 '어떻게 잘'

1. Og Mandino, *The Spellbinder's Gift* (New York: Fawcett Columbine, 1995), 70-71.
2. Ted Schroder가 Christ Episcopal Church(텍사스 주 샌안토니오)에서 행한 1994년 4월 10일자 설교 "Worrier and Worrier"에서.
3. 시편 119편 105절에서.

제9장 자아의 벽을 넘어 낮고낮은 자리로

1. Rick Reilly, *The Life of Reilly* (New York: Total Sports Illustrated, 2000), 73.
2. Paul Lee Tan, *Encyclopedia of 7700 Illustrations* (Rockville, Md.: Assurance Publishers, 1979), 211.

3. Ibid., 1100.
4. William J. Bennett, ed., *The Spirit of America: Words of Advice from the Founders in Stories, Letters, Poem and Speeches* (New York: Touchstone, 1997), 161.

제10장 내가 너를 집으로 인도하리라

1. Pillip Keller, *A Shepherd Looks at Psalm 23* (Grand Rapids, Mich.: Zondervan Publishing, 1970; reprint, in *Phillip Keller: The Inspirational Writings*, New York: Inspirational Press, 1993), 70(페이지는 개정판 기준).
2. F. W. Boreham, *Life Verses: The Bible's Impact on Famous Lives*, vol. 2 (Grand Rapids, Mich.: Kregel Publications, 1994), 211.

제11장 마침내 애곡하는 날이 오면

1. Michael P. Green, ed., *Illustrations for Biblical Preaching* (Grand Rapids, Mich.: Baker Book House, 1989), 91.

제14장 수탉의 울음소리, 그리고 나

1. Charles W. Slemming, *He Leadeth Me: the Shepherd's Life in Palestine* (Fort Washington, Pa.: Christian Literature Crusade, 1964), Charles R. Swindolle, Living Beyond the daily Grind, Book 1: Reflections on the Songs and Sayings in Scripture (Dallas: Word Publishing, 1988), 77-78에서 인용.

제15장 머리를 매끄럽게, 상처를 부드럽게

1. "바울은 여러 차례 감옥에 갇혔다. 빌립보(행 16:23), 예루살렘(행 23:18), 가이사랴(행23:33, 24:27, 25:14), 로마(행 28:16, 20, 30)." Robert B. Hughes and J. Carl Laney, *New Bible Companion* (Wheaton, Ill.: Tyndale House Publishing, 1990), 681.
2. Pillip Keller, *A Shepherd Looks at Psalm 23* (Grand Rapids, Mich.: Zondervan Publishing, 1970; reprint, in *Phillip Keller: The Inspirational Writings,*

New York: Inspirational Press, 1993), 99(페이지는 개정판 기준).

제16장 복숭아 조림을 담그는 계절

1. F. B. Meyer, *The Shepherd Psalm* (Grand Rapids.: Kregel Publications, 1991), 115.
2. 릭 워렌Rick Warren의 설교 "상한 마음을 치유하는 하나님의 해독제"에서.

제17장 하나님, 집요한 사랑의 추적자

1. F. B. Meyer, *The Shepherd Psalm* (Grand Rapids.: Kregel Publications, 1991), 125.

제18장 날마다 더 가까이, 천국으로 또 집으로

1. Calvin Miller, *Into the Depths of God: Where Eyes See the Invisible, Ears Hear the Inaudible, and Minds Conceive the Inconceivable* (Minneapolis : Bethany House, 2000), 217.
2. Dave Barry, *Dave Barry Tums 40* (New York: Crown, 1990), 헬렌 엑슬리Helen Exley의 책 *A Spread of Over 40s Jokes* (New York: Exley Gitbooks, 1992)에서 인용.

짐은 가볍게: 시편 23편으로 인생 홀가분하게 여행하기

맥스 루케이도 지음 | 최종훈 옮김

2021년 8월 31일 초판 1쇄 발행
2024년 12월 12일 초판 3쇄 발행

펴낸이 김도완
등록번호 제2021-000048호
(2017년 2월 1일)
전화 02-929-1732
전자우편 viator@homoviator.co.kr

펴낸곳 비아토르
주소 서울시 종로구 삼일대로 428, 500-26호
(우편번호 03140)
팩스 02-928-4229

편집 이현주
제작 제이오

디자인 임현주
인쇄 (주)민언프린팅
제본 다온바이텍

ISBN 979-11-91851-02-1 03230